THE SEA WOLVES
바다의 늑대

바다의 늑대
바이킹의 역사

초판 1쇄 인쇄일 2018년 7월 25일   초판 1쇄 발행일 2018년 7월 30일

지은이 라스 브라운워스 | 옮긴이 김홍옥
펴낸이 박재환 | 편집 유은재 김예지 | 관리 조영란
펴낸곳 에코리브르 | 주소 서울시 마포구 동교로 15길 34 3층(04003) | 전화 702-2530 | 팩스 702-2532
이메일 ecolivres@hanmail.net | 블로그 http://blog.naver.com/ecolivres
출판등록 2001년 5월 7일 제10-2147호
종이 세종페이퍼 | 인쇄·제본 상지사 P&B

ISBN 978-89-6263-184-5 03920

책값은 뒤표지에 있습니다.   잘못된 책은 구입한 곳에서 바꿔드립니다.

바다의 늑대

바이킹의 역사

라스 브라운워스 지음 | 김홍옥 옮김

에코리브르

이제 막 저만의 모험에 나선 토머스에게 이 책을 바칩니다.

차례

~~~~

지도   009

머리말: 북방의 망치   015
서문: 바이킹의 시대가 열리다   021

~~~~~~~~~~~~

침략자

01   본국의 바이킹   031
02   샤를마뉴의 눈물   047
03   라그나르 로드브로크   063
04   악마 토르길스   075
05   이교도 대군세   089
06   사면초가의 잉글랜드   103
07   잉글랜드 최후의 왕   115
08   아일랜드해의 바이킹 왕국   125
09   클론타프 전투   133
10   걷는 자 롤로   145

~~~~~~~~~~~~

탐험가

11   리비에라 지역의 바이킹   161
12   아이슬란드   171
13   웨스턴아일스와 그린란드   183
14   빈란드   193

교역자

15 루스인 류리크   209
16 미클라가르드   219
17 비잔티움의 매혹   231
18 루스인에서 러시아인으로   243

북유럽 본국

19 바이킹 왕들   255
20 하랄 블로탄   261
21 영국 은의 유혹   271
22 북방의 황제   281
23 바이킹 시대의 종언   293

맺음말: 바이킹의 유산   311

부록   317
주   329
참고문헌   351

800년경 앵글로색슨 왕국들

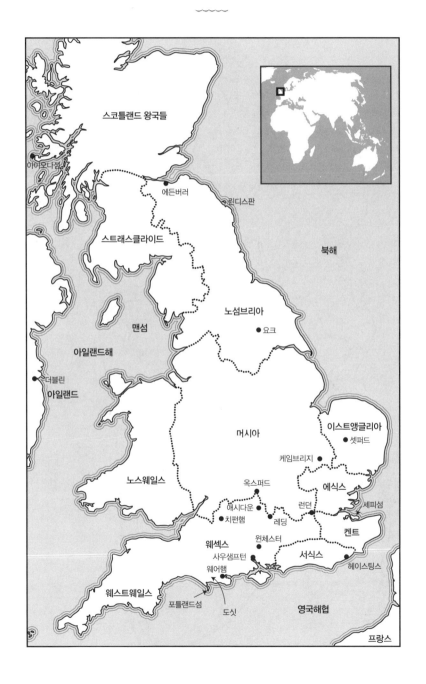

8~12세기 바이킹 침략

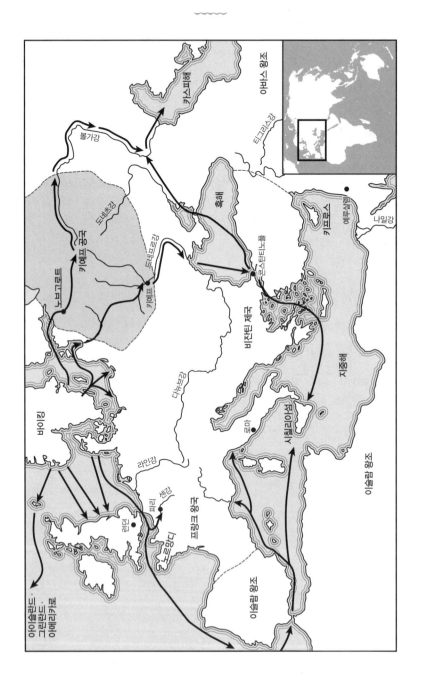

11세기 '키예프의 블라디미르' 치하의 키예프 공국

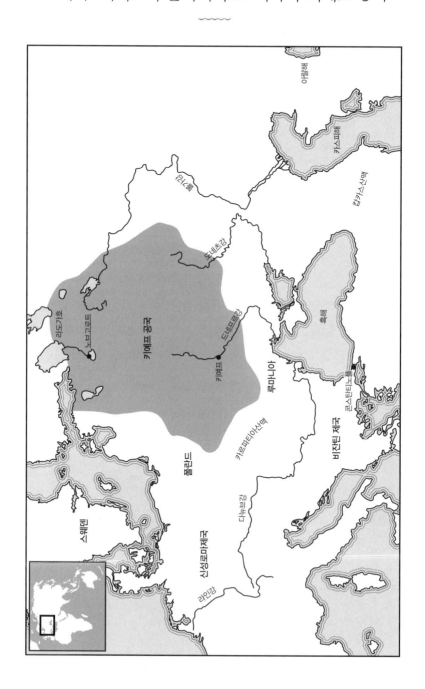

1066년경 노르망디와 잉글랜드

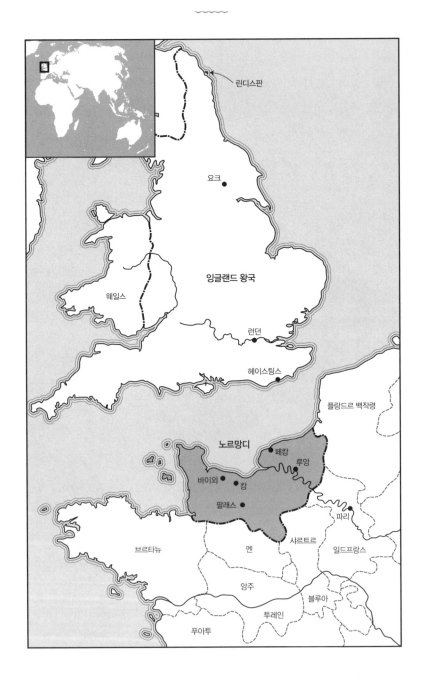

바이킹의 서부 항해

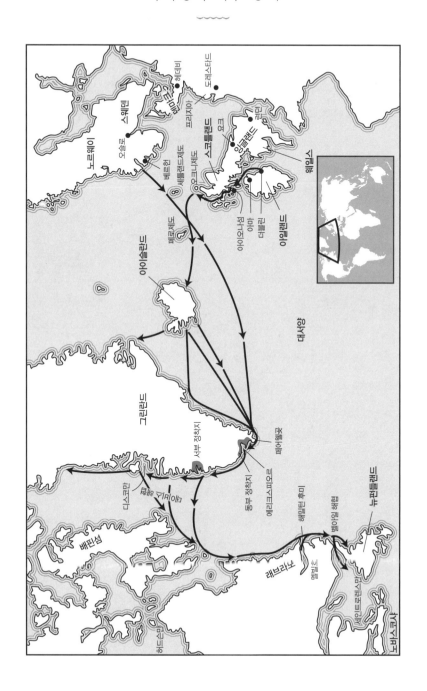

머리말: 북방의 망치

"다른 남자의 아내나 영토를 차지하려거든 일찍 일어나라.
게으른 늑대에게 돌아갈 몫은 없다.
침대 속에서 전투의 승리를 꿈꾸어선 안 된다."

―현자 새문드(Sæmund the Wise)의 《에다(Edda)》, 오딘의 경구 모음에서

오늘날의 스코틀랜드 서쪽 연안해에는 아이오나라는 작은 섬이 있다. 이 섬은 북해에 솟아 있는 풀밭 우거진 곳으로, 해안에 흰 모래 해변이 펼쳐져 있다. 오늘날에는 이곳의 매혹적인 유물을 구경하러 찾아오는 학생이나 여행객을 보기 힘든 고즈넉한 사색의 장소다. 심지어 이곳을 아는 이들조차 12세기 전에는 이 고요한 해안이 상상도 할 수 없는 잔혹한 장면이 펼쳐지던 곳이라는 사실을 떠올리기가 쉽지 않다.

아이오나 수도원은 스코틀랜드 기독교의 상징적 장소로 서유럽에서 매우 오래되고 중요한 종교 중심지 가운데 하나다. 6세기에 아일랜드 수도사 콜럼바가 지은 이 수도원은 스코틀랜드 전역에 기독교를 전파하는 데 구심 역할을 했다.

초기에 호젓한 은둔지를 찾아다니던 수도사들은 대서양 연안의 '사막'

한가운데서 마침맞은 터를 발견하고, 가난과 복종의 맹세, 그리고 기도에 집중할 수 있는 벌집 모양의 소박한 돌집을 지었다. 하지만 시간이 가면서 이 작은 공동체는 중요한 순례지이자 중세의 학습 중심지로 떠올랐다. 이 수도원은 점차 수도사를 길러내는 학교로 발전했다. 여기에는 필사실(scriptoriums)이라 불리는 특수한 방이 별도로 마련되어 있었는데, 이곳에서 유럽 전역에 유명세를 떨친 미술 작품이 제작되기도 했다. 그 작품 가운데 하나가 4개의 복음을 엮어낸 채색 필사본《켈스의 서(Book of Kells)》로, 당대 아일랜드인이 "서방 세계에서 가장 소중한 물건"으로 꼽은 책이다.

아이오나는 종교적 보물뿐 아니라 어디서도 찾아보기 힘든 왕족의 무덤을 보유하고 있다는 점이 자랑거리다. 초기 스코틀랜드 왕들—셰익스피어 덕택에 유명해진 두 왕, 맥베스(Macbeth)와 그가 살해한 덩컨(Duncan)도 여기에 포함된다—대다수가 이 수도원의 지하실에 안치되어 있다.

아이오나섬은 수 세기 동안 이곳 거주자의 신앙심과 그 섬을 둘러싼 망망대해에 의해 보호받아온 평화로운 '오아시스'였다. 하지만 794년 평온하기만 하던 이곳에 시시각각 두려운 기운이 감돌기 시작했다. 북방의 이교도가 섬 동쪽을 기습 공격했으며, 그 자매격 수도원들이 폐허가 되었다는 소문이 수도사들의 귀에까지 들려온 것이다. 이듬해 초, 수도사들이 성일을 기념하고 있을 때 뱃머리를 뱀과 용 모양으로 장식한 배들이 중앙 수도원에서 내려다보이는 해안에 들이닥쳤다.

해안가의 흰 모래밭(후대인은 죽어간 이들을 기리기 위해 이곳에 '순교자의 만(Martyr's Bay)'이라는 이름을 붙였다)으로 뛰어내린 침략자들은 지체 없이 수도원 건물로 돌진했고, 가는 도중에 만나는 수도사들을 닥치는 대로 베어버렸다. 이들은 문을 부수고 들어가 저항하는 자들은 가리지 않고 살해했다. 예배당의 돌바닥이 피로 흥건하게 젖었다. 이들은 죽거나 죽어가는 자의 몸에서 고급스러운 제의(祭衣) 등 값나가 보이는 물건을 무차별적으로 빼앗았다.

가까스로 목숨을 건진 수도사들이 사방팔방 도망치자 침략자들은 그 거대한 수도원에 불을 지른 뒤 상당한 장물을 챙겨서 해변으로 달아났다. 피투성이가 된 시체, 불타는 건물, 산산조각 난 마을만 남겨둔 채 눈 깜짝할 사이에 사라진 것이다.

사실상 망가지지 않은 것이라곤 성(聖)마틴(St. Martin)의 십자가뿐이었다. 그곳 풍경 속에 군데군데 서 있던 여남은 개의 대형 돌기둥 가운데 하나다. 쑥대밭이 된 교회를 바라보고 있지 않은 쪽에는 성경에 나오는 아브라함(Abraham)이 칼을 높이 쳐든 모습이 새겨져 있었다. 이제 막 벌어진 끔찍한 사건을 경고하기라도 하는 양 말이다.

이 영국 섬들에 대한 공격은 미처 준비되지 않은 유럽을 때려 부순 거대한 망치질의 서막에 불과했다. 아이오나섬에서 마주한 두 동강 난 시체며 검게 타버린 건물의 잔해는 그로부터 수 세기 동안 흔히 보게 될 풍경이었다.

난데없는 폭력 사태는 수많은 유럽인을 혼란과 두려움에 빠뜨렸다. 앵글로색슨족 수도사 앨퀸(Alcuin)은 최초의 습격을 받은 뒤 샤를마뉴 제국의 수도 아헨(Aachen)에서 당시의 심경을 다음과 같이 토로했다. 그의 충격과 절망감이 지금까지도 생생하게 전해지는 글이다.

……우리가 지금 막 이교도로부터 겪은 공포는 영국에서 과거에는 단 한 차례

도 느껴보지 못한 것이다.

'바이킹(Viking)'이라는 단어를 들으면 아직도 용 모양의 배에서 뛰어내려 수도원을 약탈해간 금발의 야만인 이미지가 떠오른다는 사실이 300년의 바이킹 시대가 서구 기독교 세계에 안겨준 트라우마가 어느 정도인지를 말해준다. 그 이미지는 우리의 집단 기억 속에 깊이 아로새겨져 있다.

오늘날조차 이 북방의 전사들과 관련해서는 도무지 이해되지 않는 어떤 점이 존재한다. '바이킹'이라는 단어 자체의 기원은 잘 알려져 있지 않다. 당시인 9세기의 기록에서는 이 침략자들을 '북방인(Northmen)', '데인인(Danes)', '노르드인(Norse)' 혹은 '이교도(Heathen)'라 불렀다. 이들이 주로 공격의 표적으로 삼은 앵글로색슨족은 '바다 침략자'라는 뜻의 'wicing'이라는 단어를 사용하긴 했지만, 이 단어는 11세기가 되어서야 처음 등장한다. 더 나은 설명은 바이킹 자신에게서 나왔다. 옛 스칸디나비아어 'vic'은 후미 혹은 만이라는 뜻이고, 오슬로피오르(Oslo Fjord) 부근의 만 지역은 칼을 주조하는 데 쓰는 철의 주요 생산지였다. '바이킹'이라는 단어는 아마도 그 만의 지역민을 지칭하는 데서 비롯되었는데 점차 모든 스칸디나비아의 침략자를 아우르는 의미로 확장되었을 것이다.

'왜' 8세기에 난데없이 바이킹이 자기네 본거지에서 벗어나 침략을 일삼게 되었는가 하는 문제를 둘러싸고 지금껏 추측이 난무했다. 갑작스러운 인구 증가,[1] 정치적 압력에서부터 기후 변화와 기술 혁신에 이르기까지 온갖 설이 분분했다. 어쨌거나 분명한 사실은 북유럽인이 고향을 등지는 거대한 물결에는 주기적 특성이 나타났다는 것이다. 기록된 스칸디나비아인의 첫 이주는 사실상 '바이킹 시대'보다 약 500년 앞서 이루어졌다. 서로마제국이 멸망을 향해 비틀거릴 무렵 오늘날의 스웨덴 남쪽 지방에서 발원한 고트족(Goths)이 그 제국을 침공했고, 결국 프랑스 남부와 에스파냐에 정착하게 되었다.

하지만 고트족은 스스로를 '스칸디나비아인' 혹은 '바이킹'으로 인정하지 않았다. 이는 8세기의 침략자들도 마찬가지였다. 바이킹은 공통의 언어를 사용했지만 결코 단일한 민족이 아니었으며, 바이킹 시대에도 스칸디나비아에서 살아가던 이들 대다수는 결코 고향을 벗어나지 않았다. 그 침략자들은 모험에 나서지 않으면 안 되는 모종의 이유를 가진 다소 수상쩍은 소수의 무리였다. 따라서 낱낱의 설명은 하나같이 불완전할 수밖에 없다. 한층 복잡한 문제는 바이킹의 이야기가 그 피해자들이 기록한 역사, 좀더 오래되고 문명화한 국가들의 기록에 담긴 남부와 동부에 관한 언급 등 주로 (바이킹이 아닌) 다른 이들이 들려주는 이야기고, 고고학이 우리에게 설핏 말해주는 것 또한 감질날 정도로 빈약하다는 사실이다.

현존하는 바이킹 유적이 변변찮은 데는 부분적으로 바이킹 예술가들이 나무로 작업을 한 탓도 있다. 이들은 여름에 나무를 잘라 처음에는 연회장이나 배를 만들고 나중에는 그들의 문명을 이루는 목조교회(stave church)를 세웠다. 이 가운데 비교적 원형을 잃지 않고 끝까지 살아남은 유적은 목조교회뿐으로, 여기에는 바이킹 세계의 쇠락기가 반영되어 있다.

바이킹 자신은 거의 기록을 남기지 않았다. 그들의 룬 문자는 서사시나 역사 기록보다는 마술적 주문이나 묫돌을 표기하는 데 더 알맞았다. 아이슬란드의 위대한 시인 스노리 스툴루손이 《헤임스크링글라―노르드 왕들의 생애(Heimskringla―The Lives of the Norse Kings)》를 쓴 것은 바이킹의 시대가 저물고 400년도 더 지났을 무렵이었다.

하지만 이 이야기들은 훨씬 더 오래전부터 구전되어온 내용을 담고 있으며, 바이킹 시인들이 기나긴 북방의 밤을 견디고자 들려주던 이야기의 정신만큼은 잘 전달해준다. 비록 그 문구 자체는 정확하게 되살릴 길이 없지만 말이다. 이 이야기들은, 마치 일리아드(Iliad)가 고대 그리스인의 사고방식을 잘 보여주었듯이, 바이킹의 사고방식을 소상히 드러내준다. 즉 진정한 전사가 출현하여 부를 거머쥐고 거대한 홀을 짓고 충직한 추종자들을 넉넉하게 보상한 것이다. 왕위에 오르기, 영광 같은 것은 오로지 전장에서만 획득할 수 있었다.

이런 사고방식에 고무된 젊은 바이킹들은 영원한 명성을 얻기 위해 스칸디나비아 동남쪽의 빛나는 땅으로 항해를 떠났다. 그들의 성공 여부는 이내 유럽 교회에서 울려 퍼지는 근심스러운 기도 소리를 통해 가늠할 수 있었다. 프랑스 북부 연안에 위치한 생바스트(St. Vaast) 수도원은 매일 성가를 부를 때마다 "신이시여, 우리 영토를 파괴하는 야만적인 북방 민족들로부터 우리를 구하옵소서"[2]라는 구절을 포함했다. 이는 이내 동쪽의 콘스탄티노플에서 서쪽의 남북 아메리카 대륙에 거주하는 수많은 이들이 공유하는 감정이 되었다.

서문: 바이킹의 시대가 열리다

〰️

"칼의 시대, 바람의 시대, 늑대의 시대.
사람들 사이에 더 이상 자비라곤 없었다."

–스노리 스툴루손의 산문 《에다》에 나오는 〈무녀의 예언(Völuspá)〉

린디스판이라는 별칭으로 불리는 홀리아일랜드(Holy Island)는 도무지 폭력과 유혈의 시대에 관한 이야기가 시작될 법하지 않은 장소다. 오늘날 이곳은 그와 반대로 오히려 시간이 멈춘 듯한 장소처럼 보인다. 홀리아일랜드는 북해에 고개를 내민, 눈에 잘 띄지 않고 그리 인상적일 것도 없는 섬이다. 이곳에는 군데군데 초목이 자라는 암석 토양이 조수 해안을 향해 완만하게 경사져 있다. 충분히 보호받는 해안이라 북쪽의 기후나 철썩이는 파도 따위의 피해가 미치지 않는 곳이다.

일찌감치 6세기에 번잡한 세상사에서 벗어나 영적 피난처를 구하던 일군의 수도사들이 이 섬에 터를 잡았다. 그로부터 100년이 못 되어 섬 남쪽 곳에 소(小)수도원이 들어섰다. 조용히 기도드리기에 안성맞춤인 장소였던지라 커스버트라는 수도사가 이곳을 찾아들었다. 장차 노섬브리아의 수호성인이 되는 인물이다. 살아 있는 동안 인격적 따스함과 성스러움으로 이름을 날린 커스버트는 이 섬에서 23년을 지냈다. 그의 무덤은 그가 생전에 일으킨 수많은 기적 덕택에 잉글랜드의 앵글로색슨족 사이에서 인기 있는 순교지로 떠올랐다.

8세기 말의 새로운 자신감을 이 수도원보다 더 잘 보여주는 곳은 없었다. 영국과 유럽 대륙의 몇몇 강력한 통치자에 힘입어 서유럽은 팍스 로마나(Pax Romana: 기원전 29년 로마 제정이 수립된 뒤 약 200년간 평화와 번영을 구가하던 시대―옮긴이) 이후 찾아보기 어려웠던 안정감을 되찾았다. 좀더 번성하던 시대의 유물이 부서진 채 사방에 널브러져 있긴 했지만, 농부·장인·수도사 들은 초기 중세의 확실하고도 안정된 생활 리듬에 적응하게 된 것이다.

잉글랜드는 정치적으로 대왕국 4개와 소왕국 3개, 이렇게 7개의 왕국으로 분열되어 있었다. 대왕국 가운데 가장 강력한 것은 머시아 왕국으로, 북해에서 웨일스 국경까지 그 섬의 중심부 거의 전부를 차지하고 있었다. 나머지 3개 대왕국은 에든버러에서 북동쪽의 험버(Humber)강까지 뻗어 있는 노섬브리아, 잉글랜드 동부 연안의 습한 지역에 자리한 이스트 앵글리아, 그리고 콘월(Cornwall)을 포함하여 잉글랜드 남서쪽 전체를 지배하고 있는 웨섹스다. 3대 소왕국은 영국해협 연안의 서식스, 런던을 지배한 에식스, 그리고 캔터베리 부근 지역의 켄트다.

8세기에는 잉글랜드 전역이 번영을 구가했지만, 특히 북부 지역은 문화적으로 크게 융성했다. 역사가들이 좀더 유명한 그 6세기 뒤의 이탈리아 르네상스에 빗대 '노섬브리아의 르네상스'로 기록할 만큼 인상적인 수준이었다. 회화·금속공예·조각·건축이 발달했다. 《린디스판 복음서

(Lindisfarne Gospels)》,《켈스의 서》,《더로의 서(Book of Durrow)》[1]로 대표되는 위대한 앵글로색슨족의 채색 필사본이 만들어진 것도 이 무렵이다.

잉글랜드 전역에서 수도원들이 학교를 짓고 유수의 학자들을 배출했다. 그래서 샤를마뉴도 그 자신의 학교, 즉 팔라틴 아카데미(Palatine Academy)[2]를 세우고 후원하기로 결정하면서 영국의 학자들로 교수진을 꾸렸다.

잉글랜드와 스코틀랜드의 북쪽 연안에 자리한 자로(Jarrow)·린디스판·아이오나의 수도원은 이러한 예술적 융성의 주요 수혜자였다. 보석을 박은 성유물함(reliquary),[3] 주교 재위의 상징인 아름다운 상아로 만든 지팡이 (종교의례 때 주교가 드는 한쪽 끝이 구부러진 지팡이—옮긴이), 그리고 금은으로 상감세공한 제의와 더불어 호화로운 표지에 금박을 입힌 복음서들이 등장했다. 8세기는 점점 더 번영하고 안정된 분위기에서 막을 내릴 것처럼 보였다. 787년 앵글로색슨족 연대기는 잉글랜드 농부들이 "더할 나위 없이 평온하게" 일하고 있다고 기록했다. 이렇듯 자족했으니만큼 그 연대기 서술자는 "심지어 목에 멍에를 짊어진 채 짐을 끄는 황소들조차 지극한 사랑 속에서 살아갔다"고 적을 지경으로 지나치게 달떠 있은 듯싶다. 그러나 그해 가을, 앞으로 다가올 일을 암시하는 불길한 전조가 드러났다. 웨섹스 남부 포틀랜드섬 연안해에서 경비병이 정체가 확인되지 않은 배 세척을 발견한 것이다.

배를 발견하면 그 배가 호의적인 것이든 적대적인 것이든 간에 일단 왕이 파견한 지방 행정관에게 보고하는 것이 해안 경비병의 의무였다. 포틀랜드섬의 지방 행정관 비두허드(Beaduheard)는 필시 그 이방인들이 상인이라고 미루어 짐작했을 테고, 장사에 필요한 허가증을 수령할 수 있는 장소로 그들을 안내하고자 말을 타고 해안으로 달려갔을 것이다. 그러나 그가 실제로 무슨 꿍꿍이속이었는지는 알 길이 없다. 미처 입을 열기도 전에 그들이 비두허드를 향해 마구 화살을 쏘아 그와 부하들을 그 자리에서 죽여버렸으니 말이다.

가엾은 비두허드는 유럽에서 처음으로 바이킹과 접촉한 인물이라는 비운의 주인공으로 기록되었다. 그의 가족은 그를 살해한 자들이 벌받는 광경을 지켜보면서 위로받을 기회조차 얻지 못했다. 왕의 부하들이 현장에 도착했을 때는 바이킹이 이미 저만치 달아나고 난 뒤였다. 그들은 시체에서 쓸 만한 물건을 모조리 거둬들인 뒤 연안을 따라 멀리 항해를 떠나거나 아니면 자기네 나라로 돌아갔다. 시체를 묻은 뒤 그 이방인들이 두 번 다시 찾아오지 않기를 비는 것 말고는 달리 할 수 있는 일이 없었다.

이들의 습격 소식은 삽시간에 퍼져나갔다. 두려움에 떨던 지역 주민들은 약탈꾼이 다시 나타날 경우에 대비해 방어 조치를 취하기 시작했다. 영국해협 양편에서는 재빠르게 동원할 수 있는 농부들을 소집하여 지역 돌격대인 농민'군'을 꾸렸다. 일부 수도원도 이와 비슷한 예방 조치를 강구했다. 792년 켄트 왕국의 수도원들은 '이교도 선원'을 막는 연안 방어체제를 구축할 수 있도록 자금을 기부해달라는 요청을 받았다. 하지만 바이킹은 그저 단순한 해적이 아니었다. 머잖아 영국의 대비책은 터무니없을 정도로 허술하다는 사실이 드러나게 된다. 그들이 저지른 과거의 몇 차례 습격은 그저 탐색전이자 전리품을 얼마나 획득할 수 있으며 방어 수준은 어느 정도인지 가늠하기 위한 정보 수집 차원에 지나지 않았던 것이다. 바이킹은 마침내 793년 대규모 공격을 감행했다.

표적은 충분히 예상 가능한 도싯(Dorset)이나 사우샘프턴(Southampton)

같은 부유한 교역 중심지가 아니었다. 이런 장소는 수비가 탄탄하고 방어에 동원할 수 있는 사람이 대거 포진해 있었다. 간교한 바이킹은 그런 곳 대신 린디스판의 수도원을 택했다. 그야말로 고립무원이되 번성하며, 이상한 낌새를 채지 못한 수도사들의 기도만이 유일한 방책인 곳이다.

지난 세기에 영국 수도원들은 믿기 어려우리만치 많은 부를 거머쥐었다. 이러한 소식은 사람들 입을 통해서나 교역 활동을 거쳐 바이킹의 본국에까지 퍼져나갔다. 수도원은 자연스럽게 영성체에 쓰이는 포도주, 교회 제의에 쓰이는 고급 직물, 헌금 접시나 성유물함에 쓰이는 귀금속 따위의 수입 상품을 사고파는 장소로 떠올랐다. 수도원은 독실한 기부자가 기증한 물품을 통해 엄청난 부를 축적했을 뿐 아니라 지역 거물들이 걸핏하면 동산(動産)을 안전하게 맡겨두는 장소로 큰 교회를 써먹은 탓에 은행의 맹아 노릇도 했다. 바이킹에게는 수도원 공략이야말로 로또 당첨에 견줄 만한 횡재였다.

바이킹의 입장에서는 실제로 경비가 전혀 이루어지지 않고 있다는 점이 이 부유한 목표물들의 가장 큰 매력이었다. 유럽 전역에서 수도원은 노출된 연안 지역에 자리하고 있었다. 지금 와서 보면 황당할 정도로 어이없는 생각이지만, 그때 그들은 바다가 수도원의 옆구리를 보호해주리라 믿었던 것이다. 당시의 저술에는 그것이 크게 잘못된 믿음임을 깨달았을 때 받은 충격이 고스란히 담겨 있다. 최초의 공격을 받은 어느 성직자는 "바다 쪽에서 침략을 당할 수 있으리라고는 꿈에도 생각지 못했다"고 탄식했다.

린디스판은 심지어 수도자의 눈으로 보아도 더없이 윤택했던 만큼 바이킹이 첫 표적으로 삼은 것은 전혀 우연이 아니었다. 노섬브리아 왕이 친히 하사한 린디스판 수도원은 영국 수도사 커스버트와 그 못지않게 유명한 콜럼바(아일랜드 선교사로 스코틀랜드에 기독교를 전파했다)의 성스러운 유해 등 비교 불가의 값진 유물을 풍부하게 보유한 곳이었다. 린디스판 수도원은 이 두 인물의 명성 덕에 성장한 수익성 높은 순례자 무역으로 말도 못하게 부유해졌다. 여러 바이킹 집단이 얼마 전부터 이 지역에서 극성을 부리기 시작했다. 그러던 중 793년 6월 8일 그 가운데 하나인 오늘날 노르웨이 지역의 바이킹 무리가 잔인하리만치 효율적인 공격을 감행했다.

신원 불명의 한 노섬브리아 수도사는 그 사건을 이렇게 기록했다.

북방의 이교도가 해군을 이끌고 마치 위협적인 말벌 떼처럼 영국으로 쳐들어왔다. 그들은 무시무시한 늑대들마냥 사방으로 흩어져서 약탈과 파괴와 살육을 저질렀다.

노르웨이 바이킹은 누구도 봐주는 법이 없었다. 필사적으로 저항하는 수도사들은 잔혹하게 난도질한 뒤 해변으로 끌고 가서 바다에 던져버렸다. 이들은 성유물함을 끌어내 박살 낸 다음 안에 들어 있는 물건을 바닥에 패대기쳤다. 교회당 벽을 장식하던 고급 태피스트리를 찢어발기고 재단을 때려 부쉈다. 거리마다 살해당한 시체가 '마치 똥 덩어리처럼' 천지사방에 나뒹굴었다.

이 재난은 유럽 전역에 커다란 충격을 안겨주었다. 영국 기독교 사회의 심장부가 무너졌다면 어딘들 안전하겠는가. 겁에 질린 수도사들은 대체 무슨 영문인지 알아내려 애쓴 끝에 바이킹의 공격에 앞서 신의 경고 신호가 있었노라고 주장했다. 그들이 습격하기 몇 주 전 하늘에서 큰 번개가 몇 차례 쳤으며, 이어 성난 용들이 수도원 상공에서 위협하듯 맴을 돌았다는 내용이다.

　이러한 사태가 터진 것은 영국 교회의 도덕적 해이 탓이라는 설이 널리 받아들여졌다. 습격이 있고 몇 주 뒤, 예레미야서 1장 14절("여호와께서 내게 이르시되 재앙이 북방에서 일어나 이 땅의 모든 주민들에게 부어지리라")을 인용한 편지가 나돌았고, 교회의 개혁을 촉구하는 움직임이 뒤따랐다. 학자 앨퀸은 린디스판 주교에게 편지를 띄워 그 원인과 적절한 대처 방안에 대해 섬뜩할 정도로 명료하게 들려주었다. "이는 좀더 심각한 고난의 서막이거나, 아니면 주민들이 저지른 죄악에 따른 인과응보이거나 둘 중 하나입니다. 정녕코 그저 우연히 일어난 일이 아닙니다. ……상실감에 빠져 계시겠지만 마음을 굳게 먹고 일어서서 용맹하게 싸워 신의 성지를 지키소서……."

　그러나 제아무리 치열한 자기 성찰도 당시의 도도한 흐름을 막아내지는 못했다. 이듬해에는 동부 연안의 자로 수도원과 서쪽의 스카이섬(Isle of Skye)이 피해를 입었으며, 795년에는 아이오나 수도원이 약탈당했다. 수도사·수녀·농부·동물 가릴 것 없이 공동체의 구성원 대부분이 해안가로 끌려가 무참하게 죽임을 당했다. 머잖아 대학살이 일어나리라고 예고하는 불길한 전조였다. 앨퀸은 안전한 샤를마뉴 제국의 수도 아헨에서 글을 쓰고 있었지만 그 고뇌를 정확하게 꿰뚫어 보았다. "그토록 많은 성인과 성(聖)커스버트조차 자기 스스로를 지켜내지 못하는 판국에 다른 영국 교회들을 무슨 수로 보호하겠습니까?"

침략자

OI

본국의 바이킹

"비록 초라하더라도 내 집만 한 곳이 없다⋯⋯."

—현자 새문드의 《에다》

바이킹과 관련하여 가장 으스스한 대목은 그들에 관해 거의 소개된 바가 없다는 점이었다. 8세기에 그들의 본국은 알려진 세계 밖에 있었고, 개화한 로마 제국의 손길이 미치지 않는 춥고 살기 힘든 장소였다. 오늘날 노르웨이·스웨덴·덴마크로 나뉜 당시의 스칸디나비아는 극한의 땅이었다. 그곳은 남쪽의 유틀란트반도에서 북극권의 크니프셀로든(Knivskjellodden)까지 약 2000킬로미터에 걸쳐 있었다. 이는 유럽 전체 길이의 약 절반에 해당하는 거리였다. 스칸디나비아는 유럽 최대의 산악 국가 노르웨이뿐아니라 최대 고지가 해발 170미터에 불과한 유럽 최대의 평지 국가 덴마크도 포함하고 있었다.

세 나라(바이킹 시대 초기에는 존재하지 않았다) 가운데 기후가 가장 좋은 나라는 유틀란트반도와 500개가 넘는 작은 섬들을 아우르는 덴마크였다.

멕시코 만류와 북대서양 해류의 영향으로 기후가 온화한 덴마크는 암석 해안, 푸른 들판, 참나무와 느릅나무 숲이 어우러진 나라였다. 덴마크는 서부 연안을 오늘날의 독일과 공유하고 있었던지라 그 나라 젊은이들은 자연스럽게 서쪽 방향으로 탐험에 나섰다. 덴마크 바이킹은 저지대 국가 (Low Countries)[1]와 프랑스 각지로 퍼져나갔고, 마침내 영국해협을 건너 영국으로까지 진출했다. 이들은 거기에서부터 에스파냐·이탈리아도 공략했다. 잉글랜드를 처음 공격한 것은 오늘날 노르웨이 지역의 침략자들이었다. 그런데도 너무나 많은 '데인인(덴마크 사람)'이 연안에 들끓었던 까닭에 앵글로색슨족의 자료를 보면 바이킹은 대체로 어디서 왔느냐와 무관하게 모두 데인인으로 불렸다.

오늘날 노르웨이·스웨덴 이 두 현대 국가가 자리한 스칸디나비아반도는 덴마크보다 기후가 한층 더 험악하다. 두 지역 가운데는 현재의 스웨덴 쪽 농경지가 더 나았다. 그 지역의 동부 해안은 러시아 쪽을 바라보고 있어서 스웨덴 바이킹은 대부분 러시아 쪽으로 항해했다. 물론 침략이 아니라 통상을 위해서였지만 말이다. 이들의 공훈에 관해서는 거의 알려진 바가 없지만, 키예프에 최초의 러시아 국가를 세웠으므로 그 공훈 중 몇 가지는 꽤나 오래도록 전해지고 있는 셈이다.

바이킹의 땅에서 가장 험준한 곳은 영토의 약 3분의 1이 북극권보다 더 높은 지역에 위치한 노르웨이다. 노르웨이의 기다란 서부 연안에서는 암석으로 이루어진 섬들,[2] 배를 타고 북극권으로 나아갈 수 있는 연안 항로, 즉 '북쪽 길(northern way)'—노르웨이(Norway)라는 이름이 여기서 비롯됐다—을 만들어주는 절묘한 피오르들이 마치 장벽처럼 버티고 서서 차가운 대서양 파도의 피해를 막아준다. 당연히 노르웨이 바이킹은 북해로 모험을 나설 때면 서쪽을 택했다. 이들은 때로 침략을 하기도 하고 때로 식민지 지배를 실시하기도 했다. 이들 집단은 그린란드에 정착지를 건설했으며 1000년경 신세계에 도착했다.

바이킹 시대에 스웨덴과 노르웨이는 많은 인구를 먹여 살릴 만한 형편이 못 되었던 만큼 정착민이 희박했다. 경작 가능한 농경지는 산악 지대 안쪽으로 굽이진 길고 좁다란 피오르들에 의해 동강이 나 있었다. 한편 뚫고 들어가기 힘든 빽빽한 숲, 늪지, 호수는 스웨덴의 남부와 서부로 갈 수 있는 길을 거의 다 막아놓았다. 여름에는 순록·엘크·늑대·곰·울버린·여우 등 잡아먹을 수 있는 사냥감이 놀랄 만큼 풍부했다. 그러나 미리 월동 준비를 해두지 않은 이들에게 기나긴 겨울은 혹독했다. 이러한 식량난 탓인지 그들은 손님 접대의 가치를 대단히 높게 쳤다. 따라서 주인으로서 손님 접대를 소홀히 하면 수 대에 걸쳐 피비린내 나는 반목이 이어지기도 했다.

이들은 심심풀이 삼아 다양한 게임을 고안해냈다. 그중 하나가 하키와 유사한 공놀이 크나틀레이크(knattleik)인데, 이 놀이를 즐기기 위해 수많은 이들이 모여들었고 그 과정에서 툭하면 부상자가 발생하곤 했다. 그보다 덜 과격한 보드 게임도 더러 있었지만 바이킹은 주로 체력을 높이 샀다.[3] 이들에게 가장 인기 있는 활동은 대체로 레슬링·칼싸움·상대를 물속에 빠뜨리는 놀이 등 힘을 겨루거나, 피오르 등반·스키 타기·스케이트 타기·장거리 수영 등 지구력을 시험하거나, 한 번에 두 손으로 창던지기, 혹은 노를 저으면서 배의 난간 밖 이쪽 노에서 저쪽 노로 뛰기 등 민첩성을 다투는 것이었다.

이러한 경기에서 승리한 자들은 자신의 승리를 사방팔방 알리는 데 전혀 부끄러움이 없었다. 노르웨이 왕 외위스테인(Øystein)은 자신의 이복동생이자 공동 통치자 시구르(Sigurd)에게 이렇게 으스댔다. "나는 스케이트를 정말이지 잘 타서 겨룰 자가 아무도 없어. 그런데 자네는 암소보다 조금도 나을 게 없지."

스칸디나비아인은 서로 싸우지 않을 때면 더러 동물들을 싸움 붙이곤 했다. 이러한 유혈 스포츠 중에는 말과 관련한 것이 가장 인기가 많았다. 수말 두 마리에게 담장 안의 암말을 보고 냄새 맡게 한 뒤 서로 다투게 내모는 놀이에서는 약한 수말이 죽는 것으로 끝나는 경우도 왕왕 있었다. 이들도 무차별적 살상이야 눈살을 찌푸리지만 자비는 전사에게 어울리는 속성이 아니었다. 듣자 하니 어느 아이슬란드 남성은 "어린이를 사랑하는 자"라는 조롱을 받았다고 한다. 생포한 아이를 허공에 던져 창끝 바로 위에서 받는 놀이에 참가하길 거부했다는 이유에서다.[4]

이런 식의 취향은 오늘날 우리의 귀에는 무지막지한 것처럼 들린다. 하지만 바이킹은 그 외 다른 점에서는 놀라우리만치 현대적이었다. 무례한 야만인과 관련하여 일반적으로 굳어진 통념과 달리 바이킹은 외모에 무척이나 신경을 썼으며 위생 관념도 철저했다.[5] 이들은 몸을 단장하는 데 한껏 공을 들였고 일반적으로 적어도 하루에 한 번은 목욕을 했다. 잿물을 다량 섞어 만든 비누를 써서 머리를 탈색하고 이가 생기는 것을 막았다. 바이킹의 발굴지에서는 대단히 소중한 족집게·면도기·빗·귀이개 같은 유물이 출토되었다.

유럽 식단에는 설탕이 없었던지라 이들은 충치를 모르고 살았다. 아동의 절반이 열 살도 되기 전에 사망했음에도 끝내 살아남은 자들의 기대 수명은 쉰 살이 넘었다. 이 정도면 당시로서는 상당한 장수였던 셈이다. 평균

신장은 남성이 173센티미터, 여성이 160센티미터가량이었다. 대단히 큰 키는 아니지만 그들이 접촉한 남방인보다는 컸음에 틀림없다.

바이킹 문화에서는 여성도 물론 남성과 결코 동등하다고는 볼 수 없으나 서구 기독교 사회의 그 어느 곳보다 많은 권리를 누렸다. 많은 소녀가 열두 살이라는 이른 나이에 혼례를 치렀지만, 남편이 없을 적에는 부인이 가정의 대소사를 모두 챙기고 온갖 중대사를 직접 결정했다.[6] 만약 20년 동인 혼인 관계를 유지하고 부부 가운데 누구라도 그 관계를 사의로 끝내고자 한다면, 아내는 남편이 불린 재산의 절반을 차지할 법적 권리가 있었다.[7] 유럽의 나머지 지역에서와 달리 아내는 재산을 상속받고, 남편과 이혼하고, 파경을 맞았을 때 결혼 지참금을 돌려달라고 요구할 수 있었다. 여성의 명예를 한껏 드높인 몇몇 감동적인 룬 스톤(rune stone: 룬 문자가 새겨진 돌―옮긴이)이 발견되기도 했다. 예를 들어 덴마크의 고름 노왕은 자기 아내를 "덴마크의 자랑거리"라고 치켜세웠으며, 어떤 작자 미상의 조각품에는 "하스미라(Hassmyra)보다 더 나은 주부는 없었다"는 글귀가 새겨져 있었다.[8]

이들은 아이들에게 부모를 도와 가사를 거들도록 장려했다. 여아에게는 술을 빚거나 유제품 만드는 기술을, 남아에게는 스키를 타면서 사냥하는 법과 나무·금속 공예의 기술을 가르쳤다. 아동이 즐기는 놀이는 성년기를 대비하는 데 도움을 주려는 목적에서 고안되었다. 남아가 가장 즐기는 운동은 역기 들고 뛰기와 중무장한 채 수영하기였다. 성년이 된 바이킹은 대체로 10킬로미터의 거리쯤은 너끈히 헤엄칠 수 있었다.

사회 질서는 혹독한 처벌을 통해 유지했다. 간통을 저지르다 걸린 남성에게는 거꾸로 매달아놓거나 말에게 짓밟히는 형벌을 내렸으며, 방화범은 화형에 처했다. 덴마크 사학자 삭소 그라마티쿠스(Saxo Grammaticus)에 따르면, 형제를 살해한 사람은 발뒤꿈치로 매단 다음 살아 있는 늑대 옆에 두었다고 한다. 공동체의 (그리고 나중에는 왕의) 결정을 어기는 반역자는 말들에게 묶어 사지를 찢거나 성난 황소에 매어놓았다.

그런가 하면 이 같은 폭력적 시대에 어울리지 않게 바이킹은 모름지기 문화인이라면 응당 음악을 즐길 줄 알아야 한다고 믿었다. 어느 인기 많은 사가에는 너무나 열정적으로 연주를 해서 칼과 접시까지 춤추게 만드는 음악가를 옆에 둔 노르웨이 왕 고드문드(Godmund)의 이야기가 나온다. 과연 바이킹 왕궁은 시인·음악가·춤꾼이 있어야 비로소 완전해졌다. 13세기의 《오크니잉가 사가(Orkneyinga Saga)》에는 로근발드 칼리 콜손 (Rognvald Kali Kolsson)의 이야기가 나온다. 정치적 영향력이 막강했던 그는 노르웨이 왕을 제 친구로 삼았는데, 이 왕은 하프 연주를 자신의 가장 자랑스러운 기예로 꼽았다.

바이킹 축하연은 유럽의 어느 곳보다 시끌벅적했을 것이다. 축제는 꽤나 오랫동안 이어지곤 했다. 가령 덴마크 왕 스벤 에스트리센은 축제를 여드레 동안 개최했는데 내내 음주가 빠지는 법이 없었다. 이러한 축하연에 가장 어울리는 행태는 거리낌 없이 실컷 붓고 마시는 것이었다. 술기운이 드러나지 않도록 애쓰면서 번뜩이는 기지를 겨루는 시합도 빈번하게 열렸다. 그런데 이 일은 갈수록 까다로워졌다. 아프지도 늙지도 않았는데 상대가 뿔잔에 부어 건네는 에일 맥주나 벌꿀술을 거절하는 것은 접대에 대한 크나큰 무례로 여겨진 탓이다.[9]

바이킹은 잔치를 베풀거나 손님 접대하는 일을 대단히 중시했다. 한 해의 절반가량을 육지의 눈 내리는 추운 겨울과 바다의 사나운 폭풍우를 이겨내야 했기 때문이다. 장엄한 풍광과 험준한 지형과 험악한 기후는 잔인하다 싶을 정도로 유능하고 독립적인 인간을 빚어냈다. 이들은 기백을 높이 샀으며, 허약함을 경멸했다. 동쪽으로 떠난 스웨덴인 사이에서는 아버지가 갓난 아들의 침대 맡에 칼을 놓아두고 이렇게 말하는 풍습이 있었다. "네게 재산을 물려주지는 않을 테다. 너는 오로지 이 칼을 가지고 스스로의 힘으로 필요한 것을 얻어야만 한다." 목숨·영광·부는 거저 주어지는 게 아니라 제힘으로 획득해야 한다는 생각이 바이킹 시대 내내 노르드인의 뇌리에 깊이 박혀 있었다. 10세기의 바이킹은 무얼 믿느냐는 질문을 받으면 이렇게 대꾸했다. "나는 내 힘을 믿는다."

　바이킹은 신을 모시기는 하나 '종교'라는 단어는 사용하지 않았다.[10] 예배를 올리는 '공식적' 방법도 보편적 교리도 중앙 교회도 따로 없었다. 대신 이들은 지역에 따라 편차가 크기는 하지만 일련의 일반적인 믿음을 지니고 있었다.[11] 바이킹은 우주를 일종의 동심원이라고 여겼다. 여기에는 명확하게 구분되는 세 개의 영역, 아홉 개의 세계가 있는데 그 대부분은 눈에 보이지 않는다. 가장 바깥에 있는 영역, 우트가르드(Utgard)에는 거인과 괴물이 어둠 속을 배회하는 늑대처럼 살아간다. 이들을 저지할 수 있는 것은 오로지 그들을 지켜보는 신의 눈뿐이다. 중간의 원은 미드가르드(Midgard)—문자 그대로는 '중간 마당'이라는 뜻—인데, 여기에서는 신과 인간이 더불어 살아간다. 인간은, 마법의 선물을 만들어낼 수 있지만 자신의 물건을 물 샐 틈 없이 지키는 다크엘프(dark elf) 및 난쟁이들과 이곳을 공유한다. 인간은 건널 수 없는 무지개다리 비프로스트(Bifrost)를 지나면 전설적인 아스가르드(Asgard)에서 두 종족의 신들—아스 신족(Aesir)과 바니르 신족(Vanir)—이 살아간다. 아스가르드는 살해당한 자들의 거처로 죽은 영웅들이 잔치를 치르면서 최후의 대격전을 기다리는 곳이다. 전사가 누릴 수 있는 최대의 영광은 아스가르드의 일원으로 선택되는 것이다. 전투에서 전사한 용맹한 전사는 발키리(Valkyrie)들이 인도해간다. 발키리는 오딘을 받드는 방패소녀(shield maiden)로 날이 저물기 전에 잔치가 벌어지는 발할라(Valhalla) 궁을 전사한 전사로 채우는 임무를 맡는다.

가장 안쪽의 원은 니플하임(Niflheim)으로 죽은 자들의 세계다. 이곳에는 여신 헬(Hel)이 지켜주는 무색의 황혼 속에서 죽은 남성·여성·어린이의 영혼이 떠돈다. 이 음울한 장소는 사악한 자들이 벌을 받는 곳이라기보다 대개의 인간이 운명적으로 가게 되어 있는 곳이다. 아스 신족과 함께 살아가고자 아스가르드에 가는 용맹한 자들, 그리고 간통·살인·서약 파기 같은 죄를 저질러 제 무덤 주위를 배회하는 악령이 될 운명의 범법자만이 예외다.[12]

이 중요한 세 세계를 연결해주는 것은 이그드라실(Yggdrasil)이라는 거대한 물푸레나무다. 이 나무의 뿌리에는 신과 거인과 인간의 운명을 주관하는 노른(Norn)이라는 세 여신('운명'·'존재'·'필연')이 앉아 있다. 이들의 임무는 사악한 자들의 시체를 포식하고 이그드라실의 뿌리를 갉아 먹는 거대한 용 니드호그(Nidhogg)로부터 나무를 지키는 일이다.

13명의 중요한 발할라 신 가운데는 오딘과 토르가 단연 두드러지는 존재다. 하지만 둘 중 누가 더 힘이 센지에 관해서는 시비가 분분하다. 상류층, 특히 덴마크와 스웨덴 남부 사람들은 오딘을 숭배하는 경향이 있는데 반해 농부들은 토르를 더 선호했다.[13]

'최고신' 오딘은 시·광기·전투·마술의 신이다. 그는 인간에게 용기를 불어넣거나 인간에게서 지혜를 앗아갈 수 있다. 신성한 나무에 아흐레 동안 거꾸로 매달린 끝에 신비로운 룬 문자를 터득했고, 그 문자를 통해 미래를 내다볼 수 있게 되었다. 그는 나머지 신들보다 지혜를 더 많이 추구했다. 지식의 샘물을 한 모금 마시려고 자신의 눈 하나를 바치기까지 한 것이다. 오딘은 후긴(Huginn)과 무닌(Muninn)이라는 애완용 큰까마귀를 두 마리 이끌고 다니는데, 이 새들은 매일같이 지구를 돌아와서 새로 발견한 비밀을 오딘에게 들려준다.[14] 오딘은 전투에서 가공할 만한 힘을 발휘하는 신이다. 그의 마술 창 궁니르(Gungnir)는 결코 과녁을 빗나가는 법이 없었으며, 다리가 여덟 개 달린 그의 말 슬레이프니르(Sleipnir)는 허공을 가르며 달렸고, 물속에서도 땅 위에서도 속도를 낼 수 있었다. 하지만 그는 전투에서 승리하기 위해 대체로 무력보다는 자신의 지략에 의존했다.[15]

반면 토르는 머리가 아둔한 신이라 적을 제압해야 하는 순간이면 무자비한 폭력에 의존했다. 머리칼이 붉고 눈빛이 섬뜩한 그는 산을 반반하게 뭉개버리고 죽은 자를 살아나게 만들 수 있는 막강한 망치 묠니르(Mjolnir)를 휘둘렀다. 그리고 미드가르드를 괴멸시키겠다고 윽박지르는 서리거인들과 끈덕지게 싸우면서 인간의 수호자 역할을 떠안았다. 토르가 걸어 다니거나 마법 염소 두 마리가 끄는 마차를 타고 달리는 곳에서는 폭풍우가 일었다. 그가 전투를 치르면 산에 번개가 쳤다.

토르에 대한 인기는 언제나 높았지만—망망대해로 모험을 떠나는 이들에게는 특히 더했다—바이킹 시대 말엽에 한층 커졌다. 아마도 사람들이 시시각각 잠식해오는 기독교를 가장 잘 막아줄 수 있는 존재로 그를 꼽았기 때문일 것이다.

미래에 관한 바이킹의 믿음은 그리 낙관적인 것이 못 되었다. 길고 추운 북방의 겨울 어둠 속에서 지내노라면 온갖 따스함은 결국 사라지게 되어 있노라 믿기 십상이었다. 괴물 늑대들은 오랫동안 발이 묶여 있을 따름이었다. 바이킹 신들조차 영생을 누리지는 못했다. 신·영웅·노른과 거대한 나무 이그드라실이 파멸을 맞이할 최후의 전투 라그나로크가 일어날 예정이었다. 음침한 용 니드호그는 포식하던 시체들 속에서 솟아나와 겨울을 3년 동안 지속되게끔 내몰 것이다. 형제끼리 치고받고 싸울 테고 세계는 걷잡을 수 없는 혼돈 속으로 빠져들 것이다. 해와 달을 쫓던 괴물 늑대들이 마침내 해와 달을 잡아서 박살 낼 것이다. 불의 악마와 서리 거인들은 아스가르드의 벽을 허물 것이고, 헬의 죽은 자들은 줄행랑을 칠 것이다. 이들은 맞서 싸우러 모인 신과 영웅을 상대로 승리를 거둘 것이다. 하지만 여전히 한 줄기 희망은 남아 있었다. 오딘과 토르의 자녀 두 명이 '도끼와 바람과 늑대의 시대'를 이기고 살아남아서 새로운 세상을 만들 것이기 때문이다.

　얼음에 뒤덮인 대재앙으로부터 몸을 피할 곳은 없었지만 그럼에도 바이킹은 끊임없이 신들, 특히 바다의 신들에게 도움을 호소했다. 어쨌든 간에 바이킹의 세계는 육지만큼이나 바다의 세계였다. 이들은 사냥감을 구경하기 어렵게 되자 바다의 선물, 즉 바다표범·고래·바다코끼리 고기를 먹으며 목숨을 이어갔다. 노르웨이의 멋진 피오르, 스웨덴 연안, 덴마크 섬들을 찾아가는 방법은 오로지 바다를 경유하는 것뿐이었다. 여러 면에서 바다는 스칸디나비아인의 세계와 얽히고설켜 있으며, 따라서 바이킹은 바다라는 프리즘을 통해서 세계를 바라보았다. 이들은 자기네가 사는 거대한 스칸디나비아반도를 가르는 산맥의 등뼈를, 마치 스칸디나비아반도 자체가 뒤집어놓은 배이기라도 한 양 용골(Kjølen)이라고 불렀다. 아기를 누이는 침대도 배 모양이었으며, 아이들도 장난감 배를 가지고 놀았다. 어른들은 집을 배 모양으로 설계하거나 더러 버려진 배 조각을 주워다가 집을 짓기도 했다. 여성들은 배 모양으로 만든 잠금쇠나 브로치를 애용했으며, 일부 남성들은 말을 탈 때 안장에 앞이 용머리처럼 조각된 등자를 달았다. 이들은 죽어서까지 악착같이 배와 붙어 있으려 들었다. 위대한 남녀는 완벽하게 제작되고 장식이 화려한 선박을 소유할 자격이 있었는데, 그 안에 도살육·무기·돈·노예(원하든 원하지 않든 간에)를 넣어 거대한 무덤 속에 함께 묻었다.[16] 그만 못한 전사는 그를 영생으로 인도해줄 실용적인 작은 배 안에 안치했다. 진짜 배를 쓸 경제력이 없는 가난뱅이들은 배 모양으로 돌을 배열한 구덩이 속에 매장했다.

바이킹은 이렇듯 바다를 중시한 덕택에 남쪽으로 가는 세계를 잘 알고 있었다. 스칸디나비아는 펠트, 양질의 호박, 어마어마한 철광상 같은 방대한 자연자원을 보유하고 있었다. 그리고 북방인은 9세기경 이미 수백 년 전부터 남부나 동부 지역과 활발하게 교역을 해오고 있었다.

스칸디나비아는 본래 1세기에 로마의 지리학자 '대플리니우스(Pliny the Elder)'가 지어 붙인 이름이다. 그는 스웨덴 최남단을 섬으로 오인하고 거기 사는 부족의 이름을 따서 그곳을 '스카니아(Scania)'라 불렀다. 그와 동시대인 타키투스(Tacitus)는 1세기 말에 쓴 글에서 그곳 거주민 수이오네스(Suiones—'스웨덴 사람(Swedes)'과 같은 어원)를 "무장이 잘되어 있으며, 물욕이 많고, 양쪽에 장식을 단 신기한 배를 항해하는 솜씨가 빼어나다……"고 묘사했다.

로마인과 접촉했던 초기 몇 백 년 동안 이 '이상하게 생긴 배'가 내려온 이유는 약탈이 아니라 통상을 위해서였다. 그들이 팔려고 내놓은 상품, 특히 멋진 말과 검은 여우 모피는 로마 시장에서 값어치가 높았다. 그

역도 마찬가지였다. 무기·유리제품·귀금속 등 로마의 상품이 게르만 중개자를 거쳐 들어왔으며, 그 물건들은 아직까지도 초기 스칸디나비아인의 무덤에서 이따금 발견되고 있다. 이러한 교역을 통해 라틴 문자와 그리스 문자에 관한 지식도 함께 들어왔다. 이 문자들은 단단한 표면에 새기는 데 적합하도록 다소 변형을 겪었고 결국 초기 룬 문자의 토대를 이루었다.[17]

로마인은 북방인과 직접 교류하면서 그들의 용맹함을 존중하게 되었다. 6세기에 콘스탄티노플에서 글을 쓴 역사가 요르다네스(Jordanes)는 스칸디나비아인을 "기골이 장대하고 흉포한" 상대라고 묘사했다. 그가 독자들에게 주장한 바에 따르면, 이는 부분적으로 겨울에는 항상 어둡고 여름에는 햇빛이 계속되는 엄혹한 기후 탓이었다.[18] 가장 북쪽에서는 밀을 재배할 수 없었으므로 북방의 거주민은 새알이나 동물 고기를 먹으며 살아갔다. 얼어붙은 땅에서는 일군의 부족들이 로마 황제 같은 단일 지도자의 인도 아래 문명화되는 길을 걷지 못한 채 여기저기 떠돌아다녔다. 요르다네스는 오늘날의 노르웨이와 스웨덴에 들어선 30여 개 '국가'에 대해 언급했으며, 그 가운데 특히 고트족이 어떻게 로마 제국에 합류하게 되었는지 들려주었다.

이 최초의 '바이킹' 침략은 육상을 통해 이루어졌고 수 세기 동안 계속되었다. 고트족은 스웨덴 남부에서 흑해로 이주했으며, 3세기에 로마 영토로 넘어왔다. 이들은 378년 아드리아노플(Adrianople)에서 로마 황제 발렌스(Valens)를 살해함으로써 커다란 승리를 거두었다. 그리고 그로부터 채 150년도 되지 않아 이탈리아, 프랑스 남부, 에스파냐 대부분의 지역을 정복했다.

로마가 이들 영토의 상당 부분을 되찾아오는 과정을 연대기순으로 기술한 역사가 프로코피우스(Procopius)는 북방 민족에 대해 일종의 경외감을 담아 이렇게 표현했다. "그들은 그들 주위에 살아가는 다른 어느 종족보다 우월하다." 고트족에 이어 더 많은 종족이 이주 대열에 합류했다. 덴마크와 독일 북부에서 발원한 앵글족·주트족·색슨족이 영국을 침공했으며, 프로코피우스가 글을 쓸 무렵에는 이들이 영국의 원주민을 웨일스로 거의 다 밀어낸 상태였다.

　'이주의 시대'라고 알려진 이 초기에는 이동이 바다가 아니라 주로 육로로 이루어졌으며, 고트족 말고는 스칸디나비아에 사는 인구 대부분이 거기에 별다른 영향을 받지 않았다. 대대적인 바이킹의 침략이 가능했던 것은 8세기 말엽 조선술이 혁신적으로 발달했기 때문이다.

　초기의 바이킹 선박은 로마와 켈트족의 디자인을 본뜬 것이었고, '통상적인 노(paddle)'가 아니라 '선체에 붙어 있는 노(oar)'를 저어 움직였다.[19] 당시의 다른 모든 선박과 마찬가지로 바이킹의 배도 속도가 느렸고 거친 바다에서 잘 뒤집어졌다. 따라서 해안 가까이에서 단거리를 항해하는 데 알맞았다. 그러나 8세기의 어느 때쯤 이들은 용골을 창안해냈다. 이 단순한 구조물을 추가한 것이야말로 항해술의 발전에서 가장 괄목할 만한 성과였다. 용골은 배를 안정화하여 큰 바다에서도 문제가 없게 도와주었을 뿐 아니라 돛대를 고정하는 기단 노릇을 하기도 했다. 경우에 따라서는 75제곱미터나 될 때도 있는 거대한 돛을 달아서 추진력을 키우는 장치로 활용할 수도 있었다. 그 파급력은 즉각적이고 놀라웠다. 육지를 벗어나 멀리까지 모험을 나서는 유럽인이 거의 없던 시절에 바이킹은 목재·동물·식량 따위의 화물을 싣고 대서양을 종횡무진하면서 거의 6500킬로미터를 누비고 다닌 것이다.

바이킹은 이처럼 머나먼 항해를 떠날 때면 운항을 돕기 위해 '조종 노 (Styra bord, 즉 steering board)'라 불리는 특수한 노를 사용했다. 이는 선원들 가운데 가장 중요한 존재에 대한 경의의 표시로, 배를 한층 통제하기 쉽도록 만들고자 배 오른편 옆 선미 부근에 두었다. 여기서 배의 오른쪽을 지칭하는 '우현(starboard)'이라는 항해 용어가 생겨났다. 반대 개념인 좌현 (port) 역시 비록 좀더 간접적이기는 하나 그 기원을 바이킹에 빚지고 있다. 배는 항구(port)에 도착하면 대체로 오른쪽에 놔둔 '조종 노'가 망가지지 않도록 좌측을 붙여서 정박시킨다. 시간이 가면서 '좌현'은 '왼쪽(left)' 이라는 의미로 굳어졌다.

화물선·연락선·어선 등 수많은 배가 앞 다퉈 개발되었다. 하지만 특히 군함, 즉 롱십(longship, 좁고 긴 모양의 바이킹 배)은 힘·유연성·속도가 기막히게 어우러진 결과물이었다. 해수면에서 미끄러지듯 나아가도록 고안된 롱십은 지중해 선박들에게 필요한 특수 기술 없이도 지역에서 확보한 재료만으로 제작할 수 있었다.[20] 수많은 대갈못과 버팀쇠로 고정하고 갑판을 여러 개 설치한 남방의 선박은 만드는 데 돈도 많이 들고 생김새도 투박했다. 그에 반해 바이킹의 배는 참나무 널빤지(유연성을 높이기 위해 반드시 생나무가 아니라 잘 말린 나무를 썼다)를 겹붙여서(clinker-built) 만들었다. 이렇게 하면 배가 파도 속에서 방향을 틀기가 한결 수월해진다.[21]

바이킹 배는 화물 선적용으로 만들어진 게 아니라면 대체로 갑판이 없었다. 이런 배로 대서양을 횡단하기란 여간 어려운 일이 아니었다. 거센 바다에서는 파도가 배의 측면을 때리기 일쑤이며, 비가 퍼붓거나 진눈깨비가 쏟아져도 배 위에 쳐놓은 엉성한 텐트 말고는 몸을 피할 곳이 없었던 탓이다.

롱십은 편안한 것과는 거리가 멀었지만, 극도로 단순하다는 것이 주는 이점도 없지는 않았다. 바이킹의 롱십은 해양을 횡단하는 큰 배에 달린 용골이 없었으며, 상대적으로 흘수(draft: 선박이 수중에 떠 있을 때 물속에 잠기는 부분의 깊이—옮긴이)가 얕아서 배를 댈 때 깊은 항구가 필요한 다른 선박들과 달리 사실상 어느 뭍에든 댈 수 있었다.[22] 따라서 롱십은 강 위쪽까지 항해하는 것이 가능했다. 게다가 일부 롱십은 강들 사이에서 들고 나를 수 있을 만큼 가볍기까지 했다.[23]

바이킹 시인들은 롱십을 '파도 타는 준마'라고 불렀지만 '먹이를 찾아 어슬렁거리는 늑대'라고 표현하는 게 더 알맞았다. 바이킹의 공격을 받은 불운한 피해자들은, 날이 저물면 인간 거주지 밖에서 어슬렁거리는 포식 동물을 떠올리면서 이 북방인들을 '바다 늑대(sea-wolves)'라 부르기 시작했다. 롱십은 최대 100명까지 수용할 수 있었지만 외해에서는 15명이 고작이었다. 이 배는 연안 경비대의 눈길을 슬쩍 피해갈 수 있을 정도로 기민했고, 몇 주 동안 빼앗은 장물을 저장할 수 있을 정도로 널찍했으며, 폭풍우가 몰아치는 대서양을 무사히 건널 수 있을 정도로 튼튼했고, 강들 사이에서 끌고 다닐 수 있을 정도로 가벼웠다.

하지만 롱십과 관련하여 가장 놀라운 점은 뭐니 뭐니 해도 속도였다. 이들은 평균적으로 4노트까지 달렸으며, 바람이나 해류가 순조로우면 최대 8~10노트까지 속도를 낼 수 있었다. 이 덕택에 바이킹은 거의 실패 없이 기습 공격에서 성공을 거두었다. 스칸디나비아에서 출발한 함대는 3주 만에 센강 어귀까지 약 1500킬로미터를 질주할 수 있었다.[24] 하루에 평균 65킬로미터 넘게 달린 꼴이다. 노를 단 배는 정말이지 빨랐다. 어느 바이킹 함대가 프랑크 왕국의 공격을 두 차례 물리치면서 센강의 물살을 240킬로미터나 거슬러 올라 결국 파리에 당도하기까지는 불과 사흘밖에 걸리지 않았다. 바이킹이 대적한 이 중세 군대는, 설사 그들이 잘 닦인 로만로드[Roman road: 율리우스 카이사르(Julius Caesar)가 영국에 닦은 도로로 반듯한 것이 특징이다—옮긴이]를 이용했다고 가정해도 하루에 기껏해야 20~25킬로미터밖에 이동할 수 없었다. 특수 훈련을 받은 정예 기병대조차 이동 가능 거리가 하루에 고작 30여 킬로미터에 그쳤다.

바이킹의 공격이 그토록 치명적이었던 이유는 바로 속도 때문이었다. 적보다 최대 다섯 배까지 빠르게 움직일 수 있는 역량 말이다. 다리 아래로 통과할 수 있고 수심이 깊지 않은 강의 상류까지 오를 수 있게 해주는 얕은 흘수, 사납게 보이는 용 모양의 이물, 밝게 칠해서 반짝이는 비늘처럼 배 측면에 걸어놓은 방패 따위에 힘입어 이들은 심리적으로 상대를 주눅 들도록 만든 게 분명하다. 바이킹은 단 한 차례의 기습 공격을 통해 여러 마을을 덮친 다음 적이 채 군대를 들판에 소집하기도 전에 내뺄 수 있었다. 피해자들로서는 해상에서 우위를 점한 그들에게 도전하는 것은 엄두도 내지 못할 일이었다. 800년에서 1100년 사이 북대서양에서 벌어진 주요 해전은 대부분 바이킹들끼리 일으킨 싸움이었다.

9세기에 접어들자 바이킹의 시대가 모든 면에서 자리를 잡아갔다. 스칸디나비아인은 해상에서 누구도 넘보지 못할 독보적 지위를 누렸으며 주요 교역로도 소상히 파악하고 있었다. 게다가 세상은 아무런 낌새도 채지 못했다. 유일하게 남은 일이란 적절한 공격 대상을 고르는 것뿐이었다.

02

샤를마뉴의 눈물

"사람들은 대개 행동보다는 말로써 더 용감하다."

―힘센 그레티르(Grettir the Strong)의 사가

전설에 따르면, 8세기 말 샤를마뉴는 프랑스 연안을 방문한 어느 날 아침 식사 테이블에서 바이킹 선박을 몇 척 얼핏 본 일이 있었다고 한다. 그를 초대한 주인은 그 배를 상선이라고 안심시켰지만, 사리에 밝은 샤를마뉴는 배에 "사나운 적들이 득실대고 있다"고 경고했다. 프랑크인들이 장검을 뽑아 들고 해안으로 달려갔지만 바이킹은 진작 달아나고 없었다. 마치 연기처럼 사라진 것이다. 실망한 채 궁으로 돌아온 조신들의 눈앞에 놀라운 광경이 펼쳐졌다. 세계의 질서를 바로잡은 로마 황제 샤를마뉴가 흐느끼고 있었던 것이다. 아무도 감히 그를 말리지 못했다. 한동안 바다를 건너다보던 그가 이렇게 심중을 털어놓았다.

충신들이여, 내가 이토록 비통하게 눈물 흘린 까닭을 알겠는가? 나는 그 하찮

은 악당들이 내게 무슨 해를 끼치든 그거야 조금도 두렵지 않네. 다만 내 살아생전이 될 수도 있는 어느 날 그들이 우리 해안에 들이닥칠 것을 생각하니 가슴 깊이 슬픔을 가눌 길이 없네. 내 자손들과 그들이 지배할 백성들에게 저들이 저지르게 될 온갖 악행을 떠올리자니 커다란 슬픔으로 가슴이 찢어질 것만 같아.[1]

샤를마뉴가 장차 바이킹이 자기 왕국에 가하게 될 위험을 예견하는 데는 그 어떤 예지력도 필요치 않았다. 그는 실제로 몇 년 동안 그들에게 맞설 준비를 해오고 있었다. 그런데 이는 공교롭게도 최소한 간접적으로나마 침략자들이 다른 누구보다 그에게 먼저 주의를 기울이도록 만들었다.

프랑크인이 스칸디나비아와 접촉한 것은 샤를마뉴 시대보다 100여 년쯤 앞선 때였다. 바이킹의 모피·호박(보석)·깃털 이불·숫돌은 프랑크 왕국의 시장에서 고가에 거래되었다. 네덜란드 상인은 라인강 유역의 도레스타드와 불로뉴(Boulogne) 부근 캉토빅(Quentovic) 같은 거대한 제국의 무역 중심지에서 흔히 볼 수 있었다.[2] 하지만 샤를마뉴의 등장과 함께 상황이 바뀌었다. 그의 시대 이전에는 프랑크인이 오늘날의 서부 독일과 동부 프랑스에서 강력하고도 안정적인 왕국을 유지해오고 있었다. 그런데 샤를마뉴는 768년 프랑크 왕국의 왕위를 계승하자마자 사방팔방으로 왕국의 국경을 확장하기 시작했다. 그는 800년경 바이에른, 피레네산맥의 일부, 그리고 이탈리아 북부의 대부분을 차지함으로써 카이사르 시대 이래 가장 거대한 국가를 이룩했다. 그해 크리스마스 날, 교황 레오 3세는 세심하게 조직된 대관식에서 샤를마뉴의 머리에 왕관을 씌워주고, 그를 300년 넘게 공석이던 서로마제국의 황제로 임명했다.[3]

로마식 동전이 주조되었으며 제국의 황궁이 건설되었다. 샤를마뉴는 심지어 비잔틴 제국의 여왕과 혼례를 치름으로써 북부 지중해를 다시 한 번 로마의 호수로 만드는 것을 고려하기까지 했다. 강력한 샤를마뉴의 지원 아래 새로운 팍스 프란시아(Pax Francia: 프란시아는 프랑크 왕국—옮긴이)가 펼쳐지는 듯 보였다. 거의 모든 것이 그의 통제와 야심 아래 놓인 것 같았다. 린디스판에서 최초의 바이킹 습격에 관해 글을 쓴 학자 앨퀸은 이 프랑크 왕국의 황세에게 약탈자들이 끌고 간 소년들이나 수노사들을 반환해올 수 있는 능력이 있다고 암시했다.

제국이라는 칭호는 황제 증서를 빛내주었을지는 모르지만, 다른 한편 그와 국경을 접한 모든 나라의 국민을 불안에 떨게 만들었다. 프랑크인의 확장욕과 그렇게 할 수 있는 역량이 다분해 보이는 샤를마뉴는 위험한 조합으로 비친 것이다. 8세기에 인기를 누린 속담처럼, "프랑크 왕국의 인접국 국민은 프랑크인을 결코 친구로 둘 수 없"었던 것이다.

데인인은 과거에는 어땠을지 몰라도 804년경에는 이 속담에 수긍했을 것이다. 그해에 샤를마뉴는 마침내 북서부 독일의 색슨족을 정복함으로써 30년간 끌어오던 전쟁을 마무리했다. 데인인은 이제 프랑크인과 이웃하게 되었으며, 여러 정황상 다음 차례는 자기네라고 믿었다.

데인인을 불안으로 몰아넣은 직접적인 원인은 샤를마뉴가 함대를 구축한다는 계획을 세웠다는 사실이다. 함대는 그의 막강한 육지 제국의 과거에는 없었던 것이다. 샤를마뉴가 확실히 한 목표란 덴마크 해적이 제국의 북동쪽 측면을 방어하는 엘베(Elbe)강(북해로 흘러드는 독일의 강—옮긴이)에 접근하지 못하도록 막겠다는 것이었다. 그는 필요하면 언제든 군대가 쉽게 건널 수 있도록 요새화한 교각을 두 개 설치함으로써 진작부터 이 문제를 챙겼다. 제국을 흐르는 다른 큰 강들에도 유사한 조치를 취했다. 닻과 밧줄로 연결한 이동식 부교를 설치해 제국 영토의 심장부로 접근할 수 있게 해주는 거대한 동편의 다뉴브강을 지켰다. 국경이 위협받을 때 군대가 빨리 이동할 수 있도록 라인강과 다뉴브강 사이에는 운하를 건설했다.[4]

샤를마뉴가 북해 함대를 추가하겠다고 발표하자 덴마크반도의 거주민 대다수는 그가 진짜로 노리는 것이 슐라이피오르(Schlei Fjord)에서 국경 바로 위에 자리한 덴마크 항구 헤데비임을 정확하게 간파했다. 헤데비는 진작부터 바이킹 상품을 사고파는 중계 무역지로 자리 잡은 상태이며, 규모가 큰 프랑크 왕국의 시장들과 어깨를 겨룰 정도로 성장했다. 데인인은 스칸디나비아 최초로 도로 요금소와 화폐 주조소를 설치했고, 활발한 사업을 펼치면서 더 오래된 기존의 무역 중심지를 넘보기 시작했다.

헤데비의 성장을 이끈 주역은 바이킹 군사 지도자 구드프레드였다. 프랑크 연대기에서는 그를 '왕'이라고 불렀지만 그는 덴마크의 통치자라기보다 덴마크의 여러 통치자들 중 하나였다. 수많은 데인인이 그의 권위를 인정해주기는 했지만, 오늘날의 덴마크 전체에 해당하는 유틀란트반도에조차 자기만의 성채를 구축한 경쟁자들이 여럿 버티고 있었다.[5]

구드프레드는 자신이 약탈한 프랑크 마을에서 상인을 잡아오는 식으로 (장차 바이킹의 세계에게 흔히 볼 수 있는 일이다) 헤데비의 인구를 크게 불려놓았다. 그리고 샤를마뉴의 공격으로부터 헤데비를 지키고자 다네비르케를 쌓기 시작했다. 다네비르케는 위에 목조 방책을 두른 거대한 성곽으로, 결국 유틀란트반도의 목 부분을 가로질러 북해에서 발트해까지 건설되었다.

성곽 뒤에 안전하게 숨은 구드프레드는 막강한 이웃 나라를 괴롭히기 시작했다. 그는 여러 프랑크 도시에서 노략질을 일삼았고, 샤를마뉴의 동맹국들 가운데 하나로 하여금 샤를마뉴 제국에 대한 충절을 버리도록 강요하기도 했다. 상황이 이렇게 되자 프랑크의 소규모 군대가 북쪽으로 진격했고, 다네비르케는 처음으로 시험대에 올랐다. 구드프레드의 병사들은 결코 물러서지 않았고, 다른 곳의 폭동을 진압하느라 여념이 없던 샤를마뉴는 화평을 제의하기로 결정했다.

양측은 아이더(Eider)강을 항구적인 경계로 정하는 데 합의했다. 마음이 누그러진 게 분명한 구드프레드는 선의의 표시로 제국의 수도 아헨[6]에 볼모를 몇 명 보냈다. 하지만 이것은 결국 교활한 책략으로 드러났다. 샤를마뉴가 이듬해 초 출정을 위해 군대를 이끌고 떠나자 구드프레드가 롱십 200척을 이끌고 프리지아(현재 네덜란드 연안)를 습격한 것이다. 그는 거기에서 철수하는 대가로 포로로 붙잡은 상인과 농부 들에게서 은 100파운드를 걷어갔다. 그가 이끄는 바이킹은 값나가는 물건을 닥치는 대로 빼앗아 롱십에 실었다. 구드프레드는 최후의 도발로서 프리지아 연안의 북쪽은 이제 자기 것이라고 선언했다.

이 습격은 수많은 배가 동원되기는 했으나 그리 큰 규모는 아니었으며, 샤를마뉴는 경험 많고 노련했던지라 자신의 국경은 어디도 영원하지 않다고 생각했다. 구드프레드와의 약속은 결국 지켜지지 않았다. 진짜로 샤를마뉴를 화나게 한 것은 자신의 제국 일부를 빼앗긴 사실이었다.

샤를마뉴는 어떻게 대처해야 좋을지 판단이 서지 않았다. 공격을 감행하기에는 턱없이 부족한 배 몇 척으로 해전을 치르자니 도무지 엄두가 나지 않았다. 육지를 침략하는 것 또한 그 자체로 감당해야 할 위험이 적시 않았다. 샤를마뉴는 30년에 걸친 색슨족과의 소모전을 막 끝낸 참이었다. 이제 60대의 끄트머리에 접어든 그는 언제 끝날지 모를 전쟁에 또다시 휘말리고 싶지 않았다.

어쨌거나 맨 먼저 처리해야 할 과제는 구드프레드를 막는 것이었다. 그 연안을 보호해야 하지만 프랑크인은 제대로 된 함대가 없었으므로 바이킹이 함대를 대주어야 했다. 소규모의 데인인 집단은 10여 년 동안 산발적으로 프랑크 연안을 습격해오고 있었으며, 대규모의 데인인 집단은 샤를마뉴에게 보호를 약속하고 그 대가로 금을 받아 챙기면서 더없는 행복을 구가하고 있었다. 샤를마뉴는 데인인이 바다로부터 그를 보호해주는 동안 다네비르케를 무너뜨리기 위해 군대를 키웠다.

하지만 그의 탐험은 실제로는 이루어지지 않았다. 막바지 준비가 한창이던 그해 여름, 구드프레드가 부하의 손에 살해당했기 때문이다. 혼란이 이어지자 살해자의 신원도 제대로 밝혀지지 않은 채 그 일은 흐지부지 묻히고 말았다. 훗날 어떤 이들은 구드프레드의 아들이 그가 최근 또 다른 여인과 혼인한 데 앙심을 품고 저지른 일이라고 주장했다. 또 어떤 이들은 그의 친위대원[7]이 암살한 거라고 말했다. 둘 중 어느 쪽이 맞는지는 몰라도 어쨌거나 위협은 사라졌다. 샤를마뉴는 복수가 수포로 돌아간 사실에 분통을 터뜨렸다고 전해진다. 그의 전기 작가 아인하르트(Einhard)는 샤를마뉴가 이렇게 말했다고 썼다. "개대가리 같은 악마의 피로 내 손을 물들일 수 있는 기회를 놓치다니 억울하기 짝이 없다." 나중에 밝혀진 바에 따르면, 샤를마뉴는 북방인의 피로 본인의 손을 물들일 기회를 영영 얻지 못했다. 그는 4년 뒤 숨을 거두었고 그의 아들 루이 경건왕이 왕위를 계승했다.

키를 쥔 강력한 존재가 없는 샤를마뉴 제국은 서서히 무너지기 시작했다. 처음에는 붕괴의 조짐을 거의 알아차리기 어려웠다. 루이 경건왕은 샤를마뉴의 좀더 젊고 교양 있는 버전처럼 보였다. 왕궁은 그의 세련된 매너와 지속적인 예술 후원을 이유로 그를 루이 사근사근왕(Louis the Debonaire)이라고도 불렀다. 그는 심지어 전쟁터에서도 그 유명한 선왕의 기대에 부응하는 듯했다. 루이 경건왕은 재위 기간 동안 남서쪽 국경의 안전을 지키는 의무를 떠안았고 그 의무를 충실히 이행했다. 그는 피레네 산맥 남쪽의 팜플로나(Pamplona)와 바스크 지방을 프랑크 왕국의 지휘권 아래 두었고 이슬람 세력이 지배하는 바르셀로나를 약탈하기도 했다. 루이 경건왕은 자신의 권위를 위협하는 것은 무엇이든 무자비하게 진압했다. 특히 가족의 도전에 대해서는 인정사정이 없었다. 그는 대관식 때 미혼의 누이들을 몽땅 강제로 수녀원에 보내버렸다. 혹시나 있을지도 모를 매부들의 위협을 미연에 방지하기 위해서였다.

유망하던 새 정권은 817년 돌연 뜻하지 않은 변화를 겪는다. 루이 경건왕이 거의 목숨을 잃을 뻔한 사고가 발생한 것이다. 아헨의 대성당을 제국의 왕궁과 연결하는 목조 회랑이 붕괴하는 사고가 있었는데, 하필 그 순간 그가 예배를 마치고 그곳을 지나가고 있었던 것이다. 조신 상당수는 그 사고로 목숨을 잃거나 불구가 되었다. 심하게 다친 루이 경건왕은 큰 충격을 받고 왕위를 넘겨줄 계획을 세우기 시작했다. 선임 황제에는 장남 로테르(Lothair)를 임명하고, 나머지 황제 직위는 다른 두 아들과 조카 한 명에게 나누어준다는 구상이었다.

루이 경건왕은 다행히 회복되었지만, 분할 통치할 계획이라는 소식이 최근에 이탈리아 왕위에 오른 조카 베르나르(Bernard)의 귀에까지 들어갔다. 베르나르는 자신이 그저 속국의 신하 처지로 밀려날 운명임을 간파하고 지체 없이 폭동을 일으켰다. 루이 경건왕은 신속하게 군대를 이끌고 부르고뉴(Burgundy: 프랑스 동남부 지방—옮긴이)에 나타났다. 미처 준비되지 않은 베르나르는 제대로 싸워보지도 못한 채 항복하고 말았다. 그는 이탈리아를 계속 지배할 수 있기를 희망하면서 삼촌을 만나 용서를 구하기로 했다. 하지만 루이 경건왕은 조카를 봐줄 기분이 아니었다. 베르나르는 아헨으로 끌려가서 반역죄로 재판에 회부되었다. 반역을 꿈꾸는 가족 구성원에게 누구든 가만두지 않겠다는 경고의 표시였다. 베르나르는 유죄 판결을 받았으며 모든 재산을 빼앗기고 사형을 선고받았다.

루이 경건왕은 관대함을 드러내고자 사형 대신 눈을 멀게 하는 벌로 감형해주었고 이틀 후 형을 집행했다. 그런데 형벌을 가하는 병사들이 그리 조심스럽지는 못했던 모양이다. 불에 달군 쇠로 어찌나 무자비하게 눈을 지져버렸는지 베르나르는 끝내 그 시련을 이겨내지 못하고 이틀 뒤 고통 속에서 눈을 감았다.

루이 경건왕은 조카가 죽은 뒤 완전히 다른 사람이 되었다. 죄책감에 시달리던 그는 우선 신앙심이 깊어졌으며, 공적으로도 전보다 한층 너그러운 행보를 보였다. 성직자를 저명한 고문으로 앉혔으며, 수많은 교회와 수도원을 짓는 데 아낌없이 투자한 결과 경건왕이라는 가장 유명한 별명을 얻은 것이다. 이러한 갖은 노력에도 불구하고 죄책감이 가시지 않자 그는 교황과 성직자, 그 제국의 귀족이 모인 앞에서 공개적으로 참회하는 이례적인 조치를 취했다. 이렇듯 누구의 눈에도 분명해 보인 그의 겸양은 칭찬할 만한 것이었지만, 다른 한편 그 자신의 권위를 크게 좀먹는 뜻하지 않은 결과를 초래했다.

당시 사회는 피 냄새가 가실 날이 없었다. 방대한 국경은 적들로 에워싸여 있었는데, 그들은 제국 군대가 나타나기도 전에 숲이나 바다로 사라질 만큼 기민했다. 제아무리 훌륭한 황제라도 최소 1년에 한 차례씩은 대규모 군사 작전을 펼쳐야 했다. 그러지 않으면 겁쟁이라고 손가락질받기 십상이었기 때문이다.

루이 경건왕의 무력이 미치지 않는 곳에서는 폭력이 난무했다. 모반은 잔혹한 무력으로 막아내야 했다. 포획한 적들은 그저 기계적으로 눈을 멀게 하고 사지를 절단하고 고문하거나 교수형에 처했다. 샤를마뉴는 베르됭(프랑스 북동부의 도시―옮긴이)에서 반란자를 처벌하기 위해 색슨 귀족을 4500명이나 참수형에 처하고, 그들을 진압하려고 인구 전체를 이주시킨 바 있었다.

이 모든 일은 질서를 확립하기 위한 불가피한 조처로 받아들여졌다. 따라서 루이 경건왕이 교황 앞에 겸허히 머리를 조아리고 시시콜콜한 죄목까지 일일이 늘어놓는 모습은 백성과 적들의 눈에 황제의 위신을 떨어뜨리는 짓거리였다. 황제가 취할 행동이 못 되었던 것이다. 샤를마뉴가 적들의 피로 목욕하기를 원했다면, 그의 아들은 아마도 수도원에 들어가고 싶어 했던 것 같다.

북쪽 국경에서는 바이킹이 이 상황을 면밀히 주시하고 있었다. 샤를마뉴의 방위, 특히 요새화한 교량과 군대는 여전히 막강해서 대규모 공격을 막아낼 수 있었다. 그러나 이내 형편이 달라질 것만 같은 조짐이 싹텄다. 프랑크 왕국을 여행하던 프랑크 주교는 바다로 이어진 강의 상류를 잘 아는 '어느 북방인들'에게 도움을 받았다. 이렇듯 바이킹은 항구며 바닷길을 훤히 꿰뚫고 있었던 데 반해, 프랑크 왕국은 스스로를 방어할 수 있는 변변한 함대조차 제대로 갖추지 못했던 것이다.

하지만 프랑크인은 그 위험을 정확히 깨닫지 못했던 듯하다. 수 세기를 지나면서 삶이 그 어느 때보다 윤택해졌으며, 제국 통치의 이득을 마음껏 누리고 있었으니 말이다. 황제 보호를 자신하던 프랑스 북부 마을 상스 (Sens)의 대주교는 교회를 재건하려고 상스의 성벽을 허무는 무리수를 두 기까지 했다. 연안 마을도 취약하기는 매한가지였다. 파리와 바다를 잇는 센강 가에서는 포도주 무역이 성행했으며, 프랑크 왕국 연안에는 항구가 여기저기 들어서 있었다. 프랑크 왕국은 양질의 은(스칸디나비아에는 거의 없는 상품)에 접근할 수 있었던지라 화폐로 물물교환을 대신할 수 있었으며, 제국의 시장은 점점 더 많은 귀금속을 취급했다.

대대적인 공격이 일어나지 않은 유일한 이유는 루이 경건왕의 바이킹 적들 자체가 혼돈에 빠져 있었기 때문이다. 덴마크반도(유틀란트반도)는 구드프레드가 사망한 뒤 극도의 혼란에 휩싸였다. 하랄 클라크라는 전사가 권력을 장악했으나, 얼마 통치하지도 못하고 구드프레드의 아들 호리크 의 손에 축출되었다. 하랄 클라크는 루이 경건왕에게 도움을 호소하면서 만약 도와준다면 기독교로 개종하겠다고 은밀하게 제의했다. 황제는 그 의 제의를 받아들였다. 마인츠(Mainz) 근처의 인겔하임(Ingelheim) 왕궁에 서는 하랄과 그의 추종자 400명이 세례반에 몸을 담그는 호화로운 세례 식을 성대하게 치렀다. 루이 경건왕은 하랄의 대부 자격으로 그 자리에 참석했다.

루이 경건왕으로서는 여러 가지 면에서 득의만면한 순간이었다. 그는 아버지와 달리 군사적 기량을 발휘하지는 못했지만, 예측 가능한 미래를 위해 데인인을 무력화할 좋은 기회를 잡은 것이다. 만약 하랄이 덴마크의 왕위를 차지하고 그의 백성을 기독교로 개종시킨다면 북쪽 국경에 대해 서는 한시름 놓아도 좋을 판이었다.

그 계획은 처음에는 차질 없이 진행되었다. 하랄은 프랑크 왕국 땅을 받았고, 자신의 왕위를 탈환하기 위해 원정대를 모집하는 한편 노략질을 일삼는 바이킹에 맞서 그곳을 방어하는 임무를 맡았다. 프랑크 군대를 등에 업은 하랄은 경쟁자 호리크로 하여금 자신을 지배자로 인정하게끔 밀어붙일 수 있었다. 하랄은 루이 경건왕에게 데인인이 개종하도록 도와줄 선교사를 한 명 보내달라고 요청했다. 루이 경건왕은 색슨족 목사 앙스가르(Ansgar)를 택했다. 앙스가르는 즉시 헤네비에 교회를 지었다.[8] 그러나 이때쯤 루이 경건왕의 원대한 정책이 조금씩 삐걱거리기 시작했다.

데인인은 기독교에 그다지 관심이 많지 않았다. 적어도 유일한 종교로서는 아니었다. 게다가 그들은 하랄 클라크에 대해서도 딱히 호감을 갖지는 않았던 듯하다. 1년 뒤 하랄은 다시금 단호한 이교도인 정적 호리크에게 추방당했다. 그는 설상가상으로 프랑크 왕국 땅에 돌아와 해적질을 일삼으며 여생을 자기 대부의 소유물을 약탈하면서 보냈다.[9]

하랄 클라크가 축출됨과 동시에 북쪽에서는 마치 댐이 무너지는 듯했다. 침략자들이 카롤링거 왕조의 연안에 마구 들이닥치기 시작한 것이다. 북유럽 최대의 무역 중심지이자 은화 주조 중심지 도레스타드는 834년부터 837년까지 단 한 해도 거르지 않고 약탈에 시달렸다. 호리크는 루이 경건왕에게 사절을 보내 자신은 도레스타드의 공격과 아무 관련이 없다고 주장하면서, 책임자를 체포해 엄벌했노라고 언급했다. 적어도 후자의 주장은 사실이었을 것이다. 침략에 성공한 이들은 잠재적 경쟁자였으므로, 호리크는 하랄 클라크의 전철을 밟을 생각이 추호도 없었다.[10]

개별적으로 약탈에 나선 바이킹으로서는 공격하기 위해 무슨 왕의 허락 따위를 얻을 필요가 없었다. 프랑크 왕국은 분명 흔들리고 있었다. 루이 경건왕의 아둔한 통치는 두 번째 결혼에서 얻은 아들을 왕위 계승에 포함하려는 길을 잘못 든 계획으로 더욱 꼬이고 말았다. 결국 내전이 이어졌으며, 그는 남은 아들들 손에 폐위되었다. 이듬해에 왕권을 복구하기는 했지만 결코 과거의 명성을 되찾지는 못했다.

이 일로 그의 제국이 입은 피해는 실로 막대했다. 폭동이 잇따랐으며 (그는 마지막 재위 기간을 그 폭동을 진압하는 데 썼다), 이런 혼란은 바이킹이 대규모로 침공해올 수 있는 발판이 되어주었다. 여러 집단이 동시다발적으로 연안에 들이닥쳐서 마을을 불사르고 전리품을 챙겨갔으며, 늙고 병든 사람만 남겨놓고 거주민을 몽땅 살육했다.

836년 호리크 자신도 앤트워프(Antwerp)에 대한 대규모 침략을 감행했다. 전사들 몇이 전투에서 숨지자 그는 낯 두껍게도 병사를 잃은 데 대한 보상으로 속죄금(weregild)을 요구하기까지 했다.[11] 루이 경건왕은 대규모 군대를 조직하는 것으로 응수했으며, 바이킹은 프리지아 같은 먼 곳에서만 습격을 이어갔을 뿐 서서히 잠잠해졌다. 840년 루이 경건왕은 마침내 그들을 공격하기 위해 아버지가 전에 구상했던 북해 함대를 구축하라고 명령을 내렸다. 하지만 몇 달 뒤 이렇다 할 성과도 없이 숨을 거두고 말았다.

루이 경건왕의 아들들은 제국이 분열하기 시작하자 그 공통의 위협에 맞서서 힘을 합친 게 아니라 이어지는 3년 동안 치열한 주도권 다툼을 이어갔다. 이들은 심지어 서로를 공격하기 위해 더러 바이킹을 끌어들이기까지 했다. 맏이 로테르는 늙은 하랄 클라크를 자신의 왕궁으로 맞아들이고, 형제들의 영토를 공격해준 대가로 그에게 땅을 하사하기도 했다. 하지만 이것은 정말이지 커다란 패착이었던 것으로 드러났다. 바이킹이 프랑크 왕국의 지형을 익히고 그 영토에 접근할 수 있도록 도와준 계기가 되었기 때문이다. 하랄, 그리고 그와 생각이 비슷한 일군의 바이킹은 프랑크 왕국의 북부 연안을 제집 드나들듯 하면서 신나게 약탈을 저질렀다.

인들의 공격은 압도적 무력이 아니라 속도 덕택에 가능했다. 9세기 중엽, 전형적인 바이킹 '군대'는 남성 약 100명을 실은 몇 척의 배로 구성되어 있었다. 일부 남성들이 뿔뿔이 흩어져서 노략질을 하는 사이 나머지 남성들은 배에 남아서 망을 봤다. 이들은 바이킹 시대 초기에는 전쟁 포로에 관심이 없었다. 데려갈 수 없는 사람은 죽이고 가져갈 수 없는 건물이나 물건은 불 질렀다.

인원이 적다는 것은 약점이었지만 빠른 공격 속도로 그 점을 만회할 수 있었다. 바이킹은 대개 바다나 강 연안에서부터 멀리 떨어진 곳까지 이동하는 것을 꺼렸으며 대체로 총력전은 피했다. 이들의 장비는 대부분 적인 프랑크 왕국보다 열세였다. 넓은 벌판에서 붙들린 바이킹은 기가 죽게 마련이었다. 부분적으로 이들에게는 당시 유럽에서 일반적이던 갑옷이 없었던 탓이다. 프랑크 연대기는 이들을 '벌거벗었다'고 표현했다. 바이킹은 죽은 자들에게서 투구와 무기를 빼앗아야 했다. 일부 프랑크 지배자들이 현명하게도 위반하면 사형에 처한다는 조건을 내걸고 바이킹에게 무기를 판매하는 행위를 엄격히 금지했기 때문이다.

이러한 전반적인 불리함에도 불구하고 단 한 가지 이점이 있었는데, 그것은 바로 바이킹의 칼이었다. 본래 그 도안은 아마도 8세기의 프랑스 칼을 본뜬 듯하다. 바이킹의 칼에는 그것을 만든 대장장이 이름 울프베르흐트(Ulfberht)가 새겨졌으며, 그 이름은 이내 칼의 상품명으로 자리 잡았다. 바이킹은 재빠르게 칼날 만드는 방법을 익혔다. 울프베르흐트라는 이름을 새긴 칼은 스칸디나비아 전역에서 만나볼 수 있게 되었다. 이 칼은 대개 끝이 둥근 양날의 칼로, 쇠막대 여러 개를 꼬아 만들었다. 이러한 주물 덕택에 칼날이 다른 것보다 견고하면서도 가볍게 만들어졌고, 설사 부러진다 해도 다시 주조할 수 있었다. '오딘의 불꽃(Odin's Flame)'이나 '레그바이터(Leg-Biter)' 같은 이름으로도 불린 이 칼은 필시 전사의 가장 값진 소유물이자 가보로 대대손손 전해졌을 것이다.

칼 이외에 바이킹 남성이 지닌 주된 장점은 뛰어난 정보 수집력과 적응력이었다. 이들은 프랑크의 군사 전략 대부분을 사전에 파악했고, 정치 변동에 따른 이점을 누리고자 발 빠르게 대응했다. 무엇보다 가장 위력적인 것은 이들의 적응력이었다. 이들은 필요에 따라 '형제지간'인 수십 수백 명이 같은 군대에 합류했다가 다시 여러 집단으로 흩어지는 식으로 자유롭게 이합집산했다. 이 덕분에 적은 그들에게 치명적인 패배를 안겨주는 것은 고사하고 도대체 어느 곳을 집중적으로 방어해야 하는지조차 제대로 가늠하지 못했다.

바이킹은 대개 적들보다 더 실제적이기도 했다. 이들은 숲을 돌아다니는 데 아무 거침이 없었으며, 임시변통으로 석조 교회 같은 건물을 요새처럼 활용했고, 추격해오는 기병을 불구로 만들 심산으로 구덩이를 판 다음 은폐해놓기도 했다. 또한 주로 야밤에 공격에 나섰으며, 프랑크 귀족들과 달리 손이 더러워지는 것쯤이야 아랑곳 않고 즉석에서 참호를 파거나 흙일을 했다. 무엇보다 이들은 먹잇감을 귀신같이 골라냈으며 타이밍을 절묘하게 맞추었다. 이전의 야만인들과 달리 바이킹은 교회를 표적물로 삼아 대개 볼모로 잡아갈 만한 부호들이 북적이는 축일에 공격을 개시했다.

기독교 사회는 그야말로 속수무책이었다. 루아르강(프랑스 남부에서 발원하여 비스케이만으로 흘러드는 프랑스에서 가장 긴 강―옮긴이) 어귀의 누아르무티에(Noirmoutier)섬에 자리한 수도원은 819년부터 836년까지 단 한 해도 거르지 않고 약탈로 얼룩졌다. 수도사들이 해마다 봄과 여름이면 그 섬을 떠났다가 공격의 계절이 지난 뒤 돌아오는 일이 전통처럼 되다시피 했다. 마침내 836년, 참다못한 그들은 아예 수호성인의 유물과 남은 보물을 챙겨서 안전한 피난처를 찾아 동쪽으로 떠나버렸다. 그리고 그로부터 30년 동안 여기저기 떠돌아다니다가 마침내 스위스 국경 근처의 부르고뉴 지방에 자리를 잡았다. 바이킹과 바다로부터 가능한 한 멀리 떨어질 수 있는 장소였다.

누아르무티에섬의 어느 수도사는 동료 기독교인들에게 내분을 멈추고 스스로를 방어하자고 호소한 탄원서에서 당시의 절박함을 이렇게 표현했다.

배의 수가 점점 더 불어나고 있습니다. 북방인 떼가 계속 늘고 있어요. ……그들이 지나는 도시는 모두 함락당했고 누구도 그들에게 맞설 수 없습니다. ……거의 한 군데도 성한 곳이 없으며 용케 공격을 피해간 수도원 역시 찾아보기 힘듭니다. 주민들은 도망치기 바쁘고요. 누가 감히 이렇게 말할 수 있겠습니까? "터전을 지키십시오. 터전을 지키십시오. 맞서 싸우십시오. 당신의 나라, 아이들, 가족을 지키기 위해 싸우십시오!" 그런데 서로 치고받고 다투느라 정신이 팔린 그들은 되레 본인들이 지켜야 마땅한 보물을 팔아서 무기를 사들이고, 결과적으로 이 기독교 왕국이 멸망하도록 부채질하고 있습니다.

그러나 아무도 이 수도사의 말을 귀담아듣지 않았다. 프랑크 내전이 종식되었을 때 샤를마뉴 제국은 세 개의 왕국으로 분열되었다. 각 왕국은 저마다의 취약성을 적나라하게 드러냈다. 서프랑크 왕국은 프랑스, 동프랑크 왕국은 독일의 토대가 되었으며, 두 왕국 사이에 남북으로 길게 뻗은 세 번째 왕국 로타링기아(Lotharingia)는 이웃 나라들에 흡수되었다.[12] 습격을 일삼던 바이킹 집단은 점점 더 규모가 불어나고 대담해졌다. 과거에는 고작 두세 척의 배를 몰고 나타나던 함대가 이제 여남은 척의 배를 거느린 모습으로 커진 것이다. 더 불길하게도 이들은 전술을 바꾸기 시작했다. 845년 누아르무티에섬으로 돌아왔는데, 이번에는 과거와 달리 섬에 성벽을 두르고 아예 그곳을 겨울 숙소 삼아 진을 치게 된 것이다. 따뜻한 계절에 습격하고 첫눈이 내리기 전에 철수하는 것이 이전까지의 통상적 관례였다. 하지만 이제 이들은 이동하느라 시간을 허비하지 않을 심산이었으며 장물을 좀더 체계적으로 거두어들일 작정이었다.

이들은 이제 기지를 토대로 습격함으로써 강 상류로 좀더 멀리 진출하여 더 많은 마을, 심지어 도시까지 노려볼 수 있게 되었다. 바이킹 함대는 루앙(Rouen)·낭트(Nantes)·함부르크(Hamburg)를 노략질했으며 부르고뉴 지역까지 진출했다. 이듬해에는 위트레흐트(Utrecht)·앤트워프에 들이닥쳤고 라인강을 따라 네이메헌(Nijmegen)까지 거슬러 올라갔다. 하지만 이러한 공격은 모두 곧바로 잦아들었다. 그러던 중 845년 덴마크 왕이 이끄는 집단이 침략을 일으켰다. 그는 프랑크 왕국이 자신의 적수 하랄 클라크를 지지해준 일을 꿈에도 잊은 적이 없었다. 마침내 호리크가 복수에 나선 것이다.

03

라그나르 로드브로크

"두개골을 쪼개면 두 번 다시 음모를 꾸미지 못한다."

—현자 새문드의 《에다》

호리크의 왕궁에서 가장 흥미진진한 인물은 단연 라그나르 로드브로크다. 그의 성 로드브로크는 '털바지'라는 의미로, 그가 전장에 입고 다니던 이상하게 생긴 가죽 바지를 일컫는다. 그의 주장에 따르면 자신을 보호해주는 마법을 지닌 옷이다. 전설에 의하면 그가 이 옷을 만든 이유는 자신의 첫 아내를 얻기 위해서였다고 한다. 그의 첫 번째 아내는 당시 용처럼 생긴 뱀에 의해 투옥된 상태였다. 그는 뱀에게 물려 독의 피해를 입지 않으려고 가죽 바지를 피치(pitch: 원유·콜타르 따위를 증류시키고 남은 검정색 찌꺼기―옮긴이)에 넣어 삶은 다음 모래에 굴렸다. 그는 이렇게 해서 만든 특이한 옷으로 보호받은 덕택에 뱀을 해치우고 그녀를 구출한 뒤 끝내 결혼에 성공할 수 있었다.

라그나르가 실제로 어디 출신인지는 잘 알려져 있지 않다.[1] 훗날 너무나 많은 바이킹 사가에서 영웅으로 추대되었기에 그가 역사에서 성취한 바도 온전하게 전해지지 않는다. 그에 관한 공백을 메우고자 많은 이야기가 쏟아져 나왔는데, 하나같이 매혹적이긴 하지만 대체로 와전된 내용이다. 그녀의 두 번째 아내 아슬라우그(Aslaug)는 제빵사가 바라보느라 넋이 나가서 빵을 태워먹었다는 일화가 전해질 만큼 아름다웠다는데, 이 설에 따르면 그녀는 라그나르에 뒤지지 않을 정도로 꾀가 많았다고 한다. 첫 번째 아내가 죽은 뒤 슬픔에 잠겨 있던 라그나르는 그녀에게 만약 "옷을 입지도 발가벗지도 않은 상태로, 굶지도 배부르지도 않은 상태로, 혼자도 여럿도 아닌 상태로" 찾아온다면 결혼해주겠다고 제안했다. 그녀는 발가 벗었으되 자신의 긴 머리로 몸을 가리고, 전날 밤 양파를 먹고, 그리고 양치는 개 한 마리를 데리고 찾아가는 기발함으로 그의 마음을 단박에 사로 잡았다.

이러한 이야기는 필시 라그나르를 흐뭇하게 해주었을 것이다. 그는 자신이 오딘의 직계 후손이라고 주장했는데, 호리크 역시 같은 주장을 되풀이했으므로, 이렇게 말한 것은 자신이 왕위 계승의 적임자임을 에둘러 밝히려는 의도였을 터이다. 하지만 바이킹 세계의 지배자에게 중요한 덕목은 누구의 후예인가가 아니라 얼마나 용맹한가였다. 따라서 라그나르는 그것을 증명해 보이기라도 하려는 듯 845년 바이킹 군대를 이끌고 파리로 쳐들어갔다.

라그나르는 단순한 해적에 그치는 존재가 아니었다. 그는 초기 '해적왕' 가운데 하나였다. 즉 습격을 통해 엄청난 부와 권력을 챙긴 바이킹으로서 결국 바이킹의 왕으로 인정받게 되는 인물이다. 그가 어느 정도 존경받았는지를 단적으로 보여주는 지표가 바로 그가 거느린 군대의 규모다. '군대'가 수백 명의 남성으로 이루어지던 시절에 라그나르는 무려 5000명이 넘는 전사와 롱십 120척으로 구성된 함대를 이끌었던 것이다.

덴마크를 출발해 남쪽으로 항해에 나선 이 바다 늑대들이 센강 어귀까지 도착하는 데는 일주일 남짓밖에 걸리지 않았다. 이들은 거기서 노를 저어 강 상류로 거슬러 올라가 루앙이며, 부유한 생드니(St. Denis) 수도원에서 15킬로미터가량 떨어진 캬홀리베나〔Carolivenna: 오늘날의 쇼시(Chaussy)〕를 약탈했다. 그의 부하들은 눈에 띄는 재물이란 재물은 모조리 앗아갔으며, 강에서 접근하기 쉬운 비옥한 지역을 조직적으로 약탈했다. 침략이 이루어질 때마다 소문이 삽시간에 퍼져나갔고 지역민은 공황 상태에 빠졌다. 지역민과 생드니 수도사들은 유물과 귀중품을 챙겨서 달아났다. 하지만 도중에 마주친 프랑크의 샤를 대머리왕[2]은 그들에게 고향과 교회로 돌아가라고 명령을 내리면서 도망자의 물결을 저지하려 들었다. 그는 침략자에 맞서기 위해 진작부터 군대를 키워오고 있었지만, 진격 여부를 놓고는 신중을 기했다.

라그나르는 샤를 대머리왕에게 채택하기 곤란한 제안을 한 가지 했다. 이 바이킹은 적이 미처 손쓸 수 없도록 기습 공격 전술을 구사하는 것으로 유명했으며, 오직 승산이 있다 싶을 때만 싸웠다. 샤를 대머리왕이 강의 이편 둑에서 다가오면 라그나르와 그의 부하들은 반대편 둑으로 슬그머니 내빼는 식으로 한사코 싸움을 피했다. 그가 최후의 결전을 부추기며 도발해왔으므로 왕은 군대를 둘로 나누어 양편 강둑을 따라 진격했다.

프랑크인에게는 안된 일이지만, 샤를 대머리왕의 군대는 샤를마뉴 시절과 같은 일류 전투 부대가 못 됐다. 군은 기강이 무너져서 걸핏하면 허둥대기 일쑤였으며 부주의하고 비효율적인 것으로 이름이 높았다. 라그나르는 본인의 군대를 총동원하여 소규모 프랑크 군대를 덮쳤고, 겁에 질린 샤를이 강 건너편에서 속수무책으로 지켜보는 가운데 그들을 여봐란 듯이 가뿐하게 해치웠다. 더 나쁜 상황이 벌어졌다. 포로로 붙들린 프랑크 병사 111명을 센강 변에 자리한 한 섬으로 옮긴 뒤, 샤를의 군대가 뻔히 보는 앞에서 오딘의 제물로 바친 것이다.

이는 한편 종교적 의례의 일환이었지만 다른 한편 심리적 공포를 안겨주기 위해 치밀하게 계산된 전략이었다. 오늘날의 눈으로 보면 바이킹은 소름 끼칠 정도로 잔인해 보이지만 이들이 폭력을 쓰는 데도 나름의 한계는 있었다. 이들은 고의로 수확물을 망쳐놓는 일은 웬만해서는 저지르지 않았고, 끊임없이 약탈을 일삼으면서도 아키텐(Aquitaine) 포도원만큼은 절대 건드리지 않았다. 그렇게 하지 않고도 부당하게 돈을 빼앗을 수 있는 방법은 얼마든지 있었던 것이다. 죄수 처형과 관련하여 샤를마뉴는 베르됭에서 색슨인 포로에게 훨씬 더 잔인하게 굴었다. 그는 거기에서 폭동을 일으킨 데 대한 응징으로 자그마치 그중 4500명의 목을 베어버린 것이다.

라그나르의 보여주기 전략은 원하는 효과를 가져왔다. 프랑크인은 불안에 떨었고 라그나르가 자신들을 향해 돌격해올 때면 달아나기 바빴다. 샤를은 남은 군대를 추스른 다음 무슨 일이 있어도 지키고야 말겠노라고 맹세한 생드니 수도원으로 철수해야 했다. 여전히 제국의 군대가 버티고 있다는 사실은 아무래도 신경 쓰이는 일이지만, 라그나르는 그 군대의 수준을 찬찬히 따져보았다. 결국 그는 이제 전보다 방어가 허술해진 파리를 치는 데 주저할 까닭이 없다고 확신하게 되었다.

여러 면에서 중세의 파리는 바이킹에게 더할 나위 없는 표적이었다. 파리는 부유할 뿐 아니라 센강 중앙에 위치한 시테섬(Ile de la Cité)에 많은 것이 집중되어 있었다. 하지만 처음 보았을 때는 실망스럽기 짝이 없는 도시였다. 라그나르는 교회에 많은 이들이 모이므로 희생자 수가 불어날 수 있는 성일에 공격하겠다고 계획했다. 하지만 그들이 다가오고 있다는 소문이 그들이 실제로 다가오는 속도보다 빨랐던지라 파리 시민 거개가 이미 도망가 버리고 없는 상태였던 것이다. 밀물처럼 쏟아진 바이킹은 이 도로 저 도로로 흩어져서 약탈을 자행했다. 거의 지난 50년 동안 유럽을 공격했어도 이번만큼 많은 재물을 거두어들인 일은 일찍이 없었다.

생제르맹데프레(St. Germain-des-Prés) 수도원은 선제 경고가 있어서 수도사들이 귀중품을 대부분 미리 치워놓은 덕에 파괴를 면할 수 있었다. 6주 뒤 돌아온 수도사들은 바깥 건물 몇 채만 불탔을 뿐 수도원 교회가 말짱하다는 사실을 확인했다. 심하게 망가진 것은 지하 포도주 저장고뿐이었다. 바이킹이 용케 그곳에 쳐들어가 포도주를 몽땅 꺼내간 것이다.

바이킹에게는 파리라는 도시 자체도 생제르맹데프레 수도원만큼이나 낙심천만한 곳으로 드러났다. 놀란 시민들이 잔뜩 기대를 품은 귀중품 상당수를 미리 이웃 시골 지역으로 빼돌렸기 때문이다. 그 귀중품을 뒤지기 위해 군대를 일부 보낼 수도 있었지만, 그것은 샤를의 군대가 잠복해 있다가 덮칠지도 모를 위험천만한 일이었다.

실제로 라그나르가 파리에 머물 때 그의 상황은 한층 더 나빠졌다. 그때쯤 그간 프랑크 왕이 키워온 군대의 규모가 바이킹이 빠져나가지 못하도록 봉쇄할 수 있을 만큼 불어난 것이다. 한층 더 염려스럽게도 바이킹들은 이질에 걸린 듯한 조짐을 드러내기 시작했다. 이로써 그들의 전투력은 눈에 띄게 약화했다. 라그나르는 버려진 생제르맹데프레 수도원에서 샤를과 연락을 취해 적절한 양의 공물을 준다면 떠날 용의가 있다고 넌지시 내비쳤다.

프랑크 왕은 협상을 하고 싶었다. 그의 군대는 규모 면에서야 나무랄 데 없었지만 지휘관의 자질이나 충성심을 확신하기가 어려웠기 때문이다. 또한 그는 모반을 꿈꾸는 가신, 야심만만한 가족 및 친인척, 만성적인 반란 따위로 골머리를 앓고 있었다. 양 진영의 특사가 생드니 수도원에서 만났고, 프랑크 측은 이례적인 조건을 제시했다. 바이킹에게 약탈한 물자를 그냥 가져가도 좋으며 떠날 때 공격하지 않겠노라고, 뿐만 아니라 그렇듯 수고해주는 대가로 6000파운드 상당의 금은을 지급하겠노라고 약조한 것이다.

이는 영국인이 이른바 데인겔트('덴마크의 돈'이라는 뜻으로 일종의 조공이다)라 부른 것에 관한 최초의 기록이다. 데인겔트는 절박한 군주가 바이킹에게 떠나달라고 간청하며 지불한 돈인데, 시간이 갈수록 그 효과가 반감되었다. 데인겔트로 지불된 돈 가운데 상당액은 처음에는 교회에서, 나중에는 특수세를 통해 국민들에게서 징수했다. 바이킹의 공격으로 가장 큰 타격을 입고 고통을 당한 이들이 되레 가해자들에게 건넬 뇌물을 마련하도록 강요당한 셈이다. 설상가상으로 데인겔트는 바이킹의 공격을 막기보다 오히려 늘리는 결과를 낳았다. 뇌물을 주겠다는 제안은 어서 쳐들어오라고 다른 바이킹들을 부추기는 꼴이나 다름없었다. 정략적 판단에 따른 결과이겠지만, 샤를 대머리왕이 바이킹 문제를 해결하려고 금은에 의존한 것은 아무래도 똑똑하지 못한 조치였다.

파리 시민에게 한 가지 다행스러웠던 점은, 물론 전혀 뜻하지 않은 것이긴 했지만, 샤를이 필요한 돈을 거두어들이는 데 2개월이라는 적잖은 시간이 걸렸다는 사실이다. 그사이 이질이 번져서 라그나르 군대가 심각한 타격을 입었다. 파리 시민은 그 병으로 수많은 바이킹이 목숨을 잃은 일을 기적으로 여기며, 생제르맹(496~576, 생제르맹데프레를 세운 파리의 주교—옮긴이)이 늦게나마 자신의 수도원을 더럽힌 죄를 물어 북방인에게 벌을 내린 것이라고 주장했다.

라그나르는 돈을 받아 챙기고 전리품을 배에 가득 실었다. 물건 가운데는 그가 한때 파리를 장악했음을 웅변하듯 그 도시 성문의 무거운 쇠막대도 포함되어 있었다. 그는 센강을 따라 쉬엄쉬엄 떠나가면서 강가의 무역항이며 어업항을 약탈하는 여유마저 부렸다. 그와 그의 부하들은 어마어마한 부를 거머쥔 상태로 덴마크에 도착했으며 그에 걸맞은 명성을 누렸다. 라그나르는 빼앗아온 전리품을 호리크 왕에게 내보이면서 자신이 그것을 얼마나 손쉽게 손에 넣었는지 호기롭게 떠벌렸다. 전하는 바에 따르면, 그는 오래전 죽은 생제르맹 말고는 신경 쓰이는 존재가 하나도 없었노라고 설레발을 쳤다고 한다. 이것이 말해주는 바는 분명하다. 샤를마뉴의 시대가 저물었다는 것. 프랑크 왕국에 관한 한 이제 두려워할 게 아무것도 없었다.

라그나르가 샤를 대머리왕에 대해서는 맞게 판단했을지도 모른다. 하지만 프랑크의 통치자가 다들 그렇게 허약했던 것은 아니다. 샤를의 막강한 이복형제이자 호리크의 정남쪽 이웃인 루이 독일왕(Louis the German)은 바이킹의 습격을 달가워하지 않았고, 덴마크 왕 호리크에게 즉각 사절단을 보내 프랑크 왕국에서 빼앗아간 재물을 몽땅 돌려달라고 요구했다. 그냥 한번 해본 소리가 아니었다. 루이의 말이 떨어지기가 무섭게 제국 군대가 덴마크로 쳐들어갔다. 호리크로서는 감히 맞서기 어려운 자질과 규모를 갖춘 군대였다. 동프랑크 왕국의 사절단은 라그나르와 이야기를 주고받는 자리에서 전쟁을 막고 싶으면 호리크가 루이 독일왕을 상급왕으로 섬겨야 한다고 분명하게 못 박음으로써 그를 당혹스럽게 만들었다.

호리크로서는 굴복하지 않을 재간이 없었다. 이것은 정말이지 짜증 나는 일이었지만 적어도 한 가지 면에서는 긍정적이었다. 덴마크에서 라그나르의 인기를 치솟게 만든 전리품을 몰수할 수 있는 공식적인 핑곗거리가 생긴 것이다. 라그나르가 파리에서 빼앗아온 장물은 데인인이 잡아온 기독교인 포로와 함께 루이 독일왕에게 건네졌다. 호리크는 개별 바이킹 습격자를 일일이 통제하지는 못했지만(라그나르의 부하들은 대부분 그의 영토를 떠난 듯하다), 루이 독일왕을 다독이고자 그들의 공격에 대한 공식적인 지원을 철회했다. 호리크의 입장에서는 이러한 유화책이 제법 진지했던 것 같다. 전하는 바에 따르면 그는 자신의 지배를 지속할 수 있도록 루이 독일왕에게 정기적으로 선물과 사절단을 보냈을 뿐 아니라 잠재적 적수를 제거하는 현명한 정치적 조치로서 덴마크에 머무는 라그나르의 부하들 몇을 체포해 처형했다고 한다.

라그나르에게 정확하게 무슨 일이 일어났는지에 관해서는 설이 분분하다. 하지만 어쨌거나 라그나르 자신은 그 숙청의 소용돌이에서 용케 살아남은 듯하다. 프랑크인은 그가 이질로 죽었다고 주장했다.[3] 하지만 훗날 영국과 아일랜드의 사가들이 그가 북부 스코틀랜드와 웨스턴아일스(Western Isles: 스코틀랜드 북서 외해의 제도—옮긴이)뿐 아니라 아일랜드해 연안을 습격하는 데 성공했다고 기록한 것으로 보아 그 주장은 그저 그들의 희망사항에 지나지 않는 듯하다.

자진한 것인지 공식 추방 절차를 거친 것인지는 몰라도 라그나르는 결국 망명했고, 이로써 그에 대한 신화가 만들어졌다. 초기의 프랜시스 드 레이크(Francis Drake: 영국의 해적·군인·탐험가—옮긴이)처럼 대서양 연안 지방에 출몰하는 전설적인 전사로서의 신화가 말이다. 그가 축적한 부는 분명 모든 바이킹이 꿈꾸는 것이었다. 12세기에 여행 중이던 한 학자가 스코틀랜드 북쪽 오크니제도의 어느 고대 무덤 벽에 그에게 헌정하는 글을 새겨 넣었다. "라그나르 로드브로크의 묘 앞에 이 언덕이 돋우어졌다. …… 그의 아들들은 비록 …… 했지만 용맹하며 온화한 하이드맨(hideman: 역사 용어로 땅을 소유하고 있거나 땅에 대한 지분을 가진 자유인을 뜻함—옮긴이)이었다. 오래전 이곳에 엄청난 양의 보물이 묻혔다. 그것을 발견하는 사람은 얼마나 기쁘겠는가."

그런데 아버지가 걸어온 길을 따르게 되는 네 아들에 관한 언급은 라그나르에게 위안을 주는 내용이 아니었던 것으로 보인다. 13세기의 아이슬란드 사가에 따르면, 그는 자신이 명성과 재물을 얻으려 한 데는 아들들, 특히 맏이 무골 이바르가 자신을 능가할지도 모른다는 두려움이 얼마간 작용했음을 인정했다. 아마 그와 같은 두려움이 그를 그토록 무자비하게 내몬 듯도 싶다.

어쨌든 간에 그의 가족은 이내 데마크로 돌아와도 좋다는 허락을 받았다. 854년 호리크와 귀족 가문들 대부분이 불만을 품은 그의 조카 손에 살해되자 망명자의 귀향이 허용된 것이다. 라그나르가 결국 허락받은 대로 귀향길에 올랐는지 그렇게 하지 않았는지는 그가 어떻게 탄생했는지에 대한 설만큼이나 구구하다. 다만 한 가지 그가 바이킹답게, 그러니까 공격을 감행하는 도중에 죽었다는 대목만큼은 거의 모든 이야기에서 일치한다. 그의 죽음을 둘러싸고는 앵글시섬(Isle of Anglesey)을 공격하다 실패하고 살해당했네, 아일랜드 연안해에서 다른 바이킹과 세력 다툼을 벌이다 사망했네 말이 많았다.

가장 유력한 것은 그가 영국 연안해에서 유난히 거센 폭풍우에 휘말려 조난당했다는 설이다. 노략질을 일삼는 바이킹이 가장 좋아하는 표적인 노섬브리아의 앵글족 왕 아엘라는 그 사고에서 살아남은 자들이 밀고 밀리며 해변으로 기어오르자 그들을 제압하고 라그나르를 붙잡았다. 아엘라 왕은 자신을 괴롭히던 라그나르가 죽어가는 장면을 즐기기 위해 희한한 처형 방식을 생각해냈다. 독사들이 우글거리는 구덩이에 그를 집어넣고 죽어가도록 가만 내버려둔 것이다.[4] 라그나르의 유명한 바지가 그를 독사들의 공격으로부터 막아주자 아엘라 왕은 그를 끌어내 옷을 벗긴 다음 도로 구덩이에 집어넣었다. 노회한 라그나르는 발가벗겨진 데다 치명상까지 입었지만 여전히 불굴의 기세로 아엘라를 올려다보며 바이킹 군가를 불렀다.

오딘이 연회를 준비하고 있다는 사실을 알고 나는 기쁘다. 우리는 곧 구부러진 뿔잔으로 에일을 마시게 될 것이다. 발할라로 가는 전사는 죽음 따위를 슬퍼하지 않는다. 두려움에 젖은 말을 읊조리면서 그곳에 들어가지는 않을 것이다. 아스 신족이 나를 환영해줄 것이다. 죽음은 슬퍼할 일이 아니다. 나는 기꺼이 떠날 준비가 되어 있다. 발키리들이 나를 고향으로 인도한다. 나는 웃으면서 죽는다.

-13세기 라그나르 로드브로크에 관한 아이슬란드 사가

그가 숨을 거두면서 마지막으로 토해낸 말은 아엘라에 대한 경고였다.

"멧돼지가 울면 그 새끼들이 온다."

이 이야기는 출처가 분명하지 않지만 단 한 가지 점만큼은 사실이다. 즉 린디스판과 아이오나는 바이킹이 곧 잉글랜드에서 일으키게 될 피바람의 서막에 지나지 않았다는 점 말이다. 라그나르의 사망 소식을 접한 아들 무적 비요른은 창을 어찌나 세게 쥐었는지 창 자루에 자국이 남을 정도였다고 전해진다. 그의 동생 할프단은 체스 알을 너무 힘껏 쥐어 손가락에서 피가 났다고 한다. 노섬브리아의 왕 아엘라가 진짜로 라그나르를 살해했다면 그 일이 진행되는 동안만큼은 잠시 짜릿한 승리감에 도취해 있었을 것이다. 그러나 멧돼지의 새끼들이 길을 나섰다.

04

악마 토르길스

"바다가 무수한 이방인을 아일랜드에 부려놓았다.
피난처도 착륙대도 성채도 요새도 성도 찾아볼 수 없던 그곳에
바이킹과 해적의 물결이 밀려들었다."

−9세기 아일랜드 연대기, 얼스터(Ulster, 북아일랜드) 연보

잉글랜드에 대한 바이킹의 대대적인 침략은 적어도 부분적으로는 아일랜드에 대한 침략에서 비롯된 결과다. 호리크의 부하들과 라그나르의 세대는 주로 프랑크 왕국을 습격했지만, 그 자녀들은 푸른 초지가 많은 서쪽으로 방향을 틀었다.

스스로를 방어하는 프랑크인의 능력이 더 나아졌기 때문은 아니었다. 그보다 고갈될 것 같지 않아 보이던 프랑크의 금이 슬슬 바닥나기 시작한 탓이었다. 라그나르가 파리를 공격한 15년 동안 서프랑크 왕국의 주요 강은 골고루 바이킹의 습격을 받았다. 이들은 처음에는 진열장을 깨고 물건을 탈취하는 작전을 구사하면서 성찬식에 쓰이는 물품이며 성유물함을 닥치는 대로 빼앗아갔다. 하지만 얼마 지나지 않아 강제로 돈을 갈취할 수 있는 방법이 더 있다는 사실을 깨달았다. 일례로 생드니 수도원장

의 몸값(대속물)은 금 686파운드와 은 3000파운드였다. 단 한 사람의 포로에게 지불하는 몸값치고는 꽤나 많은 액수였다.

다른 바이킹들은 돈을 벌 수 있는 또 하나의 노다지를 발견했다. 일부 바이킹이 센강을 침략하기 시작했을 때, 위란드(Weland)라는 노르드인이 은 2000파운드와 가축 몇 마리를 주면 물러나겠다고 제의했다. 샤를 대머리왕은 그 제안을 받아들였다. 하지만 돈을 마련하느라 시간을 질질 끌자 위란드는 당초의 조건을 은 5000파운드로 상향 조정했다. 샤를 대머리왕은 그 돈을 지불하고 나서도 여전히 센강의 침략자들과 대치해야 했다. 하지만 그들을 공격하는 대신 평화롭게 떠나가는 대가로 은 6000파운드를 더 주기로 합의했다. 위란드는 칼 한 번 뽑아보지 않고 돈방석에 앉았다.

그 세기가 끝나갈 즈음 4만여 파운드의 은이 바이킹의 주머니 속으로 들어갔고, 프랑크 왕들은 주화의 가치를 떨어뜨리기 시작했다. 주민들이 내륙으로 속속 이동한 결과 연안 지역에서는 사람 구경을 하기가 힘들어졌다. 몇몇 종교 공동체는 은신처를 찾아 좀더 안전한 장소로 숨어들어 갔다. 바이킹의 입장에서 보면 한층 더 나쁜 소식일 텐데, 지역민의 저항이 극렬해지기 시작했다.

샤를 대머리왕은 다행스럽게도 마침내 전열을 재정비할 수 있었다. 그의 두 주요 왕궁은 프랑스 북부 피카르디(Picardy)에 자리하고 있었으며, 그는 자신의 왕궁을 방어하기 위해 조직적인 군사 작전을 펼치기 시작했다. 그리고 센강과 루아르강에 요새화한 다리를 놓아 바이킹의 공격을 효과적으로 저지했다. 이 다리들은 강에서 병목 지점 비슷한 구실을 했다. 방어가 용이해 바이킹 선박이 강 상류로 올라오는 것을 막아주었기 때문이다. 다리를 지날 수 있는 유일한 방법은 그 다리를 포위하여 장악하는 것뿐이었는데, 대체로 무장이 허술한 바이킹으로서는 거기까지 감당하기가 꽤나 벅찼다. 몹시 위험한 지역에는 성을 쌓았다. 이러한 예방 조치는 공격을 완전히 막아주지는 못했지만 어쨌거나 추세를 돌려놓는 데는 다소 도움을 주었다. 손에 넣는 게 줄어든 바이킹은 좀더 손쉬운 표적을 찾아 나섰다.

린디스판이 공격받은 후 몇 년 동안 바이킹의 관심은 주로 프랑크 왕국에 쏠렸었다. 하지만 이제 이들은 다시 영국의 섬들로 방향을 틀었다. 잉글랜드·스코틀랜드·아일랜드는 프랑크 왕국만큼 부유하지는 않았지만 정치적으로 분열되어 있었으며 수도원도 잘 갖춰져 있었다. 수도원이 많은 아일랜드가 특히 매력적인 표적이었다. 그 섬에는 값나가는 물자가 넘쳐났다. 금·은·동뿐 아니라 에메랄드·사파이어·자수정·황옥·담수 진주 따위가 풍부하게 매장되어 있었던 것이다. 아일랜드인은 그것들을 북유럽 대부분의 지역으로 수출하고 있었다. 아일랜드의 장인은 기원전 2000년 즈음부터 양질의 금속공예품을 제작해왔다. 또한 연안의 암석에서 발견할 수 있는 빛나는 보석 '케리 다이아몬드(Kerry diamond: 케리는 아일랜드 남서부 지역의 이름—옮긴이)'는 성유물함, 보석, 심지어 책 표지를 장식하는 데 쓰이기도 했다.

아일랜드는 이러한 천혜의 풍요로움과 종교적 신심이 어우러져서 문화가 크게 융성했으며 황금기를 구가하고 있었다. 그곳의 수도원은 중세 유럽의 암흑에 잠겨 있던 여느 수도원들과 달리 예외적으로 서광이 비치는 학문의 중심지였다. 아일랜드는 멋진 삽화를 곁들인 책을 만들었고 빼어난 학자를 배출하여 서유럽 전역에 학문을 전파했다.

정치적으로도 더디지만 통일을 향해 서서히 나아가고 있었다. 부족 간의 전쟁은 험악했으나 시간이 흐르면서 수많은 소왕국이 들어섰다. 이들은 느슨하긴 하지만 두 개의 주요 연합체를 이루었다. 북부 소왕국의 왕들은 타라(Tara)의 왕을 중심으로 결속했고, 남부 소왕국의 왕들은 먼스터(Munster) 왕의 지배를 받았다. 전통적으로 이 두 세력 가운데는 타라가 더 강력했으며, 이들의 군주는 더러 상급왕(Árd Rí)으로 여겨지기도 했다.

하지만 이러한 초보적인 통합은 바이킹의 살육을 막아내기에 역부족이었다. 방어에 관한 한 철저히 무능했던 탓이다. 소왕국의 왕들은 대부분 그저 말만 앞세웠을 뿐이고, 강력한 상급왕의 지휘 아래 있는 군대도 기본적으로는 통제 불능이었다. 파견한 군대는 하나같이 수많은 부족으로 이루어져 있었는데, 저마다 자기 부족장의 지휘에 따라 움직이면서 단일 군대의 구성원이라기보다 독립적인 부대인 것처럼 굴었다. 병사들 각각이 제아무리 용맹하고 잘 훈련되어 있다 해도 이런 식의 군대는 좀더 잘 훈련된 적군 앞에서는 맥을 못 추기 십상이다. 설사 한 번 승리를 거두었다 해도 그 승리를 통해 얻는 게 아무것도 없었다.

데인인은 샤를마뉴 제국을 갈라놓으려고 여념이 없었던 데 반해, 노르웨이에 거주하는 그 사촌들은 스코틀랜드 북부와 아일랜드를 공략했다. 린디스판 습격이 일어난 지 2년 만에 이들은 스코틀랜드 북서부 연안의 성(聖)콜럼바 수도원(아이오나 수도원)을 약탈했다. 더블린에서 북쪽으로 60여 킬로미터 떨어진 켈스(Kells), 스카이 같은 곳도 잇달아 피해를 입었다. 이들은 수도사를 살해하고 건물을 불사르고 동물을 거의 다 잡아갔다. 바이킹은 10년 동안 북부의 여러 곳을 기웃거렸고 서부 연안의 만들을 돌아다니며 약탈을 일삼았다.

이러한 초기 습격은 이들이 잉글랜드나 카롤링거 왕조를 습격할 때와 마찬가지로 대체로 규모가 작아서 배 두세 척을 몰고 간 다음 지역민의 저항이 어느 정도인지 살피는 식이었다. 이들은 이제 익숙해진 관례에 따라 바다에서 접근하기 쉽고 고립되어 있는 장소를 표적으로 삼았다. 이렇게 해서 아일랜드의 가장 유명한 수도원조차 그 지역의 군대가 출동하기도 전에 습격을 마치고 도망칠 수 있었던 것이다.

여러 차례의 공격에서 연달아 성공을 거두자 점점 더 많은 바이킹이 몰려들었고, 이후 20년 동안 숱한 공격이 이어졌다. 빛나는 아일랜드의 르네상스는 불바다가 되고 말았다. 아일랜드 남서부 연안에서 13킬로미터쯤 떨어진 스켈리그마이클(Skellig Michael)섬의 해발 150미터 고지에 자리한 외딴 수도원조차 예외가 아니었다. 821년 한 무리의 바이킹이 용케 그 섬의 험준한 바위투성이 옆면을 기어 올라와 금이 풍족한 그 수도원을 약탈하고 수도원장을 끌고 간 것이다.

이 특정 바이킹 무리는 결국 그 성자가 굶어 죽는 모습을 지켜보면서 희희낙락했다. 반면 다른 바이킹들은 데인인을 본떠 몸값을 받아내는 쪽으로 눈을 돌리기 시작했다. 이런 경향은 인간이 아닌 물건으로까지 확장되었다. 초기 습격자들은 주로 성스러운 물건을 담아두는 금은 도금된 상자, 즉 성유물함에 신경을 썼다. 안에 든 물건이야 관심 밖이라서 유물은 내던졌으며 책은 보석 박힌 표지만 뜯어내고 팽개쳤다. 표지가 떨어져나간 책은 불구덩이에 집어던지든가 아니면 진창이나 바다에 내버렸다.

하지만 바이킹은 점차 아일랜드인이 유물함이나 책 표지보다 유물과 복음서 그 자체를 더욱 소중하게 여긴다는 것, 따라서 그것을 되찾기 위해서라면 터무니없을 정도로 많은 돈도 기꺼이 내놓는다는 것을 알아차렸다. 아일랜드인이 물건보다 한층 귀하게 여긴 것은 바로 자기 나라의 국민이었다. 몸값을 받아낼 정도로 중요하지 않은 인물은 발트해 연안이나 이슬람 시장에 노예로 팔았다. 바이킹 선박은 이제 인간 사냥감을 표적으로 삼기 시작했다. 더블린만 호스헤드(Howth Head)의 어느 마을을 공격했을 때는 특히 여성을 목표로 삼았고 수많은 여성을 배로 끌고 갔다. 게다가 킬데어(Kildare)에서는 280명, 아마에서는 자그마치 1000명을 포로로 잡아갔다.[1]

이러한 전술이 가져다준 심리적 효과로 불안에 떨던 아일랜드 수도사들은 언젠가부터 날씨가 좋지 않기만을 간절히 기도하기 시작했다. 9세기에 아일랜드 생갈(St. Gall) 수도원의 한 수도사는 라틴어 문법 주석서의 여백에 이렇게 끄적거려놓았다. "오늘 밤 바람이 세차게 불고 바다가 흰 머리카락을 흩날리고 있다. 이토록 거센 파도를 헤치고 들이닥칠 바이킹은 없을 테니 안심이로구나."

방어가 허술한 몇 킬로미터의 연안에서만 약탈하던 바이킹은 내륙 안쪽으로 들어가면 귀중한 물건이 더욱더 풍부하다는 소문을 접하게 되었다. 그때부터 이들의 습격은 한층 대담해졌다. 828년 아일랜드 동부 연안에 다다른 이들은 보인(Boyne)강을 따라 라우스(Louth)에 쳐들어가서 그곳 왕을 잡아가기까지 했다.

하지만 이들의 공격이 모두 성공적이었던 것은 아니다. 서부 연안을 기웃거리던 어느 배의 경우 타고 있던 바이킹이 남김없이 살해당했으며, 또 다른 배의 경우 성난 수도사들 손에 격퇴당하기도 했다. 그러나 사방이 적으로 둘러싸인 아일랜드인이 잠시 숨 돌릴 틈도 없이, 패배하면서 물러난 바이킹은 이내 더 크게 무리 지어 쳐들어오곤 했다. 수도원의 수도사들이 재산을 보호하고자 군대를 내보내는 것은 지켜야 할 보물이 있음을 바이킹에게 대놓고 광고하는 격이었다. 이듬해에는 바이킹이 한 달 동안 세 차례나 습격해왔는데, 하나같이 성공을 거두었다.

바이킹의 공격은 연안의 수도원을 산발적으로 마구잡이식으로 타격하던 데서 서서히 벗어났다. 이제 강을 타고 내륙을 찾아가서 목표물을 대대적이고 조직적으로 덮치는 형상을 띠게 된 것이다. 836년 크리스마스이브에 대담한 일군의 바이킹이 험준한 애본모어(Avonmore) 계곡을 뚫고 내륙으로 30여 킬로미터를 달려와서 글렌달로그(Glendalough)와 클론모어(Clonmore) 수도원을 약탈했다. 같은 날 밤 또 다른 바이킹 무리는 거기에서 북동쪽으로 320킬로미터쯤 떨어진 코노트(Connacht)를 습격해 그곳 수도원에서 장엄미사에 쓰이는 가장 귀중한 유물을 훔쳐갔다.

836년은 바이킹 약탈자 가운데 가장 악명 높은 토르길스가 등장한 해이기도 하다.[2] 아일랜드인은 그를 게일어식으로 '투르게이스(Turgeis)'라고 불렀다. 그가 어찌나 많은 선박을 이끌고 쳐들어왔던지 아일랜드 사가들은 그것을 '왕실 함대'라고 불렀을 정도다. 토르길스는 스칸디나비아 왕조와 관련이 있었던 것으로 보이며, 아일랜드에서 모든 바이킹의 지도자로 받들어졌다. 839년 그는 아일랜드의 가장 성스러운 장소를 목표로 삼았다.

아일랜드의 예루살렘에 해당하는 곳은 바로 북부의 아마였다. 성패트릭은 이곳을 게일인 기독교 사회의 영적 중심지로 택했고 초대 주교로 임명되었다. 그가 숨지고 안장된 장소도 아마였다. 그의 인격이 얼마나 많은 영향을 미쳤는지는 이곳의 유물을 보면 잘 알 수 있다. 세월이 흐르면서 그의 무덤을 둘러싼 지역은 학교·수도원·대성당이 들어선 대규모 단지로 성장했다.

아마에 대한 공격을 직접 이끈 토르길스는 제때 피신하지 못한 수도사와 사도 들을 마구 학살했다. 재단을 부수고 무덤을 파헤치고 성유물함을 열어젖혔으며 귀중품을 찾으려고 유물을 망가뜨렸다. 거기에서 그치지 않고 성패트릭 대성당으로 쳐들어가 중앙 제단에 오딘에게 바치는 제물을 올려놓기까지 했다.

이러한 잔혹 행위 탓에 이 바이킹 해적왕은 아일랜드인이 가장 치를 떠는 위인으로 떠올랐다. 아일랜드인에게 그는 잔인하고 무시무시한 사탄의 종복이자 무슨 희생을 치르더라도 반드시 없애야 할 불경스러운 악당이었다. 하지만 토르길스는 그들이 여태껏 겪어본 여느 바이킹과도 달랐다. 그저 장물을 약탈하는 데 그치는 게 아니라 포부가 한층 원대했던 것이다. 그는 자신을 '에린(Erin: 아일랜드의 옛 이름─옮긴이)에 사는 모든 이방인의 왕'으로 자처했다. 아일랜드 전체를 완전히 정복하는 것을 목표로 삼은 듯했다.

타이밍도 그보다 더 좋을 수 없을 만큼 기가 막혔다. 먼스터의 하급왕(sub-king)은 상급왕 자격을 요구하려고 시도했지만 아일랜드 중부를 혼돈 속으로 몰아넣는 결과만 초래했다. 아마를 장악한 토르길스는 안정적으로 내륙으로 밀고 들어가려면 자원이 필요하다는 것을 깨달았다. 하지만 그저 수도원을 약탈하는 데 그치지 않고 자신을 그 수도원의 새 주인으로 내세웠으며, 관례적인 세금을 징수하기 시작했다. 아일랜드의 성지가 사실상 이교도 수도원장의 손에 넘어간 것이다.

바이킹 함대는 강 상류와 해안을 종횡무진하며 저항을 무력화했다. 이들의 선박이 뻔질나게 해안을 누비고 다니는 바람에 수도사들은 바이킹 함대가 보이지 않는 곳이 없다고 투덜거렸다.

토르길스는 자신의 군대가 아일랜드 토착 왕들의 힘을 약화시키느라 분주한 사이, 작전을 펼칠 근거지가 되어줄 수비하기 좋은 장소를 물색했다. 그는 아일랜드해의 후미진 만 부근 아일랜드 동부 연안에 롱포트, 즉 해안 요새를 쌓고 아일랜드에서 겨울을 지냈다. 방어가 용이하고 바다에 쉽게 접근할 수 있는 이상적인 장소였다. 리피(Liffey)강을 쉽게 건널 수 있는 지점에 자리한 빼어난 천혜의 항구로, 아일랜드 내륙과 영국 서부 연안의 중간께에 놓여 있었다. 이곳의 지역 이름은 '검은 웅덩이', 즉 게일어로 '더브린(Dubh-Linn)'이었는데, 두 단어를 하나로 합하여 결국 더블린이라 불렀다. 토르길스는 길을 닦기 위해 무거운 목재를 실어 나르고 진흙을 으깨어 벽을 바르고 고리버들을 이용해 바이킹식 가옥을 지었다. 두꺼운 흙벽으로 가옥을 두르고 그 위에 목책을 박았다. 더블린은 단순히 작전 기지에 그치는 게 아니라 최초로 서유럽에 세워진 바이킹 국가의 중심지로 떠올랐다. 토르길스는 더블린의 '왕'으로 추대되었다.[3]

토르길스는 더블린을 근거지 삼아 공격을 강화했다. 844년에는 배 60척을 이끌고 섀넌(Shannon)강 상류를 타고 오늘날의 리머릭(Limerick)까지 쳐들어갔다. 그리고 거기에서 군대를 나누어 중부와 서부 아일랜드의 성지를 약탈했다. 또한 클론퍼트(Clonfert) 수도원을 불 지르고, 유럽 전역에 이름을 날리는 신학교가 있는 클론맥노이즈(Clonmacnoise) 수도원을 공략했다.

토르길스는 이 두 수도원을 상대로 자신이 일찍이 아마에서 저지른 행위를 되풀이한 것 같다. 즉 수도사를 죽이고 귀중품을 빼앗은 뒤 자신의 아내 오타(Ota)를 그곳의 중심 교회로 데리고 갔다. 그리고 흥건하게 고인

피를 닦아낸 다음 오타가 산산조각 난 중앙 제단의 꼭대기에 올라가도록 거들었다. 그녀는 'völva', 즉 여예언자로 알려졌다. 그녀는 오딘에게 바치는 의례를 통해 자신의 예언 재능을 마음껏 뽐냄으로써 그 자리에 모인 바이킹을 즐겁게 해주었다.

이들이 아일랜드의 두 성지에서 치르는 의례를 이렇듯 욕보인 것은 그저 우연의 결과가 아니었다. 토르길스는 바이킹 신이 더 우월하다고 주장하고 있었는데, 그의 처신은 중세 아일랜드인의 마음속 깊이 자리한 믿음을 흔들리게 만들었다. 남부의 한 수도사는 "상당수의 아일랜드인이 기독교의 세례를 포기하고 교회를 약탈하는 '백인 이방인'과 손잡고 있다"[4]고 탄식했다.

840년대 말엽, 아일랜드는 바이킹의 숱한 침략으로 심각한 위기에 빠졌다. 아일랜드 소국의 왕들은 극심한 반목을 거듭하느라 통일을 이루지 못하고 있었으므로 보다 못한 성직자들이 전장에 나서기 시작했다. 테리글라스(Terryglass)의 수도원장은 지역 민병대를 이끌던 중 전사했고 아마의 수도원장은 성패트릭의 유물과 함께 붙들려갔다. 바이킹이 아일랜드 섬 전체를 손아귀에 넣는 것은 오로지 시간문제인 듯싶었다.

따라서 845년 토르길스가 타라의 상급왕 맬 시츨린(Mael Seachlinn)에게 붙들리자 아일랜드인은 종교적으로나 물리적으로 깊은 안도감을 느꼈다. 맬 시츨린이 어떻게 그 일을 해낼 수 있었는지는 끝내 수수께끼로 남아 있다. 단지 토르길스가 붙잡힌 것은 싸움을 통해서가 아니라 계략에 속은 결과라는 기록만이 전해진다. 맬 시츨린은 원성을 사던 토르길스를 밧줄로 묶어 돌을 매단 채 강에 던져서 죽게 만들었다.[5]

토르길스의 죽음은 하나로 통일된 아일랜드를 지배하려던 이교도 바이킹의 꿈이 수포로 돌아갔음을 의미했다. 게다가 이 일은 바이킹 자체도 뿔뿔이 흩어지게 만들었다. 초기 침략자는 노르웨이인이었지만 이제 데인인의 수가 점점 더 불어나기 시작했다. 그에 따라 두 집단 간의 긴장감이 점차 고조되어 폭발 직전에 이르렀다. 토르길스의 사망으로 양 진영으로부터 모두 존경받던 유일한 인물이 사라진 것이다. 결국 850년 더블린을 지배하는 문제를 놓고 바이킹 사이에 내전이 벌어졌다.

아일랜드인은 둡갈('검은 이방인', 즉 데인인)과 핑갈('흰 이방인', 즉 노르웨이인)의 싸움으로 어부지리를 얻었다. 이 전쟁이 일어난 첫해에 데인인 군대가 성벽을 부수고 쳐들어가 더블린을 약탈했다. 하지만 반격에 나선 노르웨이인이 사흘 동안 이어진 유혈 전투에서 데인인을 대대적으로 살해했다. 이 난리 통에 제3의 집단이 가세했다. 아일랜드인과 바이킹 간의 혼인으로 태어난 혼혈인, '낯선 아일랜드인'이라는 의미의 갈고이델[6]이었다. 갈고이델은 자신들에게 더 나은 조건을 제의하는 쪽을 위해 싸웠고 대개의 경우 용병으로 참가했다.

아일랜드 토착민은 점차 전열이 흐트러진 바이킹을 해안으로 도로 밀어냈다. 상급왕 맬은 그의 영역으로 넘어오기 위해 애쓰는 바이킹 군대를 무찔렀다. 무려 700명이나 되는 바이킹 병사가 그 전투에서 목숨을 잃었다. 같은 해에 맬의 동맹국 가운데 하나는 바이킹 200명을 붙잡아 처치했다. 맬 왕은 심지어 샤를 대머리왕과 연락을 취해 바이킹에 맞서 군사적 동맹을 맺으려 하기까지 했다.

더블린은 여섯 차례 공격을 받았으며 그때마다 아일랜드인은 재난이라 할 만한 극심한 피해를 입었다. 그래도 바이킹은 아일랜드 토착민의 공격에 맞서 스스로를 방어하기에 부족하지 않은 탄탄한 수비 태세를 갖추고 있었다. 하지만 이들의 안보에 대한 위협은 밖이 아니라 안에 도사리고 있었다. 노르웨이인을 이끈 것은 토르길스가 숨진 해에 더블린을 찾은 노르웨이인 군사 지도자의 아들 백색 올라프였고, 데인인을 이끈 것은 그의 먼 친척뻘인, 라그나르 로드브로크의 맏아들 무골 이바르였다.

이바르가 정확히 언제 아일랜드에 당도했는지는 분명치 않지만, 데인 인은 그를 지지했다. 라그나르의 아들 가운데는 무골 이바르가 가장 불가사의한 인물이었다. 바이킹 사이에서도 그의 별명이 지니는 의미에 대해 서로 상반된 설이 전해 내려온다. 어떤 이들은 그가 태어날 때부터 뼈가 없었지만 키가 몹시 크고 힘이 장사였다고 주장했다. 또 어떤 이들은 그가 다리에 연골만 있어서 방패에 실린 채 전장에 나가야만 했다고 주장했다.[7] 바이킹이 장애가 있는 자를 떠받들었을 가능성은 낮고, 그가 그런 불구의 몸으로 그토록 오랫동안 성공적인 침략사를 썼을 가능성은 더욱 낮다. 따라서 좀더 있을 법한 설명은 그가 이중관절을 가졌다는 것이다. 이러한 유연성은 전쟁터에서 유용했을 테고 그의 가족이 뱀과 유관하다는 것을 시사한다. 그러니만큼 그의 남동생 '눈 속의 뱀 시구르(Sigurd-snake-in-the-eye)'는 참으로 적절한 이름인 셈이다.

하지만 모든 사가가 이구동성으로 맞장구치는 것은 이바르가 말도 못하게 영리하다는 사실이었다. 라그나르 사가에는 "그보다 더 지혜로운 사람이 전에 있었다고는 생각지 않는다"고 적혀 있다. 그가 더블린에서 보여준 행동이 이 말을 뒷받침해주는 듯하다. 군대를 몰고 더블린에 도착한 그는 올라프에게 장기전을 치르느라 둘 다 기진맥진해지느니 차라리 그 도시의 지배권을 나눠 갖자고 제의했다. 올라프도 좋다고 동의했고 둘은 왕의 칭호를 공유했다.

두 바이킹 지배자는 토르길스의 오랜 숙원이던 아일랜드 정복에는 전혀 관심이 없었다. 아일랜드의 상당 부분이 사실상 바이킹의 지배권을 벗어나 있었다는 사실이 서서히 분명해진 것이다. 내륙의 습지와 숲은 바이킹 군대가 뚫고 들어가기에는 더없이 험준했으며, 바이킹은 지난 수십 년의 경험을 통해 해안에서 너무 멀리 벗어나면 위험하다는 것을 간파했다. 하지만 다른 곳에는 훨씬 더 솔깃한 기회가 열려 있었다.

더블린은 841경 건설된 이래 발전을 거듭하여 바이킹 세계에서 가장 북적이는 무역항으로 떠올랐다. 리머릭 · 워터퍼드(Waterford) · 웩스퍼드(Wexford) · 코크(Cork) 같은 항구도 번영을 구가하긴 했지만 더블린처럼 급성장한 곳은 없었다. 더블린은 진작부터 노르웨이, 잉글랜드, 프랑크 왕국의 주요 상업 중심지와 교류해오고 있었으며, 북대서양 전역에서 침략을 일삼는 바이킹 선박이 수시로 드나드는 곳이었다.

동쪽의 부유한 왕국에 관한 소식이 처음 이바르의 귀에 들려온 것도 아마 이러한 출처를 통해서였을 것이다. 아니면 그가 진짜로 아버지의 죽음이라는 빚을 피로 갚기 위해 나선 것이거나. 어느 쪽이든 간에 865년 무골 이바르는 드디어 잉글랜드를 침공하기로 결심했다.

05

이교도 대군세

"북방의 이교도들이 톡 쏘는 말벌 떼처럼 우르르 몰려들었다.
……그들은 무서운 늑대마냥 천지사방으로 흩어졌다."

—앵글로색슨 연대기

잉글랜드는 9세기까지만 해도 운 나쁜 그 남부(프랑크 왕국─옮긴이)와 서부(아일랜드─옮긴이)의 이웃들과 달리 바이킹 침략자의 관심권 밖에 있었다. 린디스판 공격 이래 간헐적인 침략이 아주 없지는 않았지만 대부분은 소규모인 데다 제한적인 작전에 그쳤다. 대다수 수도원은 경계에 철저했으며, 한 군데가 공격당하면 다른 공동체들이 흩어져버려서 바이킹이 더 많은 장물을 얻을 기회를 차단했다. 이를테면 825년 아이오나 지역이 침략당했다는 소식이 아이오나 수도원의 수도사들에게 전해졌다. 지역민 대다수는 성(聖)콜럼바의 유물과 들고 갈 수 있는 보물을 챙겨서 달아났다. 오직 수도원장과 몇몇 수도사만이 소수도원을 지키기 위해 남아 있었다. 며칠 뒤 바이킹이 쳐들어왔고 미사가 진행되는 도중에 교회 안으로 들이닥쳤다. 이들은 수도사들을 그 자리에서 잔인하게 살해했는데 수도원장

만큼은 살려둔 뒤 귀중품을 어디에 숨겼는지 추궁했다. 그가 끝까지 비밀을 발설하지 않으려고 버티자 바이킹은 중앙 제단의 계단에서 그의 사지를 절단한 뒤 그를 그냥 죽게 내버려두었다.

이런 공격은 잔인하기 이를 데 없었지만 다행히 그리 흔한 일은 아니었다. 이는 적어도 부분적으로는 잉글랜드인이 아일랜드인보다 정치적으로 좀더 조직화되어 있었기 때문이다. 하지만 샤를마뉴 제국에서 보듯이 정치적 조직화는 체제의 안정을 보장해주지 않았다. 영국에서도 이것은 바이킹의 대규모 공격을 제법 오랫동안 저지해주는 역할을 했을 따름이다. 그러나 830년대에 접어들면서는 바이킹의 침략이 서서히 극성을 부리기 시작했다. 830년대 초에는 이들이 켄트 연안해에 출몰했고 세피(Sheppey)섬을 누비고 다녔다. 그로부터 15년 동안 바이킹은 세피섬을 근거지 삼아 잉글랜드를 침공하거나 잉글랜드 정치에 관여하곤 했다. 콘월 주민이 웨섹스 왕국에 맞서 폭동을 일으키자 바이킹은 그들을 도움으로써 웨섹스 왕국의 힘을 억눌렀다. 웨섹스 왕국의 왕 에그버트(Egbert)는 군대를 소집하여 그들에 맞섰지만 대패했다. 바이킹은 또 다른 웨섹스 군대를 무찌르고 나서 이스트앵글리아와 켄트를 파괴하고 로체스터 시를 약탈했다. 844년에는 노섬브리아까지 영향력을 확대했으며 축출된 왕의 적수를 살해하고 그 왕을 복위시켰다.

850년 이들의 전술은 다른 곳에서와 마찬가지로 철마다 한 차례씩 침략하는 데서 적극적으로 정복하는 쪽으로 갑자기 바뀌었다. 그해 가을, 이들은 켄트 연안해에 자리한 타넷(Thanet)섬을 장악하고 거기서 겨울을 났다. 웨섹스 왕 애설울프는 템스강 어귀에 나타난 배 350척을 보고 어찌나 놀랐는지 아들 앨프레드(Alfred)[1]를 로마에 보내 신에게 도와달라고 간청하기까지 했다.

최소한 단기적으로는 웨섹스에게 천만다행이었던 것이, 바이킹은 머시아를 공략하기로 했다. 머시아는 또 다른 주요 국가인 좀더 작은 이웃 나라 에식스를 대부분 흡수한 상태였다. 바이킹 수백 명이 캔터베리에 떼지어 몰려들었고 런던을 불태웠다. 머시아 왕 버트울프(Berhtwulf)는 군대를 소집하지 않을 수 없었다. 바이킹은 대격전을 피하는 게 보통이지만 이번만큼은 군대의 규모가 컸던지라 자신감이 하늘을 찔렀다. 길지 않은 싸움 끝에 머시아의 방패벽이 허물어졌으며 버트울프와 그의 군대는 달아났다.

바이킹은 머시아로 더 깊이 쳐들어가는 대신 웨섹스의 권력을 무너뜨리려고 서리(Surrey)로 건너갔다. 그러나 이번에는 압도적인 승리를 거두는 대신 웨섹스 왕 애설울프와 그의 아들들에 맞서 참담한 패배를 맛보았다. 앵글로색슨 연대기는 "지금껏 보지 못한 엄청난 살육"[2]이라고 한껏 치켜세웠다. 하지만 이듬해에 바이킹이 다시 공격을 시도한 것으로 보아 그들의 패배가 그렇게까지 참담하지는 않았던 모양이다. 이번에는 그들이 웨섹스의 수도 윈체스터(Winchester)를 공격했지만 다시 한번 격퇴당했다.

바이킹은 일련의 군사 작전을 치르면서 몇 가지 소중한 사실을 깨달았다. 첫 번째, 웨섹스에 약탈할 거리가 차고 넘친다는 것이다. 이제껏 이들이 대개 표적으로 삼은 것은 런던과 캔터베리 같은 부유한 도시였는데, 내륙에도 그와 같은 도시가 더 있는 게 분명했다. 두 번째, 이 과정에서 네 잉글랜드 왕국의 상대적인 강점이 드러났다. 바이킹 군대는 작전에 나선 왕실 군대에 맞서 승리를 거둘 수 있었다. 패한 경우는 오직 통일된 전략이 없거나 수적으로 크게 열세였을 때뿐이다. 이바르는 과거의 패배를 교훈 삼아 다시 한번 도전해보기로 했다.

865년 라그나르의 아들 이바르는 영국 섬들에 대한 사상 최대의 침공을 감행했다. 그는 두 남동생 '포용력 넓은' 할프단과 우바, 그리고 동료 백색 올라프와 함께 더블린에서 항해에 나섰다. 남부 연안을 따라 배로 항해하던 이들은 아무 저항도 받지 않고 이스트앵글리아에 당도했다. 그곳 지역민은 이들이 지체 없이 떠나도록 뇌물을 주기 위해 적잖은 돈을 모았다. 잉글랜드에 출현한 최초의 데인겔트였다. 그런데 이바르는 그들의 돈을 받아 챙기고도 순순히 떠나주지 않았다. 이바르 휘하의 군대는 규모가 정말이지 커서 잉글랜드인은 그것을 '이교도 대군세'[3]라고 불렀다.

이교도 대군세는 이전의 바이킹 군대와 달리 그저 전투 부대의 집합에 그치지 않았다. 단일 지도자와 무자비한 부관들의 일사불란한 지휘에 따라 움직였던 것이다. 이 군대는 기동성이 뛰어났으며, 지역 여건이나 필요에 따라 여러 집단으로 갈라졌다가 곧바로 다시 뭉치는 신속한 이합집산 능력을 과시했다.

이교도 대군세는 거대한 계획을 바탕으로 창설되었다. 군인은 노르웨이의 피오르, 프랑크 왕국의 섬, 서부 발트해 연안, 덴마크 등지에서 모집했다. 부를 축적할 수 있다는 미끼뿐 아니라 최초로 토지를 얻게 될 가능성까지 내비침으로써 일군 성과였다. 이바르는 잉글랜드 땅에 정착하여 스칸디나비아의 군사 지도자들과 어깨를 겨루는 주요 군주가 되고 싶었던 것 같다. 그의 동료 백색 올라프는 전투를 마치고 더블린으로 돌아갔을 가능성이 높다. 실제로 올라프는 중앙 군대로부터 재빨리 빠져나와 아일랜드에서 쉽게 통제할 수 있는 곳인 스코틀랜드 서부와 웨일스 연안을 주축으로 활동했다.

이바르의 계획은 여러 앵글로색슨 왕국을 차례차례 먹어 들어가는 것이었다. 맨 먼저 해결해야 할 숙제는 다가오는 군사 작전에 필요한 보급품을 조달하는 일이었다. 앵글로색슨 연대기는 865년도 난에 그가 지역민을 겁박하여 필요한 물품을 제공하도록 밀어붙이는 데 성공했음을 이렇게 간략하게 적었다. "이교도 대군세가 잉글랜드에 쳐들어왔고 이스트앵글리아에 겨울 숙소를 지었다. 이스트앵글리아 사람들은 그들에게 말을 제공했고 그들과 평화롭게 지냈다."

바이킹은 이듬해까지도 이스트앵글리아에 머물면서 주변의 시골 지역에서 조직적으로 식량을 걷어갔다. 가을 추수철이 다가오자 이바르는 수확물을 징발했으며, 또 한번 뇌물을 챙긴 뒤 부하들에게 옛 로만로드를 따라 북쪽으로 말을 타고 가도록 명령했다.

흥미롭게도 바이킹은 이바르의 아버지가 어떻게 최후를 맞았는지에 관해 전해 들은 이야기를 떠올리면서 노섬브리아 왕국으로 표적을 바꾸었다. 노섬브리아 사람들은 최근에 왕을 끌어내리고 그 자리에 아엘라라는 폭군을 옹립했다. 라그나르 로드브로크를 살해했다고 알려진 인물이다. 이제 라그나르의 아들들이 그를 심판하러 나섰다.

하지만 이바르가 북으로 진격한 것은 비단 효심 때문만은 아니었을 것이다. 바이킹은 가장 북쪽에 자리한 이 왕국에 대해 속속들이 알고 있었다. 험버강 지류에 위치한 이곳의 주요 도시 요크는 북해로 직접 이어져 있었고, 예로부터 잉글랜드와 다른 유럽 국가들의 교역 중심지였다. 와인이나 상하기 쉬운 식품을 취급하던 이 국제 무역 중심지는 해가 가면서 성장을 거듭했다. 9세기 중엽, 요크는 평범한 소규모의 바이킹 무리가 장악하기에는 어림도 없을 만큼 방어가 철통같았다. 이곳에는 상인 자격으로 찾아온 스칸디나비아인도 더러 섞여 있었다. 요크를 차지한다는 것은 확실한 이득을 안겨주는 일이었다. 비옥한 농지로 둘러싸이고 더블린과 유럽 북서부 연안 지방의 중간께에 위치한 이 도시는 잘 관리된 로만로드에 의해 서부 연안의 항구들과 연결되어 있었다. 만약 바이킹이 요크를 장악한다면 수많은 무역 중심지에 접근하는 게 가능하며, 스코틀랜드 북부를 둘러싼 약 1000킬로미터의 위험한 해로도 피할 수 있다.

866년 만성절(All Saints' Day)인 11월 1일, 이교도 대군세가 요크의 성벽 앞에 다다랐다. 신중함이 용기의 거의 전부를 차지한다고 판단한 아엘라는 축출당한 선왕이 통치하는 곳으로 도망쳤다. 두 왕은 자신들의 자원을 공유할 수 있었다. 그러나 요크로서는 무척이나 안타깝게도 그들의 연합군이 요크에 당도하기까지는 넉 달 반이 넘게 걸렸고, 그때는 이미 바이킹이 완전히 자리를 잡은 뒤였다.

무골 이바르가 처음으로 자신의 꾀를 드러낸 것은 바로 요크에서였다. 그는 두 왕을 만나러 가는 대신, 요크의 성벽 일부분을 고의로 방치함으로써 그들이 제 발로 찾아오도록 꼬드겼다. 그곳으로 쏟아져 들어온 앵글로색슨 부대는 신중하게 고안된 미로와 막다른 길에 갇혀서 허둥지둥했다. 이어진 가두 투쟁에서 잉글랜드인은 전멸했고 두 왕도 살해되었다. 살아남은 왕실 사람들은 스코틀랜드를 향해 북쪽으로 달아났다.

아엘라가 라그나르를 죽인 게 사실이라면, 이바르는 아버지의 원수를 갚을 수 있는 기회를 얻어서 무척 기뻤을 것이다. 앵글로색슨 연대기는 "노섬브리아의 왕들이 살해되었다"고만 간략하게 기록했으나, 북유럽 사가들은 아엘라의 종말을 좀더 소름 끼치게 묘사했다. 생포된 아엘라는 이바르에게 보내졌다. 이바르는 그를 끔찍한 처형 방법인 블러드이글(bloodeagle)에 처하고 오딘의 제물로 바치도록 명령했다.[4] 이바르는 아엘라 왕을 허리까지 옷을 벗기고 바닥에 묶어놓았다. 한 바이킹 전사가 그의 갈비뼈를 난도질해 부러뜨린 다음 척추 양쪽을 따라 깊이 절개선을 그었다. 그리고 그 절개선을 통해 허파를 꺼냈는데, 그 허파는 고통에 몸부림치던 왕이 숨을 거둘 때까지 마치 피로 얼룩진 한 쌍의 날개처럼 파르르 떨렸다.

이 이야기는 입에서 입을 타고 전해질 때마다 점점 더 엽기적으로 되어가는 경향이 있어 최종판에는 이바르가 아엘라의 상처에 소금을 뿌렸다는 내용이 더해졌다. 어쨌든 간에 노섬브리아는 바이킹 지배하의 다른 어느 잉글랜드 왕국보다 더 심한 고초를 겪은 게 분명하다.[5] 이바르는 필시 노섬브리아를 발판 삼아 다른 세 왕국을 체계적으로 파괴하고자 했다. 그는 토착민의 저항을 누그러뜨리고 본인의 군대가 무리 없이 남쪽으로 진격할 수 있도록 하려고 에그버트라는 영국인을 왕위에 올렸다. 에그버트는 이름만 왕일 뿐 바이킹을 위해 세금을 거둬들이는 이에 지나지 않았다. 자발적으로 국고에 기부하기를 거부하는 자는 땅이며 돈을 압수당했다.

바이킹은 북쪽의 노섬브리아 왕국이 얼마간 진정되자 이웃한 머시아 왕국으로 눈을 돌렸다. 그곳의 노팅엄(Nottingham) 시는 제대로 한번 싸워보지도 못한 채 함락당하고 말았다. 이바르는 요크에서와 마찬가지로 노팅엄을 기지로 삼을 요량에 요새를 쌓기 시작했다. 이바르의 자신감을 드러내는 것으로 바이킹은 배가 아닌 노팅엄의 막사에서 그해 겨울을 났다.

바이킹이 쳐들어왔다는 소식이 머시아 왕 버그레드(Burghred)의 귀에 닿자 그는 현명하게도 웨섹스 왕 애설레드(Athelred)에게 도움을 청했다. 두 왕국은 함께하는 데 익숙했다. 버그레드가 애설레드의 누이와 혼인하고 머시아인 신부를 애설레드의 남동생 앨프레드에게 소개해준 14년 전부터 두 왕국은 군사 동맹을 맺어온 것이다. 도움을 호소하자 애설레드와 앨프레드 형제는 머시아를 도우려고 웨섹스의 대군을 이끌고 왔다.

이듬해 봄 애설레드와 앨프레드는 노팅엄을 향해 곧바로 진격했고, 그 도시를 무력으로 탈환하고자 했다. 앵글로색슨족이 바이킹을 무찌를 절호의 기회였다. 영국 군대는 이바르의 군대보다 훨씬 더 규모가 컸을뿐더러 지금 자기네 나라를 지키기 위해 싸우고 있었다. 반면 바이킹은 그저 약탈거리나 찾아다니고 있었을 따름이며 살아남아서 그것을 즐기려는 생각뿐이었다. 바이킹은 전쟁에 질 것 같은 조짐이 일자 죽기 살기로 맞서는 게 아니라 달아나기 바빴다. 영국인의 입장에서는 훨씬 더 다행스럽게도 이바르는 자신이 끌고 온 배에서 떠나는 우를 범하는 바람에 병력을 증강하는 것도 다른 군대와 교류하는 것도 어려워졌다. 군 병력을 보강할 길이 막히자 바이킹이 한 명 한 명 피해를 입을 때마다 점점 더 버티기가 힘들었다.

이제 이바르는 까다로운 선택의 기로에 섰다. 공격을 고집하면 위험에 빠질 게 분명했다. 그의 군대는 영국 군대보다 질적으로 우수했지만 수적으로는 열세였다. 그러나 최상의 시나리오에 따르더라도 사상자가 속출할 게 뻔했다. 다른 한편 성벽 뒤에 머문다면 굶어 죽거나 병들어 죽기 십상이었다.

보급품이야말로 제대로 인정받지는 못하지만 군사 작전에서 제일 중요한 요소다. 나폴레옹의 말마따나 "잘 먹어야 잘 싸울 수 있는(An army travels on its stomach)" 것이다. 이바르는 병사 1000명으로 이루어진 부대를 지탱하기 위해 매일 적어도 밀가루 2톤, 담수 1000갤런을 조달해야 했다.[6] 동물까지 먹여 살려야 해서 애로가 한층 컸다. 그가 징발해온 영국 말 500필은 오늘날 기병대가 타는 말보다 몸집이 작았지만, 그렇다 해도 한 마리가 하루를 버티려면 적어도 곡물 12파운드와 건초 13파운드가 필요했다. 모두 합하면 매일 6톤이 넘는 방대한 분량이었다.[7] 말 500마리를 요새라는 제한된 공간에 가두어두는 것과 관련하여 심각한 위생 문제가 불거지기도 했다. 말은 많은 양의 식량을 먹고 물을 마시므로 그만큼 배출하는 양도 엄청났다. 이바르의 말들은 만약 제대로 먹이를 먹었다면 매일 280갤런이 넘는 오줌과 1톤이 넘는 똥을 쏟아냈을 것이다.

이러한 난관에도 불구하고 이바르는 현명하게도 성벽 뒤에서 버티기로 결정했다. 영국인도 보급 문제에 시달리고 있기는 마찬가지였으며, 병사의 숫자가 더 많았던 만큼 상황이 이내 심각해지는 눈치였다. 더군다나 앵글로색슨 민병대는 농부로 이루어져 있어서 군복무 기간이 제한될 수밖에 없었고, 농토를 무한정 떠나 있기도 어려웠다. 만약 이바르가 상황이 자신에게 유리해질 때까지 기다릴 만큼 식량을 조달할 수 있다면 영국 군대는 그야말로 눈 녹듯 사라질 터였다.

이바르로서는 다행스럽게도 그의 전술은 기가 막히게 먹혀들었다. 웨섹스인은 추수를 하기 위해 서둘러 떠나야 했으며, 징집병들은 시간이 흐르면서 서서히 집으로 돌아가기 시작했다. 이바르는 전문적으로 훈련받은 자신의 전사들이 농부로 구성된 적군보다 제한 식이를 더 오래 버틸 수 있다고 판단했다. 그는 본인이 이끄는 군대가 통제 불능의 앵글로색슨 군대보다 보급품을 조달하는 능력이 더 뛰어나다는 것을 실제로 증명해 보였다.

머시아 군대는 의연하게 버텼지만 탈영하는 병사가 나타나면서 사기가 땅에 떨어졌다. 그들이 약해질 대로 약해지자 이바르는 휴전을 제안했다. 조건은 잘 알려지지 않았지만 좌우간 바이킹은 요크로 물러났다. 아마도 얼마간의 돈과 버그레드가 예속왕으로 내려앉았음을 승인하는 문서를 챙겨갔을 것이다.

이바르는 동생 우바에게 군 지휘권을 넘기고 아일랜드해를 건너간 것으로 보아 더블린에 급한 용무가 있었던 듯하다. 이교도 대군세는 그가 없는 상태인지라 그저 노섬브리아를 확실하게 장악하는 일에만 관심을 두었다. 비교적 평화로이 한 해가 흘러가자 사람들은 비로소 안전해졌다는 믿음을 잠시나마 갖게 되었다. 한 영국 왕국(노섬브리아—옮긴이)은 정복당하고 또 한 왕국(머시아—옮긴이)은 크게 파괴되었지만 바이킹의 공격은 점차 잠잠해지는 것 같았다. 그러나 869년 이바르는 새로운 계획을 가지고 슬그머니 잉글랜드로 돌아가 군대에 합류했다.

남은 두 개의 독립 왕국 가운데는 이스트앵글리아가 좀더 솔깃한 목표였다. 그 왕국의 연안을 장악하면 바이킹의 배는 북해로부터 피할 곳이 생긴다. 뿐만 아니라 그 왕국을 흐르는 강들—그중 가장 유명한 것이 템스강이다—을 통해 영국 중부를 관통하는 거대한 강들에 접근할 수도 있다. 이바르는 자신의 군대를 둘로 나누어 군사 작전을 펼쳤다. 그의 동생 우바는 요크에서 로만로드를 따라 군대를 이끌었고, 그 자신은 연안을 따라 항해하면서 마을을 만나는 족족 이수라장으로 만들었다. 그의 구상은 이스트앵글리아의 수도 셋퍼드(Thetford)에서 우바의 군대와 합류해 왕의 무릎을 꿇게 만든다는 것이었다.

우바는 건설된 지 500년이 지났는데도 여전히 유지·보수가 잘되어 있는 로만로드 덕택에 속도를 낼 수 있었다. 그는 초가을에 피터버러

(Peterborough) 시에 도착해 그곳을 불살랐다. 특히 성직자는 발견하는 대로 잔인하게 살해했다.[8] 우바는 피터버러를 떠나 통과하기가 몹시 힘든 거대한 소택지 펜스(Fens)로 향했다. 전략적 요충지인 셋퍼드·케임브리지(Cambridge)와 피터버러를 가르는 곳이었다.

셋퍼드는 종교와 정치의 중심지로서 이스트앵글리아 왕 에드먼드(Edmund the Martyr)의 왕궁이 있는 곳이지만, 케임브리지가 어느 모로 보나 더 중요한 도시였다. 1세기에 일찌감치 요지로 인정받은 곳이다. 케임브리지는 주변 지역이 습지이지만 도시 자체는 단단한 기반 위에 들어섰고, 수 킬로미터에 걸쳐 가장 요긴한 캠(Cam)강의 강나루 구실을 하고 있었다. 입지 조건이 탁월하다는 것을 깨달은 로마인은 남쪽의 런던에서 북쪽의 요크를 잇는 도로를 건설할 때 케임브리지를 지나도록 설계했다. 케임브리지는 육상에서 통상이나 군사와 관련해 가치가 있었을 뿐 아니라 북해로 이어진 캠강을 항해할 수 있었던 덕에 중요한 항구로 성장하기도 했다. 한마디로 케임브리지는 국경 전체의 육상 및 해상 통신을 좌우하고 있었다.

에드먼드 왕은 피터버러가 약탈당했다는 소식을 듣자마자 농부로 구성된 군대를 소집했을 테지만, 그들은 시간에 맞춰 도착하지 못했다. 에드먼드가 바이킹의 육군 부대에 신경을 쓰고 있는 사이, 무골 이바르는 함대를 몰고 도착해서 그의 허를 찔렀다. 왕의 친위대원과 바이킹이 잠시 소규모 접전을 벌이고 있는 사이 에드먼드는 그 도시의 요새로 가까스로 피신했다.

이바르는 에드먼드 왕에게 전령을 보내 여느 때와 다름없는 요청을 했다. 많은 조공을 달라는 것, 그리고 이제 자신에게 예속되었음을 승인하라는 것이었다. 에드먼드는 어리석었는지 아니면 용감했는지 그 요청을 거절하면서 이바르가 기독교를 받아들여야만 항복하겠노라고 덧붙였다. 하지만 에드먼드가 약자의 위치에서 협상을 벌이고 있다는 사실이 이내 잔인하리만치 분명해졌다. 이바르는 더 많은 부하를 보냈고, 이번에는 에드먼드를 쇠사슬로 묶어 잡아와서 쇠막대로 가혹하게 매질을 한 것이다.

에드먼드는 벌거벗긴 채 피 흘리며 이바르 앞에 끌려왔지만 여전히 항복하기를 거부하고 그리스도를 부르며 자신을 데려가 달라고 소리쳤다. 화가 머리끝까지 치민 이바르는 부하들에게 그를 나무에 매라고 명령하고 죽이지 않으면서 화살을 몇 발까지 쏠 수 있는지 알아보라고 지시했다. 이바르는 수많은 화살이 박혀 고슴도치가 된 에드먼드의 목을 침으로써 마침내 그를 고통에서 해방시켜주었다. 그런 다음 몸은 쓰러진 자리에 그대로 두고 머리는 근처 숲에 내다버렸다.[9]

이스트앵글리아의 왕위는 에드먼드의 남동생 에드월드(Edwold)에게 넘어갔다. 하지만 에드월드는 현명하게도 왕권을 포기하고 도망쳐서 줄곧 은둔자로 살았다. 이바르는 다시 한번 어느 토착민을 예속왕으로 지명하고 그를 통해 공물을 거두어들였다. 이때쯤 그는 4개 영국 왕국 가운데 3개를 무너뜨린 상태였다. 오직 웨섹스만이 남았다.

하지만 이바르는 웨섹스와 직접 대결하지는 않기로 결정했다. 다른 곳에서 본인을 필요로 했기 때문이다. 더블린에 있는 그의 옛 동료 백색 올라프가 스코틀랜드의 덤바턴록(Dumbarton Rock)을 쳐들어갈 계획을 세우고 그에게 도움을 요청한 것이다. 그래서 이바르는 이교도 대군세의 지휘권을 동생 할프단에게 넘긴 뒤 자신의 아일랜드 바이킹을 이끌고 노섬브리아로 돌아갔다.

덤바턴 요새는 오늘날의 스코틀랜드 남서부 대부분을 차지하던 고대 왕국 스트래스클라이드(Strathclyde)의 수도였다. 그곳은 여러 해 동안 습격 시도를 무수히 물리친 바 있었다. 요새가 깊은 우물과 잇닿아 있어 그들을 포위한 군대보다 더 오래 버틸 수 있었던 덕분이다. 그러므로 여름이 끝나갈 무렵 바이킹이 도착했을 때, 수비에 나선 덤바턴 측이 날씨가 악화되고 있으니만큼 자기네 보급품이 바닥나기 전에 바이킹이 물러나리라는 희망을 품은 것도 전혀 무리는 아니었다.

두 바이킹 맹우는 각각 반대 방향에서 덤바턴에 도착했다. 올라프가 이끄는 함대는 클라이드(Clyde)만에서 위쪽으로 항해했고, 이바르의 군대는 요크에서부터 육로를 따라 이동했다.[10] 이 노르웨이인(올라프―옮긴이)과 데인인(이바르―옮긴이)은 아무 어려움 없이 공동의 목적을 위해 의기투합할 수 있었다. 특히나 덤바턴은 장악하기만 하면 약탈거리가 차고 넘치는 곳이었다. 나중에 드러나게 되지만, 포위 작전은 예상 밖으로 싱겁게 끝났다. 어쩐 일인지는 몰라도 바이킹이 우물물 빼돌리는 법을 알아냈으며, 물을 구할 길이 막연해진 덤바턴의 수비대가 넉 달 만에 항복하고 만 것이다.

덤바턴 측은 이내 본인들의 결정을 후회했다. 바이킹은 물건을 약탈하기 위해 온 것일 뿐 사람의 몸값 따위를 요구할 생각은 없었다.[11] 그들은 요새 안에 있던 이들을 대부분 살해했으며, 요새 안을 샅샅이 뒤지고 파괴했다. 거두어들인 귀중품이 얼마나 많았는지 다 싣고 가기에는 배 200척으로도 모자랄 지경이었다. 살아남은 불운한 사람들은 더블린으로 끌려갔고, 거기서 짐짝처럼 노예선에 실려 에스파냐의 이슬람 시장에 넘겨졌다.

이바르는 자신의 근거지인 아일랜드 수도(더블린—옮긴이)로 금의환향했다. 그는 이제 살아 있는 바이킹 가운데 가장 유명한 인물이자 최강의 해적왕으로 떠올랐다. 871년에는 '아일랜드와 영국을 차지한 북방인 왕'이라는 다소 거창하기는 하나 인상적인 직함을 얻었다. 올라프는 그와 경쟁이 되지 않았던 것 같다. 라그나르 로드브로크가 오래전에 우려한 대로 이바르는 자신의 아버지를 훌쩍 뛰어넘었다. 2년 뒤 그는 윈스턴 처칠(Winston Churchill)의 말마따나 "두 가지 좋은 점을 함께 누리면서", 즉 전쟁으로 정복당하지도 않고 어마어마한 부까지 누리면서 평화롭게 눈을 감았다.

그가 어디에서 죽었는지는 확실치 않다. 다만 몇몇 전하는 바에 따르면 그는 잉글랜드에 묻히고 싶어 했다고 한다. 잉글랜드는 그에게 가장 유명한 승리를 안겨준 곳이니만큼 충분히 그럴 법한 이야기다.[12] 그가 숨지자 리더십에 공백이 생겼지만 그의 뒤를 이을 유능한 후보는 많았다. 더블린에서는 백색 올라프가 자연스럽게 그의 후계자가 되었다. 잉글랜드에서는 동생 할프단과 우바가 그의 지위를 이어갔는데, 이들은 실은 진작부터 그렇게 하고 있었다. 이바르가 스트래스클라이드를 정복하기 전에 이미 웨섹스에 대한 최종 공격을 시작한 것이다.

06

사면초가의 잉글랜드

"친구가 불꼬챙이에 꿰여 구이 신세가 된 모습을 보면
누구라도 자기가 알고 있는 것을 술술 불지 않을 수 없다."

−현자 새문드의 《에다》

유일하게 남은 영국의 독립 왕국 웨섹스가 휘청거리고 있었다. 야망도 딱
히 없고 그리 인상적일 것도 없는 웨섹스 왕 애설울프가 858년 사망하자
그를 계승하는 과제가 살아남은 아들 네 명에게 주어졌다. 특별히 두각을
나타내는 아들은 없었다. 맏이인 애설볼드(Aethelbald)는 왕위에 좀더 가까
이 다가가기 위한 방편으로 남편을 여읜 자신의 계모와 결혼하기까지 했
지만, 그로부터 2년 뒤 사망했다. 왕위는 둘째 아들에게 넘어갔다. 그는
짧은 재위 기간을 거친 뒤 다행인지 불행인지 이교도 대군세가 잉글랜드
에 상륙하던 해에 사망했다. 이로써 바이킹의 공격에 직면한 것은 남은
두 형제 애설레드와 앨프레드뿐이었다.

이들은 둘 다 3년 전 노팅엄이 포위되었을 때 바이킹 적군을 직접 겪
은 적이 있고 그 일을 통해 두 가지 교훈을 얻었다. 첫 번째는 농부로 이

루어진 군대는 본인들의 고향을 지키는 게 아닌 상황에서는 충성도가 떨어지는 병사라는 것이다. 그들이 머시아에서 퇴각한 것은 애설레드 왕의 명령에 따른 것이라기보다 남아서 싸우려는 의지가 없었던 탓이다. 두 번째는 병참술과 관련한 것이다. 군대를 소집하는 일은 군대에 식량을 대는 일에 비하면 사실 아무것도 아니었다. 형제는 둘 다 거기에 관한 한 제대로 대처해본 경험이 없었다. 좌우지간 871년 할프단 라그나르손(Halfdan Ragnarson)이 이끄는 이교도 대군세가 웨섹스 영토로 넘어왔다는 소식이 전해지자 그 왕국 전역은 두려움에 떨었다.

할프단은 직전 겨울을 보내면서 보급품을 거두어들였고, 아마도 유럽 대륙에서 건너와 켄트 왕국을 약탈하던 다른 바이킹들과 합류한 듯하다. 그는 늦가을에 웨섹스의 육군을 찾아서 서부로 진격했다. 단 한 번의 전투로 그들의 기세를 꺾어놓을 심산이었다. 애설레드와 앨프레드 형제는 군대 전체를 소집하는 사이 바이킹을 상대하도록 지역의 퓌르드(농민군)를 파견했다.

영국군은 레딩(Reading) 근처에서 식량을 징발하던 할프단의 무리 가운데 하나를 기습 공격했고, 바이킹은 짧은 접전 끝에 물러났다. 이교도 대군세를 물리쳤다고 믿은 색슨족은 이제 상대에게 치명타를 안겨주기 위해 기회를 엿보았다. 애설레드와 앨프레드는 함께 군대를 이끌고 레딩으로 갔다. 성채 밖에 경비병이 한 명 서 있을 뿐 경계가 허술하다는 사실을 확인한 형제는 알맞은 기회를 틈타서 쳐들어갔다.

앨프레드의 전기 작가인 웨일스의 수도사 아서르(Asser)는 자신이 쓴 《앨프레드 왕의 생애(Life of King Alfred)》에서 뒤이어 무슨 일이 일어났는지를 이렇게 기술했다. "그들이 밖에서 만나는 족족 바이킹을 베어 넘어뜨리며 (레딩의) 성문에 당도했을 때 바이킹들은 열심히 싸웠다. 그들은 성난 늑대마냥 모든 성문 밖으로 튀어나와 있는 힘껏 전투에 임했다. 양 진영은 오래오래 격렬하게 싸웠다. 하지만 아뿔싸, 마침내 기독교인들이 도망쳤고 바이킹이 그 전투의 승자가 되었다."

영국군은 전투에서 패배한 뒤 사기가 땅에 떨어졌다. 애설레드와 앨프레드는 템스강의 잘 알려지지 않은 여울을 건너 도망침으로써 붙들리는 것만은 간신히 면했다. 영국군은 사분오열되었다. 이제 도망치는 왕과 그의 동생이 인정하지 않을 수 없었듯이, 바이킹은 요새화한 자신들의 막사를 방어하는 데 능수능란했다. 그들은 요크와 노팅엄에서도 이 사실을 서로 다른 각도에서 보여준 적이 있는데, 이번에는 레딩의 여러 성문이 번개 같은 반격을 감행하는 데 쓰인 것이다.

오직 한 가지 긍정적인 점이라면 웨섹스 군대가 도망친 것이지 붕괴된 것은 아니라는 것이었다. 레딩에서 이미 일주일 남짓 머문 할프단은 계속 움직여야 했다. 그는 웨섹스를 파괴하기 위해 색슨족 군대를 무찔러야 했으며, 이는 애설레드와 앨프레드를 붙잡아야 한다는 것을 뜻했다. 할프단은 또한 영국군의 사기가 저하되어 있을 때 군대가 새로 증강되기 전에 재빨리 공격을 끝내야 했다.

애설레드는 애빙던(Abingdon) 수도원에서 군대를 새로 소집했다. 그곳은 동요하는 군대를 정신적으로 지원하고 그들에게 신선한 보급품을 조달할 수 있는 장소였다. 할프단이 바다로 항해하지 않는 한 자신들의 이동을 숨길 재간은 거의 없었다. 애설레드는 레딩에서 전투를 치르고 나흘 뒤 바이킹 군대가 옛 로만로드를 따라 자기 쪽으로 움직이고 있다는 전갈을 받았다.

본인들의 존재를 위장하기 어려웠던 할프단은 승리가 확실치 않을 때 본격적인 전쟁을 치르고 싶지는 않았다. 그래서 템스강 가까이 있으면서 재빨리 자신의 배로 도망칠 기회를 엿보았다. 영국의 두 형제는 옛 로만 로드 근처에 있는 애쉬다운(Ashdown)에 군대를 배치하고 그들을 가로막기 위해 이동했다.

바이킹은 정오 직전에 색슨족의 전선에 닿았다. 적군이 우위에 있다고 판단한 할프단은 군대를 둘로 쪼개 그들을 측면에서 공격하려 했다. 바로 그와 같은 전술을 미리 예상했던 앨프레드는 형에게 군대를 나누어 두 바이킹 군대를 동시에 공격하도록 허락해달라고 요청했다. 앨프레드가 이끄는 군대가 곧바로 바이킹을 향해 맹렬하게 돌진한 것으로 보아 애설레드는 동생이 작전을 수행할 수 있도록 서둘러 허락한 듯하다.

바이킹은 기세 좋게 덮쳐오는 영국군을 보고 크게 놀란 눈치였다. 나흘 전 이들은 같은 군대를 가뿐하게 물리쳤는데 이번에는 그들에게 계속 밀리고 있었던 것이다. 영국군은 자신들의 농토를 기어이 지키겠다는 필사의 각오로 용기를 그러모아 죽기 살기로 덤볐다. 바이킹이 언덕으로 물러나자 앨프레드는 '성난 멧돼지처럼' 그들을 뒤따라가 북방인이 쌓아놓은 방패벽을 무너뜨렸다. 가망 없이 분열된 바이킹은 뒤돌아서 냅다 줄행랑을 쳤다.

영국인에게 이것은 대단히 의미심장하고 기적적인 승리였다. 앨프레드의 전기 작가 아서르는 이렇게 열변을 토했다. "······바이킹 수천만 명이 목숨을 잃었다. ······그들은 애쉬다운의 드넓은 벌판으로 사방팔방 흩어졌다. ······기독교인은 어둠이 깔릴 때까지 쫓아가 여기저기에서 그들을 베어 쓰러뜨렸다."

주장하는 숫자는 분명 과장되었겠지만 여기에서 목숨을 잃은 백작의 목록으로 보아 유혈이 낭자한 육탄전에서 수많은 사상자가 발생한 것만은 틀림없는 사실이다. 그러나 아서르가 언급하지는 않았지만 그것은 이 편이나 저편이나 마찬가지였다. 색슨족 군대 역시 크게 상처를 입은 터라 수많은 희생을 치르고 일군 승리였던 것이다.

사상자가 속출했다는 사실은 실제로 바이킹보다 색슨족에게 더 큰 문제였다. 영국 육군은 지역민 가운데서 징집했기 때문이다. 각 주가 분견대를 파견하면 다시 지방 관리인 부족장이 이들을 통솔했다. 하지만 이러한 하위 군대는 그저 자기 영토를 지키는 데만 골몰해 있을 뿐이라 본인들이 속한 주가 침략당했을 때 왕을 보호하는 일 따위는 나 몰라라 했다. 일부 직업 군인은 끝까지 충성을 다했을 테지만, 이해할 수 있듯이 대부분의 농부는 가족이 기다리고 있는 집으로 돌아갔다. 따라서 바이킹이 진격했을 때 동원할 수 있는 군인의 수는 계속 줄어들었다. 바이킹이 승리를 거두면 거둘수록 색슨족은 점점 더 저항하기가 어려워졌다.

따라서 인력이라는 면에서 보면 승리와 패배를 거의 분간하기가 힘들었다. 기진맥진해진 지방군은 바이킹의 새로운 공격을 막아낼 만한 믿음직스러운 존재가 못 되었다. 그렇지만 할프단에게는 군대 충원이 전혀 문제가 되지 않았다. 아일랜드·프랑스·스칸디나비아에서 바이킹의 숫자를 채워줄 침략자가 끊임없이 들어오고 있었기 때문이다.

영국군은 유리한 위치를 차지하고 있었으므로 적어도 군수용품 보급은 더 이상 문제가 아니었다. 기원전 216년에 한니발(Hannibal)이 칸나에(Cannae) 전투를 치르고 나서 건조하게 말한 것처럼, 이것은 거의 승리나 다름없었다. 거두어들인 무기와 갑옷이 산적해 있어서 싸우다가 잃어버리거나 망가지면 얼마든지 새로 벌충할 수 있었다.

영국군은 머잖아 자신들의 무기를 필요로 하게 되었다. 레딩으로 물러나 힘을 기른 할프단이 유랑하는 군대를 풀어서 주변 땅을 괴롭히고 있었기 때문이다. 애쉬다운 전투가 있고 2주일 뒤, 이들 집단 가운데 하나가 색슨족 군대와 맞부딪쳤고, 또 한차례 치열한 전투를 벌인 끝에 색슨족 군대를 격파했다. 영국의 입장에서는 엎친 데 덮친 격으로, 곧이어 구드룸이라는 바이킹이 이끄는 거대 함대도 들이닥쳤다. 이들이 새로 합세하자 종전의 바이킹 군대는 규모가 거의 갑절로 불어났다. 앵글로색슨 연대기는 구드룸의 군대를 '여름 대군'이라고 불렀다. 이 군대가 레딩에 도착하자 할프단에게 있었을지도 모를 인력 문제가 말끔히 해소되었다. 구드룸과 할프단은 군대를 함께 지휘했고, 871년 3월 웨섹스를 약탈하기 위해 군사 기지를 출발했다. 이들은 부활절 직전에 영국군과 대치했는데, 이 세 번째가 결정적인 것으로 드러났다.

앵글로색슨 연대기는 이렇게 간단하게 기록하고 있다. "양쪽에서 대살육전이 펼쳐졌다. ……데인인이 싸움터를 장악했다." 애설레드 왕도 이 전투에서 희생된 듯하다. 그는 전투 중에 치명상을 입었거나 아니면 그저 5년간 통치에 힘쓰느라 지쳤을 것이다. 왕위는 어린 아들에게 넘어가야 옳지만 국가 비상사태이니만큼 스물세 살이던 동생 앨프레드에게 건네졌다.

새로 왕좌에 오른 앨프레드는 상황이 얼마나 긴박한지를 누구보다 잘 이해하고 있었다. 군대는 용맹하게 버티고 있었지만 사실상 웨섹스 동부에 대한 통제권을 잃은 것이다. 그가 통치하던 처음 몇 달 동안은 웨섹스의 서부도 빼앗길 것 같은 상황이었다. 그가 형을 땅에 묻고 있을 때 데인인이 다시 공격해왔고, 영국군 잔당은 도망쳤다. 앨프레드는 용케 새로운 군대를 소집할 수 있었지만 연이은 소규모 전쟁들을 치르면서 전장의 장악권은 서서히 바이킹 쪽으로 넘어갔다.

앨프레드는 화평을 요청했다. 그의 군대는 데인인의 진격을 막을 수 없었다. 아니 한 무리의 바이킹이 형의 무덤을 약탈하는 것조차 저지하지 못했다. 뜻밖에도 할프단과 구드룸은 앨프레드의 요청을 받아들였다. 바이킹은 전투에서 승리하기는 했지만 그편 역시 사상자가 속출했고, 군대 내에서도 합의하라고 등을 떠미는 부류가 있었다. 침략은 어디까지나 살아남아서 약탈의 기쁨을 누리기 위한 것이었으며, 할프단이 치러온 그답지 않은 총력전으로 군의 사기도 얼마간 떨어진 상태였다. 거액의 데인겔트를 챙기고, 동부 웨섹스를 데인인의 '보호국'으로 지정한 할프단은 런던의 기지로 후퇴했다.

할프단은 얼마 전부터 자신의 우선순위를 재조정했다. 형 이바르의 죽음으로 아일랜드와 노섬브리아에 관한 이들 가문의 장악력은 점차 느슨해졌다. 아일랜드에서는 노르웨이인이 다시 한번 우위를 점했고, 노섬브리아에서는 바이킹의 지배에 항거하는 대규모 폭동이 일어났다. 그는 런던에서 보급품을 모으며 한 해를 보낸 뒤 다시 확실하게 머시아를 장악하기 위해 북으로 진격했다. 머시아의 왕 버그레드는 할프단이 도착할 때까지 기다리지 않고 미리 수도를 슬그머니 빠져나가 로마로 도망쳤다. 그리고 그곳에서 순례자로서 남은 인생을 살았다.

마지막 승리를 거둔 할프단과 구드룸의 군대는 서서히 분열하기 시작했다. 이들의 조직은 정식 '군대'라기보다 목표를 함께하는 전쟁 부대의 조합에 지나지 않았기에 늘 유동적이었다. 하지만 이들의 결합이 파괴된 것은 구드룸의 합류와 웨섹스에서의 심한 인명 피해 탓이었다. 머시아의 군사 작전이 막바지로 치달을 때 이들의 군대는 둘로 쪼개졌다. 로드브로크 형제들은 따로 떨어져나가 북으로 향했고, 구드룸은 웨섹스를 마저 먹어치우기 위해 남았다.

이 군대에서 할프단 진영은 10년 동안 꾸준히 군사 작전을 펼쳐온 노병들로 이루어져 있었던 듯하다. 이제 이들이 원하는 것은 토지였고, 할프단 본인도 아마 영구 정착지를 건설하는 문제를 고심하고 있었던 눈치다. 그는 런던을 염두에 두고 있었을 수도 있고, 웨섹스를 본떠 런던에서 독자적인 화폐를 주조하려는 생각까지 한 것 같다. 그러나 로드브로크 가문의 권력 기반은 언제나 북쪽에 있었던 만큼 노섬브리아가 더 적합한 선택이었다. 할프단은 노섬브리아에 평화가 회복되자마자 어느 앵글로색슨 군주처럼 본인의 병사들에게 토지를 나누어주기 시작했다. 할프단의 노병들은 총칼을 내던지고 농사를 지으러 달려가고 싶어 했다.

하지만 왕좌에 앉아 있는 삶은 도무지 할프단에게 맞지 않는 옷이었다. 이 늙은 바다 늑대는 마지막 모험을 나서고 싶은 유혹을 떨쳐버릴 수 없었다. 875년 그는 더블린 침공에 나섬으로써 병사 대부분의 지지를 잃었으며, 결국 2년간의 전쟁을 치르는 도중에 본인의 목숨마저 잃었다. 모르긴 해도 싸우면서 쓰러진 것 같다. 그의 죽음에 관한 숱한 이야기 가운데 가장 믿을 만한 것은 그가 더블린의 노르웨이인 왕을 상대로 치른 해전에서 살해되었다는 설이다.[1]

로드브로크 형제들이 떠나자 웨섹스는 얼마간 숨통이 트였다. 웨섹스인이 간절히 바라던 바였다. 앨프레드는 이 기회를 틈타 군대를 새로 소집했다. 그는 공격에 대비해 군대가 늘 준비 태세를 갖추도록 유지했으며, 템스강을 건너올 수 있는 여울을 저지하는 데 신경을 썼다. 하지만 교활한 구드룸은 자신의 군대를 둘로 나누어 색슨족을 골탕 먹였다. 주요 군대가 연안을 따라 항해하는 사이 소규모의 기마 야전군이 밤에 템스강을 건너와 웨어햄(Wareham) 항구를 장악한 것이다. 구드룸이 케임브리지를 떠났다는 사실을 앨프레드가 알아차렸을 때는 그가 이미 들어오고 난 뒤였다.

주요 바이킹 군대는 아직 도착하기 전이었지만, 앨프레드는 본인의 경험상 깊숙이 들어와 있는 바이킹을 공격하는 일이 얼마나 위험한지를 잘 알고 있었다. 따라서 이 색슨족 왕은 그들을 공격하는 대신 그들에게 뇌물을 주겠다고 제의했다. 구드룸은 처음에는 다소 내키지 않았지만 그 제의를 받아들였고 두 지도자는 선의의 표시로 볼모를 교환했다.

그러나 구드룸은 화평을 맺고 싶은 생각이 없었다. 하여 색슨족 군대가 철수하자마자 볼모를 모두 잔인하게 살해했고, 뒤이어 한층 방어가 잘 되어 있는 엑서터(Exeter) 요새를 장악했다. 바이킹은 이제 웨섹스의 심장부에 확실하게 자리를 잡았다. 만약 이들이 템스강 계곡을 차지하면서 그 지위를 유지할 수 있다면 이 영국 왕국의 경제적·영적 심장부를 쥐락펴락하게 되는 셈이었다.

구드룸은 본인의 요새에서 남쪽을 침략했으며, 요새의 경비를 한층 강화하고 무너진 사기를 다시 진작시켰다. 한편 그의 함대는 웨어햄에 도착해 연안 지역을 잇달아 약탈하기 시작했다. 이 두 세력이 손잡으면 웨섹스로서는 바이킹의 승리를 막아낼 도리가 없었다. 앨프레드는 항복을 강요당할 것이고, 데인겔트를 지불해야 할 테고, 웨섹스는 바이킹의 지배적 패권을 인정하지 않을 수 없을 것이다.

앨프레드에게는 함대가 없었으므로 군사 작전이 전개되는 광경을 속수무책으로 지켜보는 것 말고는 할 수 있는 일이 거의 없었다. 구드룸은 자신의 군대를 귀신처럼 잘 다루었다. 그런데 그가 막 승리를 거두려는 찰나에 날씨가 그의 승리에 재를 뿌렸다. 바이킹 롱십들이 어느 곳을 돌고 있을 때 심한 폭풍우가 몰아쳐서 그 배들과 거기에 타고 있던 군사 4000명을 한꺼번에 집어삼킨 것이다. 구드룸은 막 정복자가 되려던 순간 엑서터에 갇히는 신세로 전락했다. 수적으로도 크게 열세인 데다 적진 깊숙이 들어와 있었던 것이다. 구드룸은 화평을 요청했다. 앨프레드는 자신이 얼마나 패배에 가까이 다가갔는지 알고 있었던지라 한껏 너그러워졌다. 그는 몹시 기죽어 있는 바이킹에게 패잔병을 이끌고 템스강을 건너가도록 허락했다.

하지만 앨프레드는 다시 한번 적을 오판했다. 바이킹은 끊임없이 아주 짧은 기간 안에 병력을 보강하는 놀라운 능력을 보여준 바 있었다. 구드룸은 다섯 달 만에 도로 전력을 보강한 군대를 이끌고 그의 마지막 침략에 나섰다.

이번에는 바이킹이 가장 좋아하는 전술이 총망라되었다. 구드룸은 겨울에 앨프레드의 근거지 치펀햄(Chippenham)을 공격했다. 그뿐 아니라 앨프레드 군대의 병사들 대다수가 가족과 크리스마스를 지내러 집으로 가거나 아니면 와인에 취해 있을 시간인 주현절(Twelfth Night)이 올 때까지 기다렸다. 앨프레드 왕은 번개처럼 잽싼 공격에 소스라치게 놀랐다. 경축일을 맞아 야전군을 해산시켰던 터라 개인 경비대만이 그를 지키고 있었다. 그들은 맥없이 제압당했고 앨프레드는 기적적으로 피신했다. 그는 살아남은 경비병 몇 명과 함께 애델니(Athelney)로 도망쳤다. 서머싯

(Somerset) 습지에 자리한 숲이 우거진 섬이었다.

구드룸은 웨섹스를 무력화시켰고, 이 과정에서 잉글랜드의 거의 모든 지역을 바이킹의 지배 아래 두었다. 마지막 저항까지 완전히 제압하려면 시간이 다소 걸릴 터였지만, 바이킹이 치펀햄을 장악한 바로 그 순간 중원군이 도착했다. 이 증원군을 지휘한 것은 무골 이바르와 할프단의 동생 우바 라그나르손이었다. 우바는 큰까마귀 깃발을 들고 왔다. 바이킹이 오딘의 지지를 보여준다고 믿고 있는 무시무시한 토템이었다. 라그나르 로드브로크의 딸들이 딱 하루 만에 짰다고 전해지는 이 토템에는 삼각형 천에 큰까마귀가 그려져 있었다. 사람들은 만약 큰까마귀의 날개가 퍼덕이는 모습이 보이면 곧바로 승리가 뒤따른다고 믿었다.

물론 웨섹스는 패배를 인정하지 않았고 여전히 왕이 생존해 있었다. 하지만 이것은 어디까지나 형식적인 데 그쳤다. 구드룸과 로드브로크의 아들 우바가 망치를 휘두르면 웨섹스는 순식간에 초토화될 판이었다.

07

잉글랜드 최후의 왕

"병든 종자를 뿌리면 병든 작물이 자란다."

－날의 사가(Njáls Saga)

878년의 처음 몇 달 동안 앨프레드는 왕치고는 너무 비참해 보였음에 틀림없다. 자신의 왕국에서 추방당하고 백성들 대다수에게 외면당하고 끊임없이 도망 다니는 처지였으니만큼 왕위를 탈환할 가망성은 저만치 물건너간 듯했다. 이 시기를 다룬 매력적인 이야기는 수없이 많은데, 그 가운데 가장 유명한 이야기는 그가 어느 농부 내외의 집에 피신해 있었다는 내용이다. 아내는 그에게 불가에서 케이크 지켜보는 일을 맡겼다. 그런데 본인의 고민거리에 짓눌려 정신을 딴 데 팔고 있던 왕이 그만 케이크를 태우고 말았다. 다 해지고 더러운 신발을 신고 있는 자가 국왕인지 알아차릴 도리가 없었던 아내는 의무를 게을리했다는 이유로 그를 나무랐다. 한눈에 앨프레드를 알아본 남편은 왕에게 용서를 구했지만, 앨프레드는 온화하게 그녀의 말이 맞는다고 역성을 들었다. 또 다른 이야기에서는 앨프레드가 구드룸의 막사에 음유시인인 양 꾸미고 찾아 들어갔다. 앨프레드는 그들에게 여흥을 베풀면서 그들의 계획을 엿들었고 결국 이튿날 승리를 거둘 수 있었다.

이런 이야기들은 틀림없이 지어낸 것일 테지만, 용케도 앨프레드의 성정을 잘 담아내고 있다. 그는 자신의 아버지나 형들과 달리 백성들에게 영감을 주고 그들과 소통하는 능력을 지녔다. 게다가 앨프레드는 바이킹을 무찌르기 위해 전략을 짜기 시작했다.

앨프레드는 전투 경험을 통해 바이킹 군대와의 정면충돌은 무슨 수를 써서라도 피해야 한다는 것을 간파했다. 그들이 흔히 쓰는 전술은 요새화한 장소나 유리한 고지를 차지하고서 방패벽을 향해 보병대를 밀어붙이는 것이었다. 그들은 이런 식으로 영국민이 먼저 공격해오도록 슬슬 부추겼다. 웨섹스를 침략한 바이킹은 노련한 병사들이었던 만큼 이런 영국군의 공격쯤은 대체로 무난하게 격퇴할 수 있었다. 그들이 허둥지둥 물러나면 바이킹은 폭풍처럼 우르르 몰려나가 전장에서 색슨족을 전멸시켰다.

바이킹은 난공불락처럼 보였던 이러한 전략 덕분에 잉글랜드의 거의 모든 지역을 차지할 수 있었다. 하지만 앨프레드는 쫓겨나 있는 동안 바이킹 기갑 부대의 허점이 무엇인지 알아차렸다. 그들은 군대를 충원하는 능력이 탁월했지만, 여전히 영국군에 비해서는 수적으로 크게 뒤졌다. 바이킹이 웨섹스 왕국을 제압할 수 있는 유일한 방법은 그 군대를 파괴하는 것뿐인지라 그러기 전까지는 내내 취약할 수밖에 없었던 것이다. 앨프레드로서는 소규모 접전으로 그들을 지치게 만들되 결정적인 전투는 피하는 방법이 최선이었다. 그는 이후 석 달 동안 자신의 습지에서 고집스럽게 유격전을 펼쳤다. 그리고 추격해오는 데인인을 늘 한발 앞섰다. 앨프레드는 878년 부활절에 비로소 공격적인 전쟁에 나설 채비를 모두 마쳤다.

앨프레드는 기반을 잘 조성했다. 바이킹은 공격할 적이 따로 없었으므로 웨섹스를 장악하기 위해 군대를 널리 분산해야 했다. 앨프레드의 공격은 바이킹의 힘을 서서히 약화시켰고 영국인이 저항하기 위해 결집하는 계기가 되어주었다. 하지만 결정적으로 바이킹의 사기가 꺾인 것은 앨프레드와는 무관한 뜻밖의 행운이 가져다준 결과였다. 구드룸은 치펀햄을 함락하는 데 성공한 뒤 우바를 보내 데번셔(Devonshire)를 공격하도록 했다. 우바는 그 지역의 귀족이 지휘하는 영국군을 우연히 만났는데 이어진 투쟁에서 살해되었고 큰까마귀 깃발마저 빼앗겼다. 앨프레드가 그의 습지 요새 애델니를 떠나자 영국인은 의기충천했고 어서 군대에 소집되기를 기다렸다.

왕은 세 주에서 군대를 소집했고, 준비되었다는 확신이 서자 북쪽 에딩턴(Edington)으로 쳐들어갔다. 그의 군대는 4000명 정도로 구성되어 있었던 것 같다. 구드룸이 지휘하는 바이킹 군대보다 다소 작은 규모였다.

이것은 양쪽 다가 원하는 전쟁이었으며, 본격적으로 시작되기 전부터 결정적인 전쟁이 될 게 분명해 보였다. 양쪽 군대는 방패벽을 앞세우고 차츰차츰 진격해나갔다. 체력과 정신력을 겨루는 잔혹하기 이를 데 없는 전장이었다. 이들은 각각 상대 진영을 뚫고 가면서 살육과 파괴를 저질렀다. 전투는 유혈이 낭자했을 뿐 아니라 몹시 고달팠으며 우열을 가리기도 어려웠다. 힘겨운 몇 시간 동안의 전투가 이어진 뒤 마침내 바이킹의 전선이 무너졌다.

중세 시대의 전투가 으레 그렇듯이, 일단 방패벽이 무너지면 전투는 허무하게 종결되었다. 바이킹은 자신들의 자리를 버리고 도망쳤고, 치펀햄에 있는 군사 기지로 피난했다. 색슨 군대는 그들을 바짝 추격했고, 앨프레드는 자신이 전에 머물던 곳을 포위하기 위해 자리를 잡았다.

이 실패는 바이킹에게 커다란 상처를 안겨주었다. 애초에 구드룸은 가뿐하게 승리를 거둘 수 있으리라고 낙관했다. 줄행랑을 쳤던 넉 달 전과 마찬가지로 사기가 저하되고 지칠 대로 지친 군대를 만나리라 예상했고, 전면전의 위험을 감수하고 싶지도 않았던 것이다. 하지만 에딩턴에서의 패배는 또 다른 차원에서도 결정적이었다. 군사를 잃었기 때문이 아니라—구드룸은 늘 더 많은 군사를 보충할 수 있었다—앨프레드가 결코 사라지지 않을 것임을 깨달았기 때문이다.

10여 년 전에 무골 이바르와 함께 도착한 바이킹 군대에는 노병이 제법 있었다. 이들은 대다수 바이킹들과 달리 그저 약탈이나 하러 온 게 아니라 토지를 갖고 싶어 했다. 웨섹스는 결국 그들의 차지가 되겠지만, 그러기까지는 수년 동안 한 치의 양보도 없는 혈전이 뒤따라야 했다. 영국해협을 지나 북쪽으로는 더 손쉬운 벌이가 있었다. 웨섹스는 한마디로 그럴 만한 가치가 없을지도 몰랐다.

구드룸은 확신하지 못한 채 머뭇거리고 있었다. 하지만 그의 군대는 3주도 안 되어 앨프레드와 합의해야 한다고 그를 설득할 수 있었다. 합의는 그만하면 조건이 괜찮았고 틀림없이 평화가 지속되었으면 하는 양자의 바람을 담았다. 앨프레드는 데인겔트를 지불하기로, 그리고 바이킹이 다른 세 개의 영국 왕국을 정복한 사실을 존중해주기로 했다. 구드룸 쪽에서는 색슨 땅을 떠나고, 기독교를 받아들이고, 웨섹스가 독립적인 왕국임을 인정해야 했다.

몇 주 뒤 구드룸은 가장 빼어난 부하 30명과 함께 애델니에 있는 앨프레드의 습지 요새에 도착해 세례를 받았다. 앨프레드는 구드룸의 대부로 참가했고 그에게 자신의 맏형(애설볼드—옮긴이)을 기리는 의미에서 애설스탠이라는 세례명을 지어주었다. 새로 등장한 이 기독교인 군주는 영구적인 영토 분할에 합의했다.[1] 웨섹스와 머시아 서부 지역은 앨프레드의 몫이었고, 머시아 동부 지역과 이스트앵글리아는 바이킹의 차지였다. 웨섹스는 영국의 법과 관습에 따라 지배를 받는 반면, 바이킹은 데인인의 관습을 따르게 될 것이다.

그때 이후 '데인법 시행 지역'이라고 알려지게 되는 구드룸의 통치 권역은 12세기 말까지 그 정체성을 유지했다. 이교도 대군세—이때쯤에는 다소 덜 이교도스러워졌다—의 잔류 세력은 머시아에 정착하거나 아니면 유럽 대륙을 침략하기 위해 떠났다. 구드룸은 나머지 생애는 평화롭게 살았던 것 같고, 890년 이스트앵글리아에서 사망했다.

최대의 적수를 상대로 거둔 승리는 대다수 사람들에게 흐뭇한 일이었을 것이다. 하지만 장기전을 치르고 있는 앨프레드는 어느 한 바이킹 지휘관과 화평 조약을 맺었다고 해서(그 조약이 얼마나 진지했느냐와 무관하게) 바이킹의 습격이 완전히 뿌리 뽑히지는 않았음을 잘 알고 있었다. 그는 다음번에 불가피한 침략을 맞았을 때 잘 막아낼 수 있을 만큼 자신의 왕국을 확고한 바탕 위에 올려놓아야 했다. 웨섹스는 또 다른 이교도 대군세를 저지할 수 있는 요새로 탈바꿈해야 했다.

바이킹이 성공할 수 있었던 핵심 비결은 바로 그들의 기동성이었다. 따라서 앨프레드는 그들의 기동성을 무력화시켰다. 마을·교각·도로를 모두 요새화하고, 웨섹스 전역에 성채를 쌓아 올려 떠도는 무리들이 그 어느 곳으로도 피신할 수 없게 만들었다. 웨섹스 왕국은 15년 사이 도처에 요새가 가득해졌으며 장래에 있을지도 모를 침략을 사방에서 대처할 수 있게 되었다. 앨프레드는 그런 다음 군대를 재조직했다. 믿을 수 없는 농민군을 대체하기 위해 세금으로 지원하는 영구적인 직업 군인을 양성했다. 결과가 실망스러운 것으로 드러나긴 했지만 어쨌거나 함대를 제작하는 데까지 손을 뻗음으로써 바다를 독점한 바이킹에 도전하려고 시도하기도 했다.[2]

앨프레드는 국내 상황을 안정시키기 위해 통화를 개혁하기도 했다. 그가 즉위했을 때, 영국 동전은 은을 아주 조금밖에 함유하고 있지 않아서 거의 가치가 없다시피 했다. 앨프레드는 바이킹에게서 몰수한 보물을 사용했는지, 옛 로마의 광산을 채굴했는지, 아니면 묻힌 장물을 발견했는지는 모르지만 아무튼 동전의 은 함유량을 늘릴 수 있었다. 그렇지만 어떻게 그렇게 했는지에 대해서는 끝내 함구했다. 역사가들은 지금까지도 그 일에 대해 궁금해하고 있다.

앨프레드는 10년도 되지 않아 자신의 영토를 확장하기 시작할 정도로 안정을 되찾았다. 그는 런던에서 바이킹을 몰아냈고, 구드룸을 상대로 데인법 시행 지역과 자신의 영토를 가르는 국경을 재협상하는 최종 조약을 체결했다. 앨프레드가 군대를 재조직했기 때문에 군대가 강화된 것만은 아니었다. 이 왕은 글을 읽고 쓸 줄 아는 군대—혹은 적어도 글을 읽을 줄은 아는 장교단—가 구성되어야 유리하다는 것을 깨달았다. 왕은 언제나 어디에나 있는 게 아니므로, 부하들과 정확하고 소상한 계획을 주고받는 것이 무엇보다 중요했다. 앨프레드는 이 점을 염두에 두고 "모든 지휘관은 글을 읽고 쓸 줄 알아야 한다"고 지령을 내렸으며, 만약 그렇지 못하면 세계열강들에게 나라를 빼앗기게 된다고 으름장을 놓았다.

이 지령은 까막눈이나 다름없는 전사들의 문화권에는 놀라 나자빠질 정도로 충격적인 것이었다. 앨프레드는 방식을 조금 달리해야 했다. 본인의 보안관들로 하여금 전사들에게 글을 읽어줄 문해력(文解力)을 지닌 대리를 임명하도록 한 것이다.[3] 하지만 웨섹스에서 학교교육을 늘려야 한다는 생각에서는 한 발짝도 물러서지 않았다. 앨프레드는 비록 본인은 교육을 받은 적이 없지만 자신에게 무엇이 부족한지 너무나 잘 알고 있었고, 자기보다 좀더 훌륭하고 예리한 스승에게 배우는 것이야말로 삶을 풍요롭게 만드는 경험임을 이해했다.

이 점을 유념하고 있는 앨프레드는 모든 유식한 사람이 읽어야 하는 책의 목록을 작성했고, 전하는 바에 따르면 그중 라틴어 서적 몇 권을 친히 웨섹스 지역의 언어로 번역하기도 했다고 한다. 그가 특히 좋아한 책은 보이티우스(Boethius)의 《철학의 위안(The Consolation of Philosophy)》으로, 그는 이 책에서 자신의 묘비명을 골랐다. "나는 생전에는 가치 있게 살아가기를, 그리고 사후에는 내 뒤를 잇는 이들에게 훌륭한 일을 하면서 일생을 보낸 사람으로 기억되기를 바랐다."

앨프레드가 부르짖은 학문의 부활은 영적 부활을 수반했다. 수도원과 교회가 교육이 이루어지는 장이었기 때문이다. 종교적 토대가 새로 구축되고 종교 기관에 대한 투자가 늘었다. 수도사들은 다시 원고를 필사하기 시작했다. 법전이 새로 작성되었고 통상도 서서히 되살아나기 시작했다.

하지만 불행하게도 이 모든 것이 웨섹스를 더 많은 침략의 표적으로 떠오르게 만들었다. 892년 앨프레드의 개혁은 또 한 차례의 침략으로 중대한 시험대에 올랐다. 다시금 라그나르 로드브로크의 아들이 이끄는 바이킹 군대가 둘로 나뉘어 서로 다른 방향에서 공격해왔다. 이들은 여성과 아이들을 데려왔다. 틀림없이 웨섹스에 영구 정착하기를 기대했기 때문일 것이다. 그러나 두 집단 모두 성공적으로 정착하지는 못했다. 몇 달 뒤 앨프레드는 둘 중 더 작은 집단과 대치했고 뇌물을 주어 그들을 매수했다. 앨프레드의 아들 에드워드(Edward the Elder)는 에식스 근처에서 둘 중 더 큰 부대를 저지했다. 데인인들은 2년 뒤 다시 시도했지만, 이번에는 템스강을 따라 항해하던 앨프레드의 연안 경비대에게 발각되었다. 그의 군대는 데인인을 봉쇄할 수 있었고, 데인인이 해안에 오를 때 그들의 배를 불태웠다.

앨프레드는 899년 10월 당시에 비추어보면 제법 고령인 쉰 살의 나이에 사망했다. 불가능해 보이는 것을 이룩한 뒤였다. 그는 맞서기 어려운 바이킹의 물결을 저지했으며 잉글랜드가 바이킹의 식민지로 전락하는 상황을 막아냈다. 앨프레드는 끝내 살아남아 단일한 영국 국가 건설을 향해 성큼 진척을 이루었다. 그는 바이킹 덕분에 유일하게 남은 토착 왕이 될 수 있었는데, 이 사실은 결국 잉글랜드가 웨섹스 왕의 지휘 아래 통일을 이루는 토대가 되어주었다. 앨프레드는 이 과정에서 글을 읽고 쓸 줄 아는 능력을 되살렸고, 경제를 재조직했으며, 미래의 왕국을 위한 안정적인 토대를 구축했다. 그가 없었다면 앵글로색슨 문명은 완전히 소멸했을지도 모른다.

앨프레드는 빼어난 성취로 인해 오늘날에도 전혀 색이 바래지 않는 전무후무한 명성을 얻었다. 앨프레드는 '영국의 솔로몬', '지혜로운 앨프레드', 그리고 가장 일반적으로 '앨프레드 대왕'으로 일컬어졌다. 애국심의 발로로 앨프레드를 '역사상 가장 완벽한 인물'이라고 치켜세운 역사가 에드워드 프리먼(Edward Freeman)에게 반드시 동조할 필요야 없지만, 그는 분명 '대왕'이라는 칭호를 얻을 만한 자격이 있었다. 1877년 빅토리아 시대의 찬미자들이 그가 태어난 완티지(Wantage)—오늘날 영국의 버크셔(Berkshire) 카운티—에 그의 동상을 세웠는데, 거기에는 다음과 같은 딱 알맞은 묘비명이 새겨져 있다.

앨프레드는 학문이 죽었다는 사실을 깨닫고 그것을 되살렸다. 소홀해진 교육을 회복했다. 무력해진 법에 권위를 부여했다. 추락한 교회를 일으켜 세웠다. 무시무시한 적에게 약탈당한 토지를 되찾았다. 인류가 과거를 존중하는 한 앨프레드의 이름은 영원히 기억될 것이다.

08

아일랜드해의 바이킹 왕국

"과한 칭찬을 받는 이들은 최악의 사기꾼이기 십상이다."

–힘센 그레티르의 사가

앨프레드의 성공에 가장 크게 기여한 것은 아마도 데인법 시행 지역이 결코 그의 왕국에 속하지 않았다는 데 있었을 것이다. 그가 숨질 무렵 데인법 시행 지역은 오늘날 잉글랜드 왕국 영토의 거의 절반을 차지하고 있었다. 그 지역의 주요 도시는 요크인데, 그 도시가 처음 자리를 잡은 것이나 계속 존속하게 된 것은 상당 부분 바이킹 덕택이었다. 71년 로마 군대 제9군단은 우즈(Ouse)강과 포스(Foss)강이 만나는 지점에 그들이 에보라쿰(Eboracum)이라 부른 목조 요새를 지었다.[1] 하지만 앵글로색슨족은 그 정착지를 내륙으로 옮기고 이름을 이오포윅(Eoforwic), 즉 '멧돼지촌'이라고 바꿔 달았다. 이곳은 바이킹이 정복할 때까지는 왕실이 자리한 작은 중심지로 남아 있었으나, 새로운 정복자들이 본래의 장소인 우즈강과 포스강의 합류 지점으로 되돌려놓고부터 중요한 항구 도시로 탈바꿈했다. 이 도시는 결국 요르빅(Jorvic), 즉 요크라 불리게 되었으며, 11세기에는 데인법 시행 지역 인구의 6분의 1에 해당하는 약 1만 명이 살아가는 큰 도시로 성장했다.

요크는 바이킹의 지배 아래에서 번성했다. 호 모양을 이루는 잉글랜드 북부 교역 중심지의 서단에 위치한 요크는 아일랜드에서 들어온 식량과 금속을 러시아로 수출하는 주요 무역 도시로 떠올랐다. 동쪽의 시장들에 서는 정교한 제품들을, 그 밖의 지역에서는 향료·유리제품·비단·은 따위를 수입했다.

아일랜드에 사는 바이킹에게 아일랜드해 바로 건너에서 찬란하게 빛나고 있는 부유한 잉글랜드는 거부하기 힘든 유혹이었다. 이들은 마치 불꽃 속으로 뛰어드는 불나방처럼 호시탐탐 잉글랜드를 넘보았다. 하지만 잉글랜드의 부를 탈취하고자 하는 거듭되는 시도—특히 대대적인 잉글랜드 침공—탓에 바이킹의 아일랜드 정착이 어려워진 것으로 드러났다. 아이슬란드를 발견하고 이민자들이 북쪽으로 관심을 돌리기 시작한 870년 이래 게일 바이킹은 심각한 인력난에 허덕였다. 이들은 별 소득도 없이 한가하게 잉글랜드를 침략하느라 병사를 잃을 여유가 없었다. 902년 아일랜드의 상급왕은 유휴 인력이 빠져나가는 바람에 공격에 취약해진 이 바이킹들을 용케 더블린에서 내쫓을 수 있었다. 하지만 아일랜드의 성공은 일시적인 것으로 드러났다. 914년 무골 이바르의 손자 애꾸눈 시트릭이 더블린으로 배를 몰고 들어와 그 상급왕의 군대를 무찔렀기 때문이다. 아일랜드인은 물러났고 승리를 거둔 바이킹은 자신들의 옛 거주지에 다시 정착할 수 있게 되었다.

지나치다 싶을 정도로 실용적인 애꾸눈 시트릭은 아일랜드를 정복하는 데 노력을 허비하지 않겠다는 전략적인 선택을 했다.[2] 그는 그 대신 더블린과 요크를 잇는 이득 많은 북부 교역로를 장악하고 싶었다. 그의 야심은 아일랜드·잉글랜드·웨일스·스코틀랜드의 연안으로 이루어진 왕국을 지배하는 것이었다. 그의 꿈은 전형적인 바이킹의 사고방식에서 비롯된 것이었다. 그들은 세계를 육지가 아니라 바다라는 창을 통해서 바라보았다. 여러 교차점을 연결하고자 하는 그들에게는 충분히 사리에 닿는 관점이었다. 더블린은 소택지와 숲에 가로막혀 아일랜드의 내륙과 분리되어 있었고, 영국 북부는 페나인(Pennine)산맥에 의해 갈라져 있었다. 하지만 바이킹으로서는 쉽고 빠르게 건너다닐 수 있는 바다를 통하면 이들 지역이 아일랜드해를 아우르는 단일 왕국으로 통합될 수 있었다.

시트릭이 직면한 딱 한 가지 어려운 점이라면 아일랜드인의 저항이었다. 918년 소왕국 왕들의 연합은 그를 더블린에서 쫓아내려고 애썼지만 크게 패퇴했다. 이들은 이듬해에 다시 한번 덤벼들었지만 결과는 더욱 참담했다. 바이킹이 아일랜드인에게 안겨준 가장 참혹한 패배이지 싶은 이 사건을 통해 애꾸눈 시트릭은 연합군을 괴멸시키고 거기에 속한 소왕국의 왕들을 살해했다.

이 승리로 인해 더블린은 바이킹의 손에 넘어갔으며, 아일랜드에서는 바이킹의 독보적인 입지가 더욱 굳어졌다. 옆구리가 든든해진 애꾸눈 시트릭은 더블린을 사촌에게 넘긴 다음 요크마저 빼앗기 위해 아일랜드해를 건너갔다. 무골 이바르 일가는 늘 요크를 본인들의 소유물로 여겨왔고, 요크 쪽 역시 그렇게 인정했던 것 같다. 시트릭은 왕으로 받아들여졌으며, 조직적으로 바이킹 노섬브리아의 크기와 영향력을 키우는 데 이어지는 6년을 바쳤다.

926년 비로소 시트릭의 꿈이 실현된 것처럼 보였다. 더블린과 요크는 아일랜드해를 사이에 둔 희한한 왕국의 두 중심지였다. 그는 어찌나 성가시게 굴었는지 잉글랜드 왕 애설스탠(앨프레드 대왕의 손자이자 에드워드 왕의 아들—옮긴이)이 자기 누이를 그에게 신부로 넘겨주기까지 했다. 하지만 시트릭은 이듬해에 숨졌고, 아일랜드와 잉글랜드를 아우르는 그의 왕국은 붕괴하고 말았다.

이어지는 20년 동안 요크는 계속해서 바이킹 왕들이 지배했다. 이들은 저마다 애설스탠의 공격을 막아내고 시트릭의 재산을 환수하려고 노력했다. 그중에서는 시트릭의 아들 올라프 시트릭손이 가장 성공적이었다. 그는 941년 요크를 정복하고, 데인법 시행 지역 전체를 자신의 지배 아래 두기 위해 야심 찬 침략에 나섰다. 만약 올라프가 자신과 뜻을 함께하도록 북부의 데인인을 설득할 수만 있다면 잉글랜드는 경쟁적인 왕국들로 쪼개질 판이었다.

처음에는 잉글랜드의 악몽이 현실화할 것처럼 보였다. 노섬브리아인은 아일랜드-노르드 연합군과 대치했을 때 올라프에게 충성을 맹세했다. 하지만 에드먼드 공정왕(Edmund the Just: 선왕 애설스탠의 배다른 동생으로 그가 939년 사망하자 왕위를 이어받았다—옮긴이)이 도착하자 다시 그에게 충성했고, 결국 올라프는 철수하지 않을 수 없었다. 에드먼드는 올라프 일당을 요크까지 추격했고, 올라프는 패배를 인정하고 그들과 합의했다. 올라프는 에드먼드를 자신의 지배자로 받아들였고, 에드먼드 왕이 대부로 참가한 상태에서 세례를 받았다.

올라프는 아마도 다시 한번 시도했을 테지만, 944년 요크인에 의해 축출당했고, 다시 더블린으로 도망가야 했다. 그해에 아일랜드의 상급왕이 더블린을 약탈했다느니 하는 나쁜 소식이 연이어 그를 괴롭혔다. 올라프는 가까스로 지배권을 유지하고 있었다. 더블린이 심각할 정도로 쇠퇴하자 요크에 대한 바이킹의 장악력도 약화했고, 영국인이 요크를 지배하게 되었다.

아일랜드의 바이킹이 상대적 쇠퇴기에 접어들자, 다른 바이킹 모험가들이 요크에 눈독을 들이기 시작했다. 이들 가운데 가장 야심만만한 인물은 바로 노르웨이의 에리크 피도끼왕이었다. 그는 초대 노르웨이 왕 하랄 미발왕(美髮王)의 스무 명 남짓한 아들 가운데 한 명이었다. 나중에 전하는 바에 따르면 에리크는 초기의 바이킹으로서 놀라운 기량을 보여주었다고 한다. 그는 열두 살이 되자 탐험에 나서기 위해 노르웨이를 떠났으며, 이후 10년 동안 프랑스와 러시아 북부 연안을 오르내리면서 노략질을 일삼았다.

이러한 공훈 덕택에 그는 아버지의 사랑을 듬뿍 받았다. 그의 아버지 하랄 미발왕은 에리크를 자신의 후계자로 삼았으면 하는 뜻을 내비쳤다. 에리크보다 나이가 많은 그의 이복형제들로서는 수긍하기 힘든 일이었다. 하지만 그들 가운데 두 명이 항의하자 에리크는 그들을 도끼로 살해해 그 문제를 해결했다. 다른 두 형제도 에리크를 퇴위시키기 위해 군대를 집결시켰으나 역시 잔인하게 진압당했고 같은 최후를 맞았다. 잔혹한 형제 살해 방법 탓에 이제 피도끼라는 별명을 얻게 된 에리크는 노르웨이의 왕으로 받아들여졌다. 그러나 놀라울 것도 없이 그 지위를 오래 누리지는 못했다. 즉위하면서 보여준 잔혹함은 그가 어떤 지배자가 될지를 알려주는 서막이었다. 점점 더 포악해지는 통치로 인해 보통 사람뿐 아니라 귀족들마저 그에게 등을 돌렸다. 에리크는 지극히 짧은 기간 동안 왕권을 누린 뒤 가장 어린 남동생 호콘 선왕에 의해 노르웨이에서 쫓겨났다.

마땅한 대안이 없었던 에리크는 그저 자신이 가장 잘하는 짓, 즉 노략질에 의존한 것 같다. 그리고 북쪽을 약탈하는 동안 요크가 자기네 왕(에드먼드－옮긴이)을 내쫓았다는 사실을 알게 되었다. 그는 데인인의 민심을 이반하고 있는 영국의 지배에 대한 불만을 이용해 용케 요크의 왕위를 차지했다.

에리크는 이내 자신이 진퇴양난에 빠져 있음을 깨달았다. 새로이 영국의 왕위에 오른 유능한 전사 이드레드(Eadred)는 또 다른 바이킹이 요크에 정착하도록 내버려둘 생각이 없었고, 스코틀랜드인을 꼬드겨서 노섬브리아를 침공하도록 부추겼다. 그런가 하면 이 영국 왕은 북쪽으로 이동해 노섬브리아의 거주민에게 에리크를 추방하지 않으면 무거운 벌을 내리겠다고 협박했다. 데인인은 다시 한번 스칸디나비아 군주를 돕기 위해 힘을 합치지 않기로 했고, 에리크는 결국 잉글랜드에서 쫓겨났다.

이렇게 되자 올라프 시트릭손이 더블린에서 돌아오는 것을 방해하던 장애물이 사라졌다. 하지만 올라프에 대한 호의는 빠르게 식었고, 그는 불과 3년 만에 자신의 백성들에 의해 다시 아일랜드로 축출되었다. 그즈음 계속되는 권력 교체로 인해 북쪽에서 바이킹의 통치에 대한 지지가 사그라졌고 더블린과 요크를 하나로 통합하고자 한 시트릭의 오랜 꿈도 불행한 결말을 맞았다. 요크서에 사는 데인인은 여전히 바이킹 이름으로 불리고 바이킹 법을 따랐지만, 더 이상 본인들 스스로를 바이킹이라고 여기지 않았다. 이들은 대체로 기독교를 받아들였고, 땅을 소유한 안정적인 계급으로 뿌리내렸다. 이들은 노르웨이나 아일랜드에서 온 모험가를 더는 자기네 동족으로 여기지 않았다. 그들을 명백한 적이라고 보지는 않았을지 몰라도 파괴적인 세력쯤으로 간주했다. 이들은 웨섹스의 안정적인 기독교인 왕을 폭력적인 북방의 해적왕보다 더 좋아했다. 이것이 바로 데인법 시행 지역이 잉글랜드 왕국으로 서서히 흡수되어가는 최초의 시기였다.

스칸디나비아 왕국이 뿌리내리는 데 실패한 것은 결코 필연적인 결과가 아니었다. 최초의 바이킹 세대는 훌륭한 관리자가 되기에는 지나치게 차분하지 못했다. 하지만 그 후계자들은 틀림없이 그러한 경험을 통해 교훈을 얻었을 것이다. 무골 이바르와 구드룸은 본인의 노병들에게 토지를 나누어주고 스스로를 앵글로색슨 왕이라 불렀다. 시간이 가면서 바이킹은 영국의 종교, 패션, 심지어 농사 기법까지 받아들였고, 이러한 과정을 거치면서 결국 노르망디에 국가가 발달하게 된 것처럼 북부에 강력한 바이킹 국가를 세우게 되었다.

이는 앨프레드와 그의 두 후계자가 강력하고 중앙집권화한 잉글랜드 국가를 건설하는 한편 데인법 시행 지역의 바이킹에게는 본인들의 전통을 유지하도록 허락해줄 만큼 상황 판단이 빨랐기 때문만은 아니었다. 따지고 보면 사라져가는 노르드어와 조리법만으로는 스칸디나비아의 정체성을 유지하기에 충분치 않았다. 데인법 시행 지역에 거주하는 이들이 북방에서 이주해온 사람보다 남방에 사는 이웃 국민과 더 공통점이 많다는 사실을 깨닫게 되자 잉글랜드 왕이 그 지역을 집어삼키는 일은 오로지 시간문제에 지나지 않았다.

바이킹 휘하의 요크는 여전히 마지막 숨통이 끊어지지 않은 상태였다. 952년 에리크 피도끼왕은 소규모의 바이킹 군대를 이끌고 잉글랜드로 쳐들어왔다. 스코틀랜드와 웨일스의 연합군을 박살 낸 그는 요크의 왕으로 받아들여졌다. 하지만 피도끼라는 별명을 가진 자가 바이킹의 지배에 환멸을 느끼고 있는 이들을 자기편으로 끌어들이기는 어려웠다. 점점 더 가혹해지는 에리크의 통치를 2년 동안 견디던 요크인은 급기야 그를 내쫓아버렸다. 에리크는 다른 군대를 모집하려고 애쓰던 도중 암살당했다.[3] 요크는 영구히 잉글랜드 왕국으로 흡수되었고, 두 번 다시 바이킹 왕의 손에 넘어가지 않았다.

09

클론타프 전투

"수많은 사람들이 자기 과신으로 사망했다."
—힘센 그레티르의 사가

아일랜드해 건너의 더블린 왕국도 휘청거리고 있었다. 어느 면에서 요크를 정복하고 지키기 위한 노력을 계속하느라 바이킹 휘하의 아일랜드는 에너지를 소진한 것 같다. 아일랜드의 정복 가능성은 수중 제국이라는 신기루 탓에 멀어져갔고, 더블린은 이제 그 대가를 치르게 되었다.

올라프 시트릭손은 요크에서 쫓겨난 뒤 아일랜드에서 힘을 키우려고 노력했다. 하지만 점점 더 강력해지는 더블린의 정서쪽 지역 미드(Meath)의 상급왕 말 세크날 막 돔날(Máel Sechnaill mac Domnaill)의 거센 저항에 부딪혔다. 980년 이제 60대 말에 접어든 올라프는 스코틀랜드 연안과 헤브리디스제도에서 바이킹을 모집했다. 그런 다음 그들의 도움을 받아 아일랜드인을 겁주어 항복을 받아냄으로써 그 위협을 끝장내기로 했다. 두 군대는 전통적으로 그 상급왕의 활동 공간이던 타라의 언덕에서 대결했다.

이 전투는 바이킹이 아일랜드에서 겪은 패배 가운데 최악의 것으로 기록되었으며, 사실상 더블린이 아일랜드섬에서 중심지 역할을 하던 시대에 종지부를 찍었다.[1] 올라프의 맏아들이자 후계자는 살해되었고 바이킹 군대는 해체되었다. 승리를 거둔 아일랜드인은 더블린을 장악했고 그곳 시민들에게 과도한 공물을 지불하도록 강요했다. 올라프는 폐위했거나 아니면 강제로 권력을 빼앗겼고, 참으로 아이러니하게도 곧바로 아이오나 수도원에 합류해 그곳에서 평범한 수도사로 여생을 마무리했다. 이때부터 아일랜드 바이킹은 불화를 빚는 왕들이 동맹 세력으로 활용하곤 하는 부차적인 권력이긴 했지만 더는 토착 아일랜드인에게 위협적인 세력이 되지 못했다.

말 세크날은 바이킹과의 지난한 투쟁에서 커다란 승리를 거두었다. 미드는 주도적인 왕국으로 떠올랐으며, 사실상 상급왕 정권을 완벽하게 구축했다. 미드의 유일한 경쟁 상대는 외딴 남서부 지역인 먼스터였다. 그 지역의 야심 찬 왕 브리안 보루마는 아일랜드 서부에서 바이킹을 축출했다는 명성을 얻고 있었다.[2]

벼락부자 브리안은 후미진 어느 왕국의 이류 왕이었지만, 정치와 전쟁, 우열을 가릴 수 없을 만큼 힘겨운 이 두 세계에서 이미 출중한 역량을 드러낸 바 있었다. 열두 명의 아들 가운데 막내였던 브리안은 젊었을 적에 바이킹의 공격을 이기고 살아남았으며, 먼스터 수도원에서 교육을 받았다. 그는 그곳에서 하프 연주하는 법도 배웠다. 브리안이 사망한 뒤 하프는 그를 기리는 의미에서 아일랜드의 상징으로 채택되었다. 그는 라틴어와 그리스어를 비롯해 여러 언어에 능숙했다. 또한 적의 전열을 흐트러뜨리는 율리우스 카이사르의 능력과 적들에게 가로막히지 않도록 전투 계획을 몽땅 암기하는 그의 습관에 감명받아 그 위대한 장군의 삶에 관한 연구에 몰두했다.

브리안은 먼스터의 왕권을 계승했을 때 바이킹에 맞서 바이킹의 전략을 구사함으로써 이를 실행에 옮겼다. 그는 내륙 기습 공격을 위해 자신의 군대를 파견했으며, 더러 빼앗은 바이킹 배를 길잡이용으로 활용하기도 했다. 바다와 육지를 아우르는 특이한 공격을 통해 그는 남서부 전역에서 자신의 권한을 꾸준히 키워나갔다. 997년 브리안이 상급왕 말 세크날로 하여금 자신과 권력을 공유하지 않을 수 없도록 만들었을 때, 사람들은 비로소 그의 빼어난 성취를 알아보았다. 말 세크날은 상급왕이라는 칭호는 그대로 유지했지만, 브리안이 독자적으로 남쪽을 통치했다. 여러 실질적인 이유에서 이제 상급왕이 두 명이었던 셈이다.

이 새로운 동맹 관계는 설사 그리 굳건하지 않다 해도 아일랜드의 중요한 세력들이 바이킹에 맞서 처음으로 손을 잡을 수 있도록 해주었다. 이 관계가 999년 심각한 시험대에 올랐다. 아일랜드의 역사에서 마지막으로 중요한 바이킹이던 '비단수염 시트릭'이 브리안에 맞선 폭동에서 렌스터 (Leinster) 사람들과 손을 잡은 것이다. 두 상급왕 말 세크날과 브리안은 연합 군사 작전을 펼친 결과 협곡에서 반란 세력을 붙잡았고 그들 대부분을 학살했다. 말 세크날과 브리안은 더블린을 다시 탈환했고, 시트릭은 브리안에게 충성을 서약함으로써 자신의 왕위를 유지했다.

이들의 승리는 동맹 관계에, 거의 패배를 능가하는 긴장감을 안겨주었다. 말 세크날은 가뜩이나 벼락부자인 보잘것없는 위인과 권력을 나누자니 울화통이 터졌는데, 이듬해 브리안이 상급왕 자격을 달라며 자신을 강등시키자 참을 수 없는 모멸감을 느꼈다. 이로써 혜성같이 등장한 브리안 보루마를 실각시키려는 일련의 음모―심지어 아일랜드 역사치고도 말할 수 없이 복잡한―가 이어졌다.

이 계획은 더블린에서 비단수염 시트릭이 구상했고, 상급왕 자리에서 밀려난 일로 여전히 속 쓰려 하던 말 세크날이 비밀리에 거들었다.[3] 1005년 브리안의 노골적인 야심에 놀란 다른 아일랜드의 군사 지도자들도 여기에 합세했다. 그해에 브리안 보루마는 아마에 있는 성패트릭의 무덤으로 성지순례를 떠났고 제단에 금 20온스를 바쳤다. 그런 다음 그 대성당에 있는 기록 장부에 '임페라토르 스코토룸(Imperator Scottorum, 아일랜드의 황제)'이라는 칭호를 곁들여 자신의 이름을 서명하라고 필경사에게 지시했다. 이제 드러난 대로 분열된 부족을 단일 국가로 통합한 다음 자신이 '유일' 왕으로 군림하겠다는 것이 그의 원대한 포부였다.

이는 아일랜드에 있는 다른 모든 지배자들을 끌어내리겠다는 속셈이었으며, 브리안 보루마가 이후 10년 동안 계속해서 현실로 만들었다시피 수많은 하급왕이 시트릭과의 동맹군에 가세하도록 내몰았다. 1014년 시트릭은 본인이 상급왕에 당당히 도전할 정도로 강력해졌다고 봤다. 그는 반군을 지지하기 위해 브로디어(Brodir) 백작이 이끄는 맨섬(Isle of Man)의 바이킹 동맹 세력, 아이슬란드의 용병들, 그리고 유명한 모험가인 오크니제도의 '강인한 시구르(Sigurd the Stout)'까지 불러들였다. 시구르는 무시무시한 오딘의 큰까마귀 깃발을 들고 왔다.[4]

하지만 이 엄청난 반란 동맹은 실제로 결코 순조롭지 않았다. 브리안 보루마가 소집한 군대의 규모를 보고 기가 죽은 시트릭은 반란 세력에서 슬그머니 발을 뺐다. 다른 한편을 이루고 있던 말 세크날도 동일한 결론에 이르렀고, 방관적 자세를 취하면서 승기를 잡은 쪽에 자신의 군대를 합류시키기로 결심했다.

반란을 주도한 두 주인공이 빠지긴 했지만 남은 동맹 세력은 계속 반란을 추진하기로 했다. 군대는 계획대로 더블린에 집결했다. 시트릭에게는 다소 쑥스러운 상황이었다. 이제 브리안의 충신 노릇을 하기로 작정했으니 말이다. 1014년 4월 23일 아침 양측은 더블린의 정서쪽에 있는 클론타프 평원에서 만났다.

불길하게도 수난일(Good Friday: 부활절 직전의 금요일로 그리스도가 십자가에서 당한 고난과 죽음을 기념하는 날—옮긴이)에 치러진 클론타프 전투는 아일랜드의 역사에서 가장 중요한 사건으로 손꼽힌다. 이는 바이킹 침략에 저항한 200년 역사에서 최대의 고비이자 기독교도 아일랜드인이 이교도 바이킹을 상대로 커다란 승리를 거둔 사건이라고 전해진다. 아일랜드 역사에서 만나는 위대한 비종교적 인물 브리안 보루마는 아일랜드를 통일하고 북방의 침략자를 축출하고 아일랜드의 독립을 확실하게 보장해준 존재로 기려지고 있다.

하지만 실제로는 상황이 한층 더 복잡했다. 클론타프는 바이킹 침략자를 내쫓기 위한 전쟁이라기보다 누가 아일랜드의 상급왕 자리에 앉느냐를 판가름하기 위한 전쟁이었다. 실제로 더블린의 노르드인과 토착 아일랜드인 사이에는 더 이상 큰 차이가 존재하지 않았다. 비단수염 시트릭은 아마도 바이킹보다는 켈트족에 더 가까웠으며, 기독교도로서의 색채도 브리안만큼은 지니고 있었다.[5] 그는 더블린에 최초로 대성당을 지었으며 십자가가 새겨진 화폐를 주조했으며 로마로 두 번 이상 성지순례를 다녀왔다. 시트릭은 자신을 위해 싸우도록 맨섬의 브로디어 같은 바이킹 이교도 동맹 세력을 불러들였던 것으로 보이는데, 브리안도 그렇게 하기는 마찬가지였다. 브로디어의 형제 오스파크(Ospak)는 몇몇 바이킹 동료와 마찬가지로 이 상급왕을 위해 싸웠다. 그런데 막상 브라이언 보루마 자신은 이제 80대 말에 접어든 만큼 그 전투에서 아무 역할도 하지 않았다. 그는 군대를 이끄는 임무를 아들 무르카드(Murchad)에게 넘겨주고 클론타프 위쪽 언덕으로 물러나서 그저 기도만 했다.

중세 시대에는 전쟁이 젊은이들의 몫이었다. 우열을 가리기 힘든 두 군대는 긴 행렬을 이루었다. 어깨를 나란히 한 병사들이 방패를 포갠 채 창을 들었다. 이때부터는 서로 꽝 하고 충돌했을 때 어느 쪽이 먼저 무너지는가의 문제였다. 이는 병사들이 저마다 상대의 방패에 맞서 밀어붙이면서 앞에서 상대를 찌르거나 단단한 목조 성벽에 숨어서 상대를 공격하는 소모적인 전투였다.

잔인한 전투가 온종일 이어졌고, 양편의 방패벽은 휘어졌지만 어느 쪽도 허물어지지 않았다. 처음에는 동맹군이 유리한 고지를 점하면서 브라이언의 군대를 밀어붙였다. 하지만 목숨을 내건 육탄전이 이어지자 다시 리피강에 가로놓인 작은 다리로 퇴각하지 않을 수 없었다.

브라이언의 손자 가운데 두 명이 이 전쟁에서 살해되었지만, 이들은 바이킹 맨섬의 브로디어를 도망가게 만들어 동맹군의 전력을 크게 약화시켰다. 적어도 바이킹의 흥미진진한 설명에 따르면, 반란군 세력에게는 다행스럽게도 '강인한 시구르'가 용케 큰까마귀 깃발을 나부낌으로써 상대를 야유할 수 있었다. 이는 꽤나 용감한 행동이었다. 바이킹은 그 깃발을 든 사람의 목숨을 앗아가는 대신 그 깃발을 지닌 편에 승리를 안겨준다고 믿었기 때문이다.[6]

최고의 노르드 사가들이 주목한 장면에서 시구르는 브라이언의 아들 무르카드와 대결을 벌였다. 아버지의 나이를 고려해볼 때 족히 60세 초반은 되었을 무르카드 왕자는 마치 초기 아일랜드 전설에 등장하는 인물처럼 흰말을 타고 양손에 칼을 휘두르면서 달려왔다. 그는 한 손의 칼로는 시구르의 투구를 쳐서 떨어뜨리고, 다른 한 손의 칼로는 그의 목을 베어버렸다. 시구르는 그 자리에서 고꾸라졌다. 시구르의 부하가 무르카드의 배를 공격해 내장이 비어져 나왔지만, 무르카드는 죽기 전에 용케 그 바이킹의 갑옷을 머리 위로 벗겨내고 그의 가슴을 세 차례나 난자했다.

모든 중세의 전투가 그렇듯이 유혈이 낭자한 이 전투도 이내 끝났다. 시구르가 죽자 동맹군의 방패벽도 무너졌다. 브리안 보루마의 군대는 들판에서 그들을 깨끗이 청소했다. 도망치려고 시도하던 병사들은 칼에 베여 쓰러졌고, 리피강을 건너려 애쓰던 병사들은 물에 빠져 죽었다. 이 전투에 참가한 이들 가운데 약 3분의 2가 살해되었으며, 아일랜드 역사상 일어난 그 어느 전투에서보다 더 많은 바이킹이 목숨을 잃었다. 붙잡힌 바이킹 용병은 누구랄 것 없이 살해되었다. 다만 전투가 시작되기 전 연합체에 가담하지 않기로 한 시트릭의 선견지명 덕택에 더블린 자체는 화를 면했다.

하지만 브리안의 진영 역시 적잖은 피해를 입었다. 이 상급왕은 후계자인 맏아들, 손자 두 명, 조카 한 명, 남자 형제 한 명, 그리고 그의 동맹 세력을 구성하는 다른 종족의 수많은 지도자를 잃었다. 아마도 가장 잔혹한 반전일 테지만, 그 상급왕 자신도 적의 손에 쓰러지고 말았다. 브리안 보루마는 그 전투가 펼쳐지던 곳의 위쪽 안전한 지점에서 바이킹의 전선이 무너지는 광경을 지켜본 뒤 감사 기도를 드리러 자신의 텐트로 물러났다. 부하 딱 한 사람만이 그를 지키고 있었다. 거기서 사실상 거의 누구의 보호도 받지 않은 채 홀로 승리감에 젖어 있던 이 아일랜드 황제를 도망치던 바이킹 무리가 발견하고 살해했다.

그의 죽음에 대해 가장 일반적으로 받아들여지는 설명은 그를 해치운 이가 다름 아닌 맨섬의 브로디어라는 것이다. 부하 두 명과 전장의 참화를 피해 달아나던 바이킹 대장 브로디어가 브리안의 텐트를 우연히 발견했다. 그의 부하들은 십자가를 든 채 무릎 꿇고 기도드리는 브리안을 성직자로 착각했지만, 브로디어는 그를 한눈에 알아보았다. 브로디어는 자신의 무기인 큰 도끼를 딱 한 번 휘둘러 그 늙은이의 두개골을 두 동강 냈다. 그러고는 그 상급왕의 시체를 그대로 두고 떠났다.[7]

시간이 흐르면서 클론타프의 승리는 너무나 큰 희생을 치르고 거둔 승리라는 사실, 그리고 아일랜드 통일이라는 브리안의 위대한 꿈은 그의 죽음과 함께 사라지고 말았다는 사실이 분명해졌다. 그의 어린 아들이 그 제국을 이어받았지만, 아버지와 같은 카리스마가 부족했던지 제국을 뭉치게 만들지는 못했다. 몇 년이 지나도록 그의 통치는 간신히 미드 왕국으로까지만 확장되었고 작은 전쟁이 끊이지 않았다. 말 세크날은 상급왕 칭호를 도로 빼앗아갔다. 지난 세월을 겪은 이들에게는 브리안이 통치한 몇 십 년이 마치 신기루 같았을 것이다. 그들은 말 세크날이 상급왕이고 시트릭이 더블린의 통치자인 상태에서 시작했는데, 이제 브리안이 사라졌다 뿐 아무것도 달라지지 않은 것이다.

더블린은 비록 그 후 150년간 바이킹 왕의 명맥이 유지되긴 했지만 그 역할이 크게 축소되었고 근처 렌스터 왕국의 지배를 받았다. 어쨌거나 더블린은 이미 오래전에 순수한 바이킹의 색채를 잃었고, 완전히 흡수되는 길로 순조롭게 나아가는 중이었다. 더블린의 마지막 왕, 아스칼 막 라그날(Ascall mac Ragnaill)은 1171년 영국이 아일랜드를 침공했을 때 헨리 2세(Henry II)의 군대에 의해 살해되었다.

아일랜드에 남은 바이킹의 유산에는 명암이 공존한다. 바이킹은 한편으로 아일랜드에 더블린·코크·리머릭·웩스퍼드·워터퍼드 같은 최초의 상업도시들을 건설했다. 하지만 다른 한편으로 황금기를 구가하던 아일랜드의 문화를 망가뜨림으로써 파괴적인 침략자라는 명성에 걸맞게 굴기도 했다.[8] 이들은 수도원과 교회를 약탈하고 가옥을 파괴했으며 수많은 무고한 시민을 살해했다.

또한 바이킹은 애꿎은 시민들을 끌고 가서 노예로 삼았다. 오늘날 이들에 대한 인상이 과히 좋지 않은 데는 이 탓이 크다. 성패트릭 자신이 아일랜드의 노예상에게 붙들린 것으로 보아 아일랜드에는 최초의 바이킹이 도착하기 전부터 이미 노예제가 존재하고 있었으리라 추정된다. 하지만 그 제도는 8세기경에 자취를 감추었다. 그런데 그 노예제를 바이킹이 되살려놓은 것이다. 이들은 처음에는 노예, 즉 스롤(thrall)을 스칸디나비아로 데려가거나 아니면 이슬람 시장에서 팔았다. 하지만 나중에는 붙잡은 포로를 보유해 아일랜드에서 자신을 섬기도록 했다. 충분히 이해할 수 있듯이 아일랜드인은 이것을 지극히 모욕적인 처사로 받아들였다. 따라서 아일랜드인 역시 오직 붙들린 바이킹만 가지고 그들 자신의 노예무역을 시작하는 식으로 앙갚음을 했다. 얼마 지나지 않아 노예를 소유하는 것은 높은 지위의 상징으로 떠올랐다. 바이킹이 쇠락하자 노예의 자리는 토착 아일랜드인으로 대체되었다.

교회는 성패트릭의 말을 인용하면서 노예제를 맹렬히 비난했다. 성패트릭은 자기 스스로 겪은 끔찍한 경험을 통해 이 제도가 얼마나 나쁜 것인지 확신했다. 그럼에도 노예무역은 오히려 더욱 기승을 부렸다. 노예제는 1171년 최고조에 달했다. 그래서 아일랜드가 영국군의 침략을 받았을 때(수백 년에 걸친 압제가 시작되는 계기였다), 어느 아일랜드 성직자는 신이 노예무역을 끝장내기 위해 영국인을 보낸 거라며 본인들의 과오를 강력하게 시사하는 결론을 내렸다.

아일랜드에 남아 있는 바이킹의 진정한 유산은 더블린이라는 도시다. 더블린은 시트릭의 시대가 저물면서 정치적 권력이 크게 축소되었지만 통상 중심지로서 꾸준히 성장했다. 더블린은 특히 사치품으로 유명했으며, 금·은·무기·비단·말을 취급하는 국제 무역의 중심지로 떠올랐다. 아일랜드에 처음으로 화폐제를 도입한 것도, 그곳에 상인이라는 확연하게 구분되는 계급을 키워낸 것도 바로 아일랜드 바이킹이었다.[9] 이들 덕분에 바이킹 세계의 주요 무역로와 연결되어 있던 더블린은 유럽에서 매우 수익성 높은 항구들 가운데 하나로 발돋움했다.[10]

더블린이 바이킹 왕국의 수도가 되지 못한 것은 바이킹 사회가 아일랜드만큼이나 부족 중심적이었기 때문이다. 바이킹의 두드러진 특징 가운데 하나는 전투에서도 그들이 정착한 지역에서도 적응력이 매우 뛰어났다는 것이다. 이들은 대체로 기존의 정치 질서를 기반으로 하고자 애썼으며, 무엇이든 간에 전부터 있었던 토대 위에 자신들의 왕국을 구축하고자 했다. 이들은 잉글랜드에서는 강력하고 중앙집권화한 정부의 전통이 있음을 알게 되었다. 앨프레드와 그의 아들 및 손자는 너무 강력해서 바이킹 왕국이 뿌리내리도록 허용하지 않은 것이다. 아일랜드에서는 정반대의 문제에 부딪혔다. 즉 오직 맹아적인 공동체와 소왕들만 있었던지라 더블린 역시 끊임없이 변화하는 아일랜드의 정치에서 그저 또 하나의 작은 부분에 불과했던 것이다.

항구적인 국가를 세우기에 잉글랜드는 너무 막강했고 아일랜드는 너무 혼란스러웠다. 그러기에는 프랑스가 가장 알맞은 것으로 드러났다. 카롤링거 제국은 바이킹에게 비옥한 토지를 제공했다. 중앙집권적이지만 퇴락하고 있던 군주제는 한편 강력한 국가의 본보기가 되어주었으나 다른 한편 불안정했던 만큼 넘볼 수 있는 여지를 남겨놓았다. 국외에 정착할 의지가 있는 해적왕이 나타나기만 하면 되는 상황이었다.

IO

걷는 자 롤로

"널리 돌아다니는 자에게는 지혜가 필요하다."

−현자 새문드의 《에다》

결국에 가서 서유럽 최대의 강국 가운데 하나를 건설하게 되는 인물의 조상에 대해서는 거의 알려진 바가 없다. 그는 필시 노르웨이 가문 출신일 테고, 그의 후예들에게 롤로(Rollo)라고 알려져 있다. 흐롤프(Hrolf: 늑대−옮긴이), 혹은 흐롤레이프(Hrolleif: 늙은 늑대−옮긴이)라는 노르웨이어 이름을 라틴어식으로 표기한 것이다.[1] 그의 생애를 가장 폭넓게 설명해준 것은 훗날의 노르만인 사학자 생캉탱(St. Quentin)의 두도(Dudo)다. 그는 롤로의 손자 리샤르 1세(Richard I)에게서 그렇게 해달라고 의뢰를 받았다. 두도에 따르면, 어린 롤로는 노르웨이 최초의 왕 하랄 미발왕이 신뢰하던 동료의 아들이다. 하지만 롤로의 아버지는 왕과 친구였음에도 대단히 독립적이라서 "어느 왕 앞에서도 결코 고개를 숙이는 법이 없는" 인물이었다고 한다.

결국 그의 그 같은 도도함은 대가를 치르게 된다. 하랄 미발왕은 말년에 자신의 왕국을 가장 총애하는 아들 에리크 피도끼왕에게 넘겼는데, 에리크는 완고한 귀족들을 그리 달가워하지 않았다. 에리크 피도끼왕은 아버지가 사망하자 롤로의 아버지의 농장으로 쳐들어가서 그곳을 장악했다. 롤로의 남동생은 롤로가 보는 앞에서 난도질을 당했고 롤로는 망명하지 않을 수 없었다.

좀더 강력한 지배자들과 충돌했던 다른 스칸디나비아인과 마찬가지로, 이 소년 역시 전문적인 바이킹으로 성장했다. 그는 오늘날의 네덜란드에 해당하는 프랑크 왕국의 연안과 잉글랜드에서 노략질을 하며 성장기를 보냈다. 들리는 말에 따르면 그는 덩치가 엄청나게 커서 보통보다 작은 바이킹 말이 그의 무게를 감당하지 못했다고 한다. 그래서 하는 수 없이 어디든 걸어 다녀야 했다.[2] 이런 어마어마한 몸집 때문에 그의 주위에는 얼마 지나지 않아 함께 싸우고자 하는 데인인이 몰려들었다. 롤로의 조상이나 몸집에 관한 이러한 이야기가 사실이든 사실이 아니든, 그는 분명 노략질에 소질이 있었고, 그의 일행은 영국해협을 건너 프랑크 제국을 향해 가는 거대한 노르드인의 인파에 합류했다.

약탈자들이 프랑크 왕국의 영토로 흘러 들어가기 시작한 것은 앨프레드 왕이 이교도 대군세를 상대로 승리를 거둔 뒤부터였다. 885년 여름, 이제껏 유럽 대륙에서 일어난 그 어떤 것보다 규모가 큰 침략군이 파리로 진격했다. 배 700척에 4만 명이나 되는 병사가 나눠 타고 있었다.[3]

한 프랑스 성직자는 "육지에서 북유럽인의 폭력이 난무했다"고 적었다. 하지만 잉글랜드를 괴롭히던 무리와 달리 이 바이킹 군대에는 유일한 지도자로 인정받는 인물이 없었다. 파리 사람들이 전부터 파리에 정착해 살던 바이킹을 전령으로 보내 교섭을 시도했을 때, 그는 집단을 대표해 발언할 권한을 지닌 사람을 찾아낼 수 없었다. 두도의 말에 의하면, 전령이 당신네들은 대체 누구이며 침략한 의도가 뭐냐고 묻자 그들은 데인인이며 프랑스를 정벌하러 왔다고 대답했다. 왕이 누구냐는 질문에는 자랑스럽게 가슴을 펴고서 "우리는 왕이 없다. 모두 평등하기 때문이다"라고 응수했다.

이 대화는 꾸며낸 것이기 십상이지만(노르만족 작가가 자기네 통치자가 프랑스 왕으로부터 독립되어 있음을 애써 강조하고자 만들어낸 이야기로 보인다), 좌우지간 9세기의 바이킹은 독립적인 구석이 있었음을 보여준다. 이들은 표현과 행동의 자유를, 그저 개념으로서가 아니라 확고한 신념으로서 대단히 중시했다. 이들 대부분은 어떤 형태로든 범법자였으므로 왕이 따로 없었다. 이들은 제힘으로 노력해서 명성을 얻고 얼마간의 부를 축적하고자 했다. 이들을 고취한 것은 애국심이나 봉건적인 의무감 따위가 아니라 약탈의 욕구였다. 또한 이들은 친족적·가족적 유대에 의해 느슨하게 연결되어 있었을 따름이다.

다른 사람보다 존경받는 이가 하나 있긴 했는데, 바로 시그프레드였다. 이교도 대군세에서 복무했을 것으로 짐작되는 바이킹이다. 앨프레드와 구드룸이 서로 합의에 이르고 1년 뒤, 그는 대규모 군대를 이끌고 북해를 건너 프랑크 왕국 연안의 여러 도시를 약탈했다. 시그프레드 군단은 몇 년 동안 동프랑크 왕국을 누비고 다니면서 마스트리흐트(Maastrict)·쾰른(Cologne)·엑스(Aix)·트리어(Trier) 등지를 쑥대밭으로 만들어놓았다. 프랑크 황제 샤를 비대왕이 골치 아픈 약탈자들을 뇌물로 매수하여 그 피해에서 벗어나기로 결정하고서야 이들은 약탈을 멈추었다.

시그프레드는 샤를 비대왕을 기꺼이 도와주었으며, 이어지는 3년간 피카르디와 플랑드르(Flanders)를 약탈하면서 지냈다. 그러다가 885년 봄 샤를 비대왕이 지배하는 영토로 되돌아와서 뇌물을 두둑이 요구했다. 샤를 비대왕이 거절하자 시그프레드는 자신의 함대를 이끌고 센강 어귀를 찾아가서 프랑크 군대를 무찌르고 루앙을 폐허로 만들어버렸다. 루앙에서 대규모 전투 세력과 합류한 시그프레드 무리는 11월 파리에 도착했다.

9세기에는 일드프랑스(Île-de-France: '프랑스의 섬'이라는 뜻으로 센강을 포함한 여러 강이 이 지역을 둘러싸고 있어서 붙은 이름이다. 파리를 중심으로 한 프랑스 북부 지역을 일컫는다—옮긴이)와 센강의 강둑을 잇는 다리가 두 개밖에 없었다. 북쪽의 다리는 좁았지만 돌다리이고, 양쪽 가장자리에 수비대가 배치된 거대한 탑이 강력한 요새 노릇을 하고 있었다. 남쪽의 다리 역시 탑으로 보호받기는 했지만, 나무로 엉성하게 만든 구조물이었다.

모든 것이 이 두 다리에 의존하고 있었다. 만약 바이킹이 두 다리를 파괴할 수만 있다면 파리를 고립시킬 뿐 아니라 그 너머의 부유한 지역에까지 접근할 수 있게 된다. 반면 파리인이 다리를 지키고 있다면 바이킹은 접근을 차단당하게 될 테고 적의 침공에 맞서 도시를 지키는 군대에게 발각될 것이다.

시그프레드는 처음에 다리를 지나가는 방법을 협상하려고 애썼다. 파리 시내에는 무장한 병사가 200명밖에 없었고, 그는 두 다리를 무너뜨리는 데 합의한다면 파리를 파괴하지 않겠다고 약속했다. 파리 사람들은 황제가 자신들에게 다리를 보호하는 임무를 부여했으니만큼 최후의 1인까지 그렇게 할 거라면서 단호히 거절했다. 이튿날 성에 대한 포위 작전이 펼쳐졌다.

시그프레드는 돌다리를 보호하는 센강 북쪽 강둑의 탑을 향해 온갖 것을 다 던졌다. 파리 사람들을 놀라게 만들 심산이었다. 하지만 하루 종일 싸우는 동안 뜨거운 피치와 기름이 그들 머리 위로 쏟아지는 바람에 사상자가 속출했다. 바이킹은 아무것도 이룬 것 없이 물러났다. 이들은 두 번째 날 다시 도전했지만, 간밤에 방어 세력이 탑 위에 한 층을 더 쌓아 더욱더 불리해졌다는 것만 확인했을 따름이다. 바이킹은 공성퇴(battering ram: 성문이나 성벽을 두들겨 부수는 데 쓰던 나무기둥같이 생긴 무기—옮긴이)와 투석기(무거운 돌을 날려 보내던 구식 무기—옮긴이) 따위를 동원하면서 맞서려 들었다. 하지만 다시 한번 어마어마한 사상자를 내고 쫓겨났다.

싸움이 이어지던 두 번째 날 말미에, 바이킹은 새로운 전술을 동원하거나 아니면 포위 장비를 개선해야 한다는 사실을 깨달았다. 이들은 목책을 만들었으며 이어지는 몇 주 동안 보급품을 모으고 공격에 대한 계획을 세웠다.

886년 1월의 마지막 날, 바이킹은 다리 자체를 공격했고 격렬하고 끈질기게 싸웠다. 보호용 해자(성 주위에 조성한 연못—옮긴이)는 나뭇가지나 죽은 동물의 시체 등 그들이 생각해낼 수 있는 모든 것을 다 집어던져서 메워버렸다. 이것만으로는 충분치 않자 그들은 붙잡은 포로들을 살해해 그 시체까지 해자 속에 던졌다.

이로써 그들은 다리의 보호용 탑에 접근할 수 있었지만, 탑을 불태우려던 순간 다시 수많은 사상자를 내면서 쫓겨났다. 마지막 시도로 롱선 세 척에 지푸라기를 싣고 기름을 부어 불을 지른 다음 다리와 탑을 향해 밀어붙였다. 하지만 화염이 할퀴고 간 석조 말뚝은 아무 해도 입지 않고 말짱했다. 그 어떤 심각한 피해도 가하지 못한 채 애꿎은 배들만 불타버리고 말았다.

많은 인명이 희생된 실패는 바이킹의 사기에 큰 타격을 입혔다. 하지만 며칠 뒤 자연이 그들의 편이 되어주었다. 겨울 홍수가 그들이 할 일을 대신해준 것이다. 남쪽 다리가 홍수에 씻겨 내려갔다. 다리를 지키던 탑은 이제 좌초되었고 공격에 취약한 먹잇감으로 전락했다. 바이킹은 강 상류를 자유롭게 약탈했고, 포위 작전을 계속할 힘을 조금 남겨두었다가 르와르강까지 진출해서 노략질을 했다.

파리 시민들은 샤를 비대왕에게 도우러 와달라고 간청하는 다급한 전갈을 보냈다. 황제는 이탈리아에 있었으므로, 본인 휘하의 장군 '색슨 지역의 하인리히[Henry of Saxony: 훗날의 하인리히 매사냥꾼왕(Henry the Fowler)-옮긴이]'를 군대와 함께 보냈다. 하인리히가 군대를 세게 밀어붙인 것으로 보아 샤를 비대왕이 필시 서둘러야 한다고 강조했을 것이다. 겨울에 알프스산맥을 넘는 무리한 행군을 한 데다 바이킹 막사에 대한 힘겨운 공격이 이어지면서 이들은 참담하게 패배했다. 하인리히는 이렇게 단 한 번 시도한 뒤 물러났고 파리는 그대로 방치되었다.

이 암울한 겨울에 파리 시민에게 딱 한 가지 희망적인 점이 있었는데, 그것은 시그프레드가 항복했다는 사실이다. 그 유명한 라그나르 로드브로크의 포위 작전을 따라 하려던 그의 시도는 웃음거리로 전락했다. 필시 그는 거대한 석조벽 아래 진을 치고서 적이 저절로 항복하기를 마냥 기다리는 것보다는 시간을 더 유익하게 쓸 수 있었을 것이다. 포위 작전이 헛수고라는 결론에 도달한 그는 로드브로크의 은 6000파운드와는 거리가 먼 은 60파운드라는 형편없는 액수를 받고 머쓱하게 물러났다.

하지만 시그프레드가 떠났다는 것이 포위 작전이 종료되었다는 뜻은 아니었다. 그는 오직 수많은 지휘관 가운데 하나에 불과했으며, 자신의 동료 바이킹 대다수를 떠나도록 설득할 수는 없었다.[4] 이 포위 작전은 10월까지 질질 끌었다. 10월은 샤를 비대왕이 제국 군대와 함께 길을 나섰다는 소식이 전해지면서 파리 시민들이 희망을 품게 된 때였다. 같은 소식을 듣고 여전히 가능할 때 파리를 차지하려고 안달이 나 있던 바이킹은 마지막으로 대규모 총공세를 펼쳤다. 용기를 추스른 파리 시민들은 공격을 막아보겠다고 나섰다.

샤를 비대왕은 자신이 도착할 때까지 남아 있던 바이킹을 가뿐하게 궤멸했다. 파리에는 관군이 배치되어 수비를 맡았고, 샤를은 바이킹 막사를 향해 진군했다. 황제는 바이킹 막사를 에워쌌던지라 마음만 먹으면 치명타를 가할 수도 있었다. 그런데 파리 시민도, 그리고 아마 바이킹도 놀라게 만든 일이 벌어졌다. 샤를이 예상을 깨고 협상을 제의한 것이다.

샤를 비대왕은 도무지 훌륭한 전사는 못 되었다. 그런데 그에게는 부르고뉴에 제압하기가 까다로운 것으로 드러난 역신(逆臣)이 한 사람 있었다. 이제 일석이조의 기회가 왔다. 샤를은 바이킹에게 센강을 자유롭게 드나들 수 있게 해줄 테니 대신 부르고뉴로 쳐들어가 달라고 부탁했다. 그곳을 마음껏 유린함으로써 자신의 역신을 혼내주었으면 하는 바람에서였다. 샤를은 그런 다음 프랑크 왕국을 떠나는 대가로 그들에게 은 700파운드를 제공하기로 했다.

협상 조건에 대해 전해 들은 파리 시민들은 격분했다. 자신들은 막대한 손해를 감수하면서 프랑크 영토를 방어하는 임무를 수행해왔는데, 황제라는 자가 바이킹에게 정확히 그들이 원하는 보상을 제공해주겠다니 왜 아니겠는가. 파리 시민들은 항의의 표시로 협상 내용에 따르지 않았고, 센강을 막아버림으로써 과거의 적들이 지나가지 못하게 했다. 바이킹은 하는 수 없이 배를 육지 위로 얼마간 끌고 감으로써 그 봉쇄망을 돌아가야 했다.

샤를은 자신의 계획이 빈틈없는 조치였다고 생각했을지 모르지만, 그것은 결과적으로 파괴적인 역효과를 낳았다. 시그프레드도 다른 바이킹들도 약속을 지키지 않았으며 제멋대로 제국의 영토를 약탈했다. 3년 뒤 샤를이 폐위되자 파리 시민들은 바이킹이 포위 작전을 펼치던 시기에 파리의 방어를 지휘한 오도(Odo) 백작을 새로운 왕으로 옹립했다.

롤로와 그의 전쟁 부대는 부르고뉴에서 약탈을 일삼으며 시간을 보냈다. 그들은 거기서 빼앗은 장물로 상당한 부를 축적할 수 있었다. 드물게 롤로가 패배한 경우가 몇 차례 있었는데, 그것은 놀랍게도 성직자들 때문이었다. 910년 그는 민병대를 소집한 지역 주교의 손에 의해 그 도시에서 쫓겨났다. 이듬해에는 프랑스 북부 도시 샤르트르(Chartres)로 진격했지만, 다시 한번 그 지역의 주교 때문에 계획이 수포로 돌아갔다. 며칠 전 롤로가 이끄는 함대를 발견한 주교가 그새 자신의 군대를 소집한 것이다.

방어 세력은 포위 작전을 펼치는 위험을 감수하지 않기로 하고, 넓은 벌판에서 바이킹과 대결하기 위해 진격했다. 이어진 격렬한 전투에서는 롤로 측이 우세한 듯했다. 하지만 성벽에서 지켜보던 주교가 성난 시민을 이끌고 성문을 박차고 아우성치며 몰려오자 이내 전세가 역전되었다. 수가 더 많았던 방어 세력이 승기를 잡았고, 바이킹은 해거름 녘에 그 도시 북쪽의 언덕에 갇히고 말았다.

밤에 전투를 벌이는 것은 대부분의 중세 군대로서는 생각할 수 없는 일이었다. 어두워지면 아군과 적군을 분간하기가 거의 불가능하기 때문이다. 프랑크 군대는 현명하게 기지로 돌아갔고, 바이킹이 슬그머니 내빼지 않도록 지켜보기 위해 보초병을 세워놓았다. 하지만 롤로는 정확히 그런 상황이 오기를 기대하고 있었다. 바이킹은 해가 지고 나서도 공격하기 일 쑤였다. 사전에 치밀하게 계획한 상태에서 쳐들어간 다음 적군이 흩어지면 철수함으로써 그 혼란을 본인들에게 유리하게 활용한 것이다.

롤로는 보초병만 남겨두고 다들 잠들어 있을 시각인 이른 아침까지 기다린 다음 프랑크 기지 중앙으로 병사 몇을 들여보냈다. 이들은 전쟁을 알리는 신호로 뿔피리를 불어서 마치 공격이 진행 중인 양 꾸며댔다. 기지는 순식간에 아수라장으로 변했다. 병사들은 옷을 입는 둥 마는 둥 한 채 텐트에서 몰려나왔고 아비규환 속에서 허둥댔다. 롤로와 그의 부하들은 이러한 혼란을 틈타 유유히 빠져나와 그들의 배가 정박해 있는 곳으로 달려갔다.

이 바이킹들은 루아르강 둑에 도착했지만, 군대 전체가 모두 배에 승선할 만큼 추격하는 프랑크 군대를 충분히 앞지르지는 못했다. 롤로는 전술을 바꾸어 동물이나 가축을 눈에 띄는 족족 살해한 다음 그들의 시체로 벽을 쌓았다. 프랑크 기병대가 도착했을 때 그들의 말은 피 냄새를 맡고 질겁하여 더는 앞으로 나아가려 들지 않았다. 롤로는 일시적으로 바이킹을 구해주었지만 여전히 갇힌 상태였다. 샤를 단순왕이 지휘하는 프랑크 군대가 루아르강 상류에 도착해 도주로를 차단하고 있었던 것이다. 조만간 바이킹은 다가오는 그 왕의 군대에 의해 죽음을 맞거나 아니면 굶어 죽을 판이었다. 어느 쪽이든 그들로서는 거의 가망이 없었다. 하지만 샤를 단순왕은 오도 가도 못하는 그 북유럽인을 공격하는 대신 그들에게 뜻밖의 조건을 제시했다.

샤를 왕은 10여 년 동안 왕위를 지키고 있었다. 그는 영어로 번역된 '단순왕'이라는 별명과 달리 결코 어리석은 사람이 아니었다.[5] 바이킹을 돈으로 매수하는 정책은 프랑크 왕국을 거덜 내는 데 크게 일조해왔다. 프랑스에서 주조된 동전 가운데 3분의 1은 결국 바이킹의 주머니로 들어갔으며, 은 12만 파운드가 그들에게 지불되었다. 왕국의 군대를 유지하기 위해서는 막대한 비용이 드는데, 거기에 지출할 돈이 거의 남지 않은 것이다. 어쨌거나 샤를은 자기 권위의 한계를 잘 알고 있었다. 그는 대격전을 치르면서 개별 바이킹 무리를 물리칠 수는 있었지만 그의 왕국 전역에서 번개처럼 날쌘 공격을 일삼는 그들 모두를 저지할 재간은 없었다. 최대 요지만 방어하고 연안의 수비는 다른 이들에게 맡겨야 했다.

이는 센강에 진을 치고 있는 바이킹을 용인해줄 뿐 아니라 사실상 격려해준다는 것을 뜻했다. 만약 샤를 단순왕이 왕국의 연안을 공격하는 게 아니라 보호하는 게 최대 관심사가 되도록 노르드인을 설득한다면, 자기 왕국의 해안 지역을 더할 나위 없이 잘 보호할 수 있을 것이다. 그렇게 하도록 보장하는 유일한 방법은 바이킹에게 토지를 나누어주는 것뿐이었다.

이 대담한 정책은 약 20년 전 그의 사촌 샤를 비대왕에 의해 이미 시도된 적이 있었다. 바이킹이 50년 넘는 세월 동안 프랑크 왕국에 구름 떼처럼 몰려들었고, 거의 비슷한 기간 동안 사실상의 지배자로 군림했다. 그 지역을 안정시키려는 시도로 샤를 비대왕은 바이킹 지도자 가운데 하나인 구드프레드를 접촉하여 프랑크 왕국의 영토 대부분을 줄 테니 기독교로 개종하라고 제안했다.[6] 구드프레드는 이 제안을 받아들였고 적절한 절차에 따라 세례를 받았지만, 토르를 그렇게 쉽게 떨쳐내기는 어려웠다.

그는 자신의 지분을 통일된 국가로 통합하는 대신 색슨 지역을 약탈하러 떠났다. 샤를 비대왕이 구드프레드에게 그의 의무를 상기시키자 그는 화평의 조건으로 라인강 유역의 와인 재배지를 달라고 요구했다. 바이킹을 보호하려던 실험은 끝내 실패했고, 샤를 비대왕은 사람을 시켜 구드프레드를 암살했다.

샤를 단순왕은 용케도 바이킹을 완충 장치로 사용하려던 시도가 역효과를 낳은 것이 그들이 정착해 충성스러운 신민이 되기 어려웠기 때문이 아니라 구드프레드가 그 일에 맞지 않는 인물이었기 때문임을 간파했다. 하지만 그는 롤로야말로 이 일의 최적임자임을 저절로 알게 되었다.

바이킹 롤로는 아마도 10대에 처음 바다에 나갔을 것이다. 그리고 약탈로 일생을 보낸 뒤 이제 50대 후반에 접어들었다. 따르는 부하의 숫자로 미루어보건대 그는 이미 부유했으며 제 노력의 결실을 누리는 삶을 생각해볼 나이가 되었다. 이제 정착해서 자신의 추종자들에게 그들이 가장 소중히 여기는 것, 즉 토지를 보상으로 줄 수 있는 절호의 기회가 온 것이다.

양쪽은 루앙과 파리를 잇는 간선도로에서 만났고 생클레르쉬레프트 조약을 체결했다. 롤로에게 제시된 조건은 구드프레드에게 제의한 것과 유사했다. 기독교로 개종하는 대가로 루앙에서 에브뢰(Évreux)에 걸친 센강 유역의 땅을 주겠으며, 왕이 내린 봉토에서 살아가도록 하겠다는 것이었다. 롤로는 이 기독교인 왕과 평화를 유지하고, 자신이 받은 토지를 지키고, 필요할 때면 군사적 도움을 제공하기로 약속했다.[7]

롤로는 자신의 군대 전부와 함께 세례를 받았는데, 이 일은 거기에 관련된 사람 모두를 다소 당혹스럽게 만들었다. 그의 부하들은 세례식을 마치면 깨끗한 흰 튜닉을 받게 된다는 사실을 알게 되었고, 그 가운데 몇 명이 여러 번 세례를 받다가 들킨 것이다. 사람들은 쑥덕거리면서 흉을 보았지만 사건은 유야무야되었다. 하지만 충성을 맹세하는 의례에서도 그럴 수는 없었다. 완벽하게 믿기는 어렵지만 어쨌거나 훗날의 어느 노르만족 기록에 따르면, 롤로는 왕의 발에 키스하는 전통을 따라야 하는 상황에서 멈칫거렸다고 한다. 여태껏 어느 바이킹 군사 지도자도 남들이 보는 앞에서 결코 굽실거리는 법이 없었던지라 롤로는 그 일을 부하 가운데 한 명에게 위임했다. 그 거대한 노르드인은 샤를의 발을 자기 입으로 홱 가져와 화들짝 놀란 프랑크 군주를 물구나무서게 만들었다.[8]

세례식을 무사히 끝내는 게 간단한 일이 아니긴 했지만, 그와 무관하게 생클레르쉬레프트 조약은 중세 역사에서 가장 중요한 조약이었다. 이 조약으로 '노르만인의 땅(Terra Normannorum)'이 생겨났다. 오늘날 노르망디(Normandy)라고 더 잘 알려진 곳이다. 롤로는 처음부터 자신의 의무를 진지하게 받아들였다. 그는 바이킹이 파괴한 수도원과 교회를 다시 지었고, 노르만인 마을의 수비를 강화했고, 자기 시민의 생명과 재산을 보호하기 위해 법령을 마련했다. 무엇보다 중요한 것으로, 그는 자신의 중요한 추종자들에게 땅을 나눠줌으로써 거주지가 일정치 않은 바이킹 귀족을 정착 계급으로 바꿔놓았다.

롤로 또한 샤를 단순왕에게 내내 충성을 다한 것으로 보인다. 923년 폭동이 일어나 왕이 폐위되었을 때, 롤로는 충직하게 자신의 군대를 이끌고 반란에 맞섰다. 롤로도 그의 후계자들도 바이킹을 품어주는 일을 멈추지 않았다. 즉 이 노르만인은 11세기까지 계속 바이킹에게 안식처를 제공해준 것이다. 하지만 샤를 단순왕의 실험은 성공적이었다. 롤로 이후 센강에 대한 심각한 공격은 더 이상 일어나지 않았고, 노르망디 자체는 차차 프랑스의 관습에 적응해갔다.

노르망디의 상당 부분은 롤로를 본보기로 구축되었다. 그는 로베르(Robert)라는 세례명을 받아들였으며, 자신이 붙잡은 그 지역의 여성과 결혼했고, 부하들에게도 토착민 아내를 얻도록 장려했다. 한 세대 만에 스칸디나비아 언어와 전통은 대체로 희미해져갔고 그 자리를 프랑스의 언어와 전통이 대신했다.

롤로 자신은 허울뿐인 기독교인이었을지도 모른다.[9] 하지만 그의 후예들은 기독교의 가장 충직한 지지자로 떠올랐다. 바이킹에 기원한 노르망디 공국은 한편으로 프랑크 왕국의 문화와 종교를 흡수하고, 다른 한편으로 북유럽인의 격렬한 에너지를 받아들인 혼성 국가였다. 노르망디는 가장 성공적인 바이킹의 작품이었을 것이다.

하지만 롤로가 일군 승리는 세계가 달라지고 있음을 보여주는 신호이기도 했다. 서프랑크 왕국·잉글랜드·아일랜드에서 옛 사냥터들이 폐쇄되기 시작했다. 한 세대 동안 바이킹의 약탈에 시달린 이들 나라에서는 국부가 고갈되었다. 그 결과 그곳의 토착민들로부터 강력한 저항이 일어났다. 만약 바이킹의 생활양식이 계속 이어지려면 비옥한 영토를 좀더 많이 찾아내야 했다. 이 같은 필요에 따라 바이킹에 의한 위대한 발견의 시대가 열리게 되었다.

탐험가

II

리비에라 지역의 바이킹

"그들은 깃발을 높이 들었고 바람 앞에 돛을 펼쳤고,
그리고 날쌘 늑대마냥 주님의 양 떼(기독교인—옮긴이)를 갈가리 찢어놓으러 길을 나섰다.
인간의 피로 본인들의 신 토르의 머리를 적시려는 것이다."

—쥐미에주의 윌리엄(William of Jumièges)

롤로가 진짜로 885년의 파리 포위 작전에 참가했다면, 그는 최초의 중요한 바이킹 탐험가 헤스테인과 나란히 복무한 셈이 된다. 9세기에 일어난 중요한 바이킹 군사 작전에 거의 빠짐없이 참가해온 헤스테인은 885년 그 화려한 이력의 막바지에 다다랐다. 그는 이교도 대군세가 앨프레드의 왕국을 침공했을 때 그 부대의 지도자 가운데 하나였으며, 웨드모어(Wedmore) 조약이 체결된 뒤 프랑스로 건너갔다. 그의 조상이 누구인지에 대해서는 논란이 분분하지만, 그는 라그나르 로드브로크의 아들이거나 아니면 라그나르가 자신의 막내아들 무적 비요른을 단련시키기 위해 뽑은 인물이거나 둘 중 하나다. 어느 쪽이든 간에 그는 루아르강 상류에서 벌어진 거친 약탈 현장에서 열두 살짜리 비요른을 이끌어줌으로써 그를 강인하게 만들어달라는 라그나르의 요청을 나무랄 데 없이 충족시켰다.

헤스테인은 진작부터 그 강의 양쪽 둑을 주름잡으면서 사람들에게 민폐를 끼치고 있었다. 노르만인 수도사인 생캉탱의 두도는 그를 "가증스럽고 고집 세고 말도 못 하게 잔인하고 냉혹하다"고 묘사했다. 그런 다음 좀더 자세하게 묘사하지 않으면 상대가 확실하게 못 알아들을까 봐 이렇게 덧붙였다. "파괴적이고 골치 아프고 사납고 흉악하고 악명 높고 변덕스럽고 경솔하고 교만하고 제멋대로이고 치명적이고 무례하고 반항적인 반역자에다 악을 선동하는 자이고 두 얼굴을 가진 위선자이고 신을 섬기지 않으며 건방지고 사람을 솔깃하게 만드는 저돌적인 사기꾼이고 음탕하고 방종하고 호전적인 악당이다." 필시 라그나르는 아들의 멘토를 참 잘도 고른 것 같다.

헤스테인과 비요른이 프랑스 북부에서 사람들을 너무나 성가시게 구는 바람에 샤를 대머리왕은 헤스테인을 매수하기 위해 샤르트르 시에 대한 통제권을 넘겨주었다. 이 바이킹은 그 도시가 딱히 필요하지 않았던 터라 이웃 도시의 어느 백작에게 넘겨주고 약탈을 이어갔다.[1]

하지만 이번에는 헤스테인이 신중치 못했고, '힘센 로베르 공작(Duke Robert the Strong)'[2]이 이끄는 군대의 습격을 받았다. 헤스테인은 부하들과 함께 어느 교회에 방어벽을 치고 들어앉아 있는 식으로 간신히 피해를 면했다. 로베르 공작은 신성한 건물을 파괴하고 싶지 않아서 그들을 굶어 죽게 만들 작정으로 포위한 채 진을 치고 있었다. 날씨가 더워서 갑옷을 벗었는데, 창문을 통해 줄곧 그들을 유심히 지켜보던 헤스테인은 그 틈을 놓치지 않고 군대 전체를 이끌고 밖으로 달려 나왔다. 바이킹 무리는 아비규환 속에서 로베르 공작을 살해하고 달아났다.

루아르강 계곡에서 약탈하는 것은 수지맞는 일로 드러났지만, 헤스테인과 비요른은 859년 한층 대담한 계획을 생각해냈다. 기독교 세계의 서쪽에는 실로 막대한 부가 존재했다. 한때 북아프리카 건너 동쪽으로 이란까지 포괄하는 방대한 칼리프 지배 지역의 일부이던 에스파냐의 무어 왕국(무어인은 아프리카 북서부에 살았던 이슬람 종족으로 8세기에 에스파냐를 점령했다—옮긴이)에서는 사람들이 금을 주렁주렁 달고 다녔다.

이들은 10여 년 전 실패한 바이킹 탐험을 통해 에스파냐를 침략하겠다고 마음먹게 되었다. 844년 출발은 좋았다. 배 30척이 세비아(Seville: 에스파냐 남서부의 항구 도시—옮긴이) 시에 닿았다. 이들은 거기서 용케 그 도시의 성벽을 일부 무너뜨릴 수 있었다. 바이킹은 극히 적긴 했지만 저항하는 이들을 눈에 띄는 족족 해치운 다음 수많은 귀족과 비단 상인의 부유한 집을 터는 중요한 일에 착수했다. 건장하고 매력적인 시민은 배에 실어서 번화한 서쪽의 이슬람 노예 시장으로 보냈다.

바이킹은 세비아를 떠나는 대신 그곳을 기지로 삼겠다고 작정하고, 이후 6주 동안 리스본(Lisbon)과 카디스(Cadiz) 같은 먼 표적 지점을 공격하기도 했다. 하지만 취득할 수 있는 부가 많으면 위험도 따르게 마련이었다. 844년의 탐험에 참가한 바이킹은 대부분 거기에서 취득한 물건을 결코 본인들의 배로 가져가지 못했다. 너무나 오랫동안 주변 지역에서 귀중품을 약탈했기 때문에 무어인이 반격에 대비할 시간을 벌었고, 코르도바(Cordoba)의 왕은 용케 바이킹을 기습적으로 덮칠 수 있었다. 얼마나 많은 바이킹이 붙잡혔는지 지역의 교수대가 그들을 모두 감당할 수 없을 정도였고, 남아도는 이들은 주위의 야자나무에 목을 매달아야 했다. 바이킹 지도자와 그 부하 200명의 머리는 탕헤르(Tangier)의 왕에게 선물로 건네졌다.

이 탐험은 명예롭지 못하게 끝났지만 에스파냐가 취약하다는 것을 드러내주었다. 누구든 위험을 감수할 의향만 있다면 그 너머 땅에서 기다리고 있는 더 멋진 보물을 만날 수 있었다. 에스파냐의 길은 바이킹에게 지중해로 통하는 입구가 되고, 그들이 전설적인 로마의 부에 다가가도록 해줄 터였다. 헤스테인에게는 그냥 지나치고 말기에는 너무나 강렬한 유혹이었다. 따라서 859년 여름, 그는 배 62척에 부하 2400명을 나눠 싣고 결국 그의 명성을 굳건히 해주게 되는 침략에 나섰다.

헤스테인과 비요른은 이전의 침략에서 거둔 성공을 반복할 수 있었으면 하는 바람을 안고 세비아로 항해를 떠났다. 하지만 출발은 그리 순조롭지 못했다. 그들로서는 안타깝게도, 처음 공격을 받은 뒤 15년 동안 세비아의 왕은 자기만의 함대를 구축했고 대서양 연안에 일련의 감시 초소를 설치했다. 위험이 시시각각 다가오고 있음을 알아차린 그는 결국 성벽을 높이 쌓아 그 도시를 요새화했다. 바이킹의 롱십이 성벽을 향해 다가오자 무어인 수비대는 불을 붙인 피치를 초보적인 화염방사기[3]로 아래쪽에 발사했다.

침략 세력은 굴욕적으로 후퇴했다. 비요른과 헤스테인은 보급품을 확보하기 위해 이따금 소규모로 약탈하는 경우를 제외하고 에스파냐 북부 연안은 건너뛰기로 결정했다. 그러고는 오늘날의 포르투갈에 해당하는 지역의 여러 곳을 돌아 에스파냐의 남부 도시 알헤시라스(Algeciras) 연안에 당도했다. 거기서 그 지역의 이슬람 사원을 불 지르고 보급품을 빼앗고 노예를 몇 명 붙잡았다. 하지만 약탈할 게 별로 없다는 사실에 크게 실망했다.

비요른과 헤스테인에게는 연달아 불운이 덮쳤다. 처음에 폭풍우가 일어 지브롤터(Gibraltar) 해협을 들어갈 수 없었던 이들은 하는 수 없이 아프리카 서부 연안을 따라 내려갔다. 하지만 결국에는 함대를 대부분 구조해 지브롤터 해협을 지나 아프리카 북부 도시 나도르(Nador)에 도착할 수 있었다. 일단 지중해에 접어들자 운이 되살아났다. 헤스테인과 비요른은 이후 여드레 동안 나도르의 바닷가 마을을 약탈했으며, 이국적인 '파란' 사람들과 '검은' 사람들을 붙잡아서 노예로 삼았다.[4] 그런 다음 지중해를 건너 에스파냐 연안으로 가서 발레아레스제도(Balearic Islands)의 포르멘테라(Formentera)·마요르카(Majorca)·메노르카(Menorca) 섬을 약탈했다.

헤스테인은 겨울이 다가오자 프랑스 남부에서 알맞은 월동 기지를 물색하기 시작했다. 일행은 테르(Ter)강 상류로 항해하면서 페르피냑(Perpignan)의 수도원을 약탈했고 도시를 몇 군데 더 공격한 다음 아를(Arles)의 프랑크 방어군과 대결하기 위해 전진하고 있었다. 그렇게 하려면 오늘날 '프랑스의 리비에라(French Riviera: '리비에라'는 이탈리아어로 '해안'이라는 뜻이다—옮긴이)'라 불리는 남동부 프랑스의 지중해 연안 지역 코트다쥐르(Côte d'Azur)의 한 섬에 겨울 숙소를 마련해야 했다. 이 스칸디나비아인들은 겨울인데도 따뜻한 그곳 기후가 정말이지 마음에 들었다.[5] 봄이 오자 이들은 이탈리아로 건너갔고 피사(Pisa)를 약탈했다. 헤스테인이 자기가 지금 로마에 가까이 와 있다는 사실을 알게 된 것은 아마도 피사 침략에서 붙잡은 포로들의 말을 통해서였을 것이다.

그 제국의 중심지(로마—옮긴이)를 약탈하는 일이란 침략을 일삼는 모든 해적에게 결코 놓쳐서는 안 되는 기회요 대부분의 바이킹이 가장 절실하게 원하는 바였다. 그 일을 잘 해낸다면 대대손손 회자되기에 충분한 영광을 누리게 될 판이었다.

이들의 함대는 이탈리아반도의 서부 연안을 따라 대도시가 나타나기를 기다리면서 조심스럽게 내려갔다. 전하는 바에 따르면 로마 제국에서 성행한 대리석 무역의 중심지인 큰 도시 루나(Luna)를 발견했을 때, 이들은 그곳을 로마로 착각하고 그 항구로 다가갔다고 한다.[6]

바이킹이 루나 시를 약탈할 수 있는 기회는 없었다. 어둠이 깔린다면 들키지 않고 무탈하게 거대한 성벽을 넘어갈 수 있었겠지만 백주대낮에는 어림도 없는 일이었다. 보초병이 몇 킬로미터 떨어져 있는 바이킹 함대를 발견한 터라 이들이 루나 시에 도착했을 무렵에는 이미 비상벨이 울려서 수비군이 위험을 알아차린 상태였다. 도시로 들어가는 성문은 이내 폐쇄되었다.

폭력을 쓰기는 곤란한 상황이었다. 하지만 바이킹은 교묘한 간계를 부리는 데 일가견이 있었고 아직 그렇게 해볼 여지는 남아 있었다. 이들의 함대는 일단 정박했다. 일부 바이킹이 휴전의 백기를 들고 성문으로 다가갔다. 이들은 자기네 지도자가 죽어가고 있는데, 죽기 전에 세례를 받고 기독교도가 되기를 바란다고 주장했다. 이들은 그 사실을 증명이라도 하듯 땀을 뻘뻘 흘리고 신음 소리를 내고 있는 헤스테인을 들것에 싣고 왔다.

이들의 제안에 이탈리아 사람들은 도덕적 딜레마에 빠졌다. 한편으로 기독교도로서 죽음을 앞두고 회개하는 사람을 도저히 외면할 수 없었지만, 다른 한편으로 바이킹을 신뢰하지 않았고 그들이 무슨 계략을 꾸미고 있을지 의심스러웠다. 루나 시의 백작은 주교와 상의하고 나서 조심스럽게 헤스테인을 받아들이기로 결정했다. 대신 그를 이중삼중으로 확실하게 지켜보게끔 조치했다. 헤스테인과 그를 수행하는 소수의 사람을 데려오기 위해 병사들이 파견되었다. 나머지 바이킹들은 바깥에서 기다렸다.

루나 시민들은 미심쩍어하면서도 무시무시한 야만인들이 자기네 도시에서 얌전하게 구는 모습을 지켜보기 위해 몰려들었다. 바이킹 일행은 대성당으로 안내받으며 이동하는 동안 말없이 경의를 표하면서 최대한 조신하게 행동했다. 서너 시간 동안 이어진 세례식 내내 헤스테인은 죽어가면서 마침내 빛을 깨달은 것처럼 경외와 나약함의 화신인 양 굴었다. 주교가 세례식을 거행했고 루나 시의 백작이 대부로 참가했다. 헤스테인은 새로운 세례명을 얻었다. 식을 모두 마친 바이킹들은 경건하게 들것을 들고 신음하는 지도자를 배로 데려갔다.

그날 밤 한 바이킹 전령이 성문 앞에 다시 나타났다. 그는 먼저 백작에게 세례를 허락해준 데 감사를 표시한 뒤, 안타깝게도 헤스테인이 죽었다고 전했다. 그런 다음 그가 숨지기 전 장례 미사를 허락해달라고, 자신을 대성당 묘지의 성지에 묻어달라고 부탁했다고 덧붙였다.

이튿날 저마다 긴 상복을 차려입은 50명의 바이킹 행렬이 헤스테인의 관을 들고 엄숙하게 루나 시로 들어왔다. 그 도시에 사는 거의 모든 이들이 거리로 뛰쳐나와 이 광경을 지켜보았고, 줄곧 대성당으로 이동하는 대열에 합류했다. 촛불을 든 수많은 수도사와 신부에 둘러싸인 주교는 관에 성수를 뿌렸고 그들 일행을 대성당 안으로 안내했다.

주교가 모든 선한 기독교인에게 부활의 날을 기다리도록 이르면서 막 장례 미사를 시작하려 할 때, 별안간 관 뚜껑이 바닥으로 내팽개쳐졌다. 곧이어 멀쩡하게 살아 있는 헤스테인이 안에서 뛰쳐나왔다. 헤스테인이 주교를 칼로 베어 쓰러뜨리자 그의 부하들은 상복을 벗어던지고 무기를 꺼내 들었다. 그중 몇은 문을 잠그러 달려갔고, 나머지는 모여든 신도들을 학살하기 시작했다.

같은 시각 조종(弔鐘)을 듣고 상황을 알아차린 무적 비요른은 남은 바이킹을 그 도시로 이끌고 와서 동네방네 흩어져 보물을 뒤지고 다녔다. 그날 온종일 약탈이 이어졌다. 들고 갈 수 있는 물건은 몽땅 배에 실었다. 노예로 팔려나갈 수 있을 만한 젊은 시민은 화를 면했지만 나머지 사람들은 남김없이 살해되었다. 어둠이 깔리자 헤스테인은 비로소 공격을 멈추었다. 그리고 더 이상 물건을 배에 실을 수 없을 지경이 되자 도시에 불을 지른 뒤 배를 타고 유유히 사라졌다.[7] 이어지는 2년 동안 노르드인들은 지중해를 종횡무진하며 아프리카와 유럽 연안에서 노략질을 일삼았다. 이들이 이집트의 알렉산드리아(Alexandria: 이집트 북부의 항구 도시─옮긴이)를 약탈하려고 시도했다는 소문마저 있지만, 무력으로 혹은 몰래 그렇게 할 수는 없었을 게 분명하다.

861년 이들은 약탈한 물건을 챙겨서 본국으로 돌아갈 채비를 하고 있었다. 그러나 지브롤터 해협에 다가갈 즈음 무어인 함대가 그들의 앞을 막아섰다. 무어인이 풋내기 뱃사람이었던 만큼 아마도 헤스테인과 비요른은 크게 걱정하지 않았을 것이다. 무어인 최초의 그 함대는 오직 바이킹을 가로막기 위한 목적으로만 구축되었다. 반면 바이킹의 배는 훨씬 더 빠르고 방향 조종이 쉬울뿐더러 노련한 베테랑 선원들이 이끌고 있었다. 본인들의 기술을 자신하고 있던 바이킹은 공격하기 위해 바싹 다가갔다.

그런데 바이킹 대부분은 불쾌한 충격을 받았다. 무어인은 휴대용 화염 방사기를 지니고 있었고, 배 위에 몇 대 설치해두기까지 했다. 맨 앞줄의 롱십이 사정거리 안에 들어오자마자 무어인은 불붙은 기름을 바이킹 배의 이물 위로 분사했다. 피치로 틈을 메운 목조 갑판에는 곧바로 불이 붙었고 함대 전체는 혼란스럽게 흩어졌다. 이 전투에 참가한 배 60척 가운데 오직 20척만이 가까스로 지중해를 빠져나갔다.

헤스테인과 비요른은 이 재난을 이기고 살아남았다. 그 일만 아니었다면 흠잡을 데 없었을 침략이었으니만큼 두 지도자는 이 손실을 만회하고자 에스파냐의 북부 연안을 약탈하기로 결심했다. 이번에는 기독교 소왕국 나바라(Navarra)의 수도 팜플로나를 공략했다. 바이킹이 침략했을 때 하필 그 도시에 있었던 나바라 왕 가르시아(García)가 그들에게 붙잡혔다. 그는 금화 7만 개라는 적잖은 몸값을 주고 풀려났다. 바이킹은 이 마지막 승리를 뒤로하고 루아르강으로 돌아갔다.

이때쯤 두 지도자는 각자 다른 길을 걸었다. 비요른은 스칸디나비아로 떠났고, 거기에서 부유하고 유명한 해적왕으로 여생을 살았다. 그의 동지 헤스테인은 자신이 활약하던 옛 근거지로 돌아가서 루아르 계곡 마을을 약탈하고 프랑크의 샤를 대머리왕에게 다채로운 방식으로 돈을 뜯어냈다. 그는 885년 파리 포위 작전에 참가했다. 그 일이 서서히 흐지부지되자 이제 60대 후반에 접어든 헤스테인은 영국해협을 건너 잉글랜드를 침공했다.

하지만 웨섹스는 더 이상 지난날처럼 만만한 표적이 아니었다. 헤스테인은 장장 5년 동안이나 별 소득도 없는 침략을 되풀이하다가 역사의 뒤안길로 사라졌다. 자그마치 40년간 약탈을 이어온 빼어난 이력 덕택에 그는 당대 사람들이 매우 두려워한 인물 가운데 하나였다. 여행에 제약이 많던 시대임에도 북아프리카와 영국제도의 여러 도시는 그의 이름이 얼마나 무서운지 알고 있었던 것이다. 그에게 가장 잦은 피해를 입은 프랑스인은 그를 "루아르강과 솜강을 누비고 다니던 건장하고 무시무시한 늙은 전사"라고 표현했는데, 아마도 그들의 말이 맞을 것이다.

비요른과 헤스테인, 그리고 그들과 경험을 함께한 다른 노병들은 분명 자신들의 공훈에 관한 이야기를 툭하면 되풀이해 들려주곤 했을 것이다. 추운 북방의 밤에 시간 보내기 딱 좋은 방법이었을 테니 말이다. 그러노라면 필경 벌꿀술 연회장의 따뜻한 난로 주위에 둘러앉아 끔찍한 세부 사항을 무수히 더해갔을 것이다. 그것은 대담한 모험이었으며, 당연히 그 모험을 이끈 지도자의 명성을 굳혀주었다. 하지만 라그나르 로드브로크의 파리 약탈과 달리, 이 위대한 침략은 후대에게 따라 하고 싶은 마음을 불러일으키지 못했다. 지중해 서쪽은 너무 멀었으며, 그곳 연안에는 무장이 잘되어 있는 조직화된 적이 대거 포진해 있었던 것이다. 바이킹은 발판이나 기지를 구축해야만 그곳을 기반으로 여기저기 뻗어나갈 수 있었다. 그런데 여러 이슬람 칼리프 지배 지역도 프랑크 제국도 그것을 허용하지는 않을 터였다.

데인인은 침략이 가능한 장소에서 지중해를 배제했으며,[8] 잉글랜드와 프랑스에 주력했다. 하지만 이것은 위대한 바이킹 발견 시대의 첫 장에 불과했다. 헤스테인과 비요른이 그들 자신의 모험에 나선 것과 같은 때, 노르웨이 바이킹은 서쪽으로 밀고 가기 시작했다.

12

아이슬란드

"이곳은 사람을 집어삼킨 고요하고 잔잔한 바다다."

−현자 새문드의 《에다》

바이킹의 발견은 대체로 이 섬 저 섬 돌아다니는(island-hopping) 과정에서 이루어졌다. 8세기가 막바지로 치닫던 어느 때 바이킹은 셰틀랜드제도 (Shetlands)를 발견했다. 스코틀랜드 북쪽에서 약 100킬로미터 떨어진 곳에 자리한 군도다. 바위섬 300여 개로 이루어진 이 인적 없는 군도는 노르웨이에서 가장 큰 서부 항구 베르헌의 거의 정서쪽에 위치해 있어서 아마도 노르웨이 바이킹이 찾아냈을 것이다. 노르웨이 바이킹은 남쪽으로 길을 나서는 배에 공급할 양이나 소 같은 가축을 기르는 데 그 섬을 주로 사용했다.

셰틀랜드제도를 발견하고 50년쯤 지나, 바이킹 탐험가들은 북서쪽으로 270킬로미터쯤 떨어진 페로제도(Faroe Islands)를 만났다. 나무가 자라지 않는 이 척박한 17개의 섬은 셰틀랜드제도와 같은 용도로, 즉 양털이나 염장육 따위를 생산하기 위한 양과 소를 기르는 데 쓰이고 있었다.

이들은 계속 서쪽으로 가야 할 의미를 못 찾았다. 페로제도 자체도 영국제도라는 주요 목표물에서 한참이나 동떨어진 곳이었다. 그보다 더 서쪽에 있는 작은 바위섬들은 너무 멀었고, 또 북해의 느닷없는 폭풍우와 잦은 안개를 생각하면 더없이 위험해서 도전해볼 가치가 없었던 것이다.

따라서 최초의 바이킹이 아이슬란드에 닿은 것은 순전히 우연의 결과였다. 바이킹 선원은 정교한 항해 도구가 아니라 신중한 관찰, 그리고 시행착오를 근거로 판단을 내렸다. 육지를 발견한 것은 물 색깔의 변화, 새의 비행 패턴에서 드러난 상이함, 그리고 떠다니는 목재의 존재 따위에 주목한 결과였다. 바이킹은 낮에는 정오의 태양을 보고, 밤에는 별을 보고 위도를 알아냈다. 두 가지 다 사용할 수 없을 때는 그저 본능에 의존했다. 선장들은 실용적이기로 유명했다. 《락스다엘라 사가》에는 며칠 동안 안개 속에서 가망 없이 길을 잃고 떠다니던 공작(孔雀) 올라프(Olaf the Peacock)에 대한 이야기가 실려 있다. 드디어 안개가 걷히자 어느 방향으로 가야 하는지를 두고 열띤 논쟁이 벌어졌다. 선원들은 특정 방향을 놓고 투표했고, 올라프에게 그 결과를 알렸다. 반백의 선장 올라프는 그들의 의견을 무시하고, 자신의 베테랑 항해사에게 어느 방향으로 가야 할지 선택하라고 명령했다. 올라프가 말했다. "나는 오직 가장 상황 판단이 빠른 사람이 결정하기를 바란다. 내가 보기에 어리석은 자들의 대책 회의는 참가자 수가 많으면 많을수록 더욱더 위험해지기 때문이다."

9세기 중엽, 나도드(Naddodd)라는 노르웨이인이 페로제도를 찾아가는 도중 목적지를 650킬로미터나 더 지나치는 바람에 길을 잃었다. 마침내 육지를 발견했을 때 그는 선원들을 사방으로 풀어서 인간의 정착지를 찾아보도록 시켰다. 자신들이 대체 어디에 있는지 알아내기 위해서였다. 이들은 결국 아무도 찾아내지 못했다. 나도드는 어느 가파른 산에 올라가서 내륙을 내려다보았다. 보이는 것이라고는 오직 광대한 빙상과 얼어붙은 들판뿐이었다. 난로를 피우는 굴뚝에서 나오는 연기는 없었다. 적어도 지금 내려다보는 쪽의 육지는 사람이 살지 않는다는 뜻이었다. 나도드는 배로 돌아갔다. 그때 마침 폭설이 내리기 시작했다. 이 새로운 나라에 이름을 지어주어야 마땅할 것 같았다. 그래서 나도드는 그곳의 주된 특징에 착안해 '눈의 나라(Snowland)'라는 이름으로 정했다.

그곳에 상륙한 일당은 약탈할 수도원이 없다는 사실이 적이 실망스러웠음에 분명하다. 하지만 노르웨이로 돌아온 나도드와 선원들은 사람들에게 북서쪽에 취득하기 좋은 땅이 있다고 알렸다. 이 말은 마침내 스웨덴에까지 전해졌고, 가서(Garthar)라는 상인은 직접 그 땅을 찾아 나서기로 결심했다. 운이 좋게도 가서는 용케 나도드가 간 길을 되밟을 수 있었고 그 새로운 나라의 동쪽 연안에 다다랐다.[1] 하지만 그는 상륙하는 대신 그 땅이 얼마나 큰지 알아보려고 연안을 따라 항해를 했다. 그가 그 땅은 섬이라고 결론을 내렸을 때 날씨가 나빠지기 시작했다. 그래서 그와 선원들은 배를 해변으로 끌어다 놓고 북쪽 해안에 집을 한 채 지었다. 일행은 거기서 갈매기의 알 같은 바다 동식물을 주워다 먹으며 혹독한 겨울을 이겨내고 살아남았다. 약탈자가 없었던 데다 무인도처럼 보였으므로, 가서는 자기 이름을 따서 그 섬에 '가서스홀미(Gartharsholmi)'라는 이름을 붙여주었고 결국 스칸디나비아로 돌아왔다.[2] 그런데 그의 부하 가운데 적어도 한 명은 그냥 눌러앉기를 원할 정도로 그곳이 마음에 들었다.

나트파리(Nattfari, 밤에 걷는 자(Nightwalker))라는 이름의 자유인은 남자 노예 한 명, 여자 노예 한 명과 함께 그 집에 남았다. 이들이 그 섬에 정착한 최초의 사람들이었다.

이들은 곧 함께할 사람들을 만나게 되었다. 플로키(Flóki)라는 노르웨이인이 9세기 말 새로운 땅에 정착하겠다는 분명한 의도를 지닌 채 길을 나섰다. 전하는 말에 따르면, 그는 자신의 가족과 소 떼와 다른 정착민들을 데리고 왔다. 그리고 큰까마귀 세 마리의 도움을 받으면서 항해했다. 그의 계획은 큰까마귀를 이따금 풀어주는 것이었는데, 만약 한 마리가 돌아오지 않으면 그쪽 방향으로는 육지가 없다고 판단했다. 이런 특이한 장난이 실제로 먹혀들자 그의 당대인들은 그를 '운 좋은 플로키(Flóki the Lucky)', 혹은 '큰까마귀 플로키(Raven Flóki)'라고 불렀다.

이들 소규모 집단은 바튼스피오르두르(Vatnsfjordur)라 불린 장소의 서쪽 해안에 텐트를 치고 농장을 지었다. "밤에 옷의 이를 잡을 수 있을" 정도로 자정의 해가 밝은 여름은 기분 좋은 계절이었다. 큰까마귀 플로키의 가축들이 풀을 뜯어 먹을 만한 땅은 얼마든지 있었다. 게다가 농장을 지을 수 있게 자작나무도 얼마간 자라고 있었다. 하지만 정착민들로서는 안타깝게도 겨울철이 무자비했다. 미리 충분한 건초를 마련해두는 일을 소홀히 한 탓에 가축이 모두 숨졌다. 이주하려고 시도했을 때 이들은 피오르에 빙상과 해빙이 가득 차 있는 것을 발견했다. 오직 여름이 시작되어 그 얼음이 충분히 녹아야만 떠날 수 있었던 것이다.

환멸을 느낀 플로키는 선원들 대부분을 남겨두고 여건이 되자마자 배를 타고 떠나버렸다. 노르웨이로 돌아온 그는 그 땅이 가치 없다고 전하면서 그곳을 '아이슬란드(Iceland, 얼음의 땅)'라고 불렀다. 하지만 그의 실패한 정착 시도와 기를 죽이는 전언도 누군가는 말리지 못한 모양이다.[3] 그가 돌아오고 1~2년 되었을 무렵 잉골푸르 아르나르손이라는 노르웨이인이 그 시도를 되풀이했고, 이번에는 드디어 성공을 거두었다.

오로지 바이킹 딱 한 명만이 아이슬란드에 매력을 느꼈다! 9세기의 이 유럽인에게 이 섬은 세계의 먼 끝에 자리한 장소였다. 북극권 바로 밑에 있는 아이슬란드는 주거가 가능하기야 했지만 간신히 그랬다. 이 섬의 서부, 남서부, 그리고 북서부 연안은 온화한 북대서양 해류(North Atlantic Drift)의 바닷물 덕분에 살기에 알맞았다. 하지만 연중 상당 기간 동안 피오르의 대부분과 연안 지방은 빙산과 부빙(浮氷)에 가로막혀 있었다.

빙산 탓에 그 섬에 접근하는 일은 위험천만했다. 바이킹 선원과 대서양 바닷물을 갈라주는 배의 두께는 약 2.5센티미터에 불과한 탓에 아주 작은 빙산도 선체를 뚫고 들어올 수 있었다. 게다가 그런 다음 어찌어찌 상륙을 한다 해도 배를 수리할 목재조차 없었다. 넓이가 약 10만 3000제곱킬로미터에 달하는 이 섬은 잉글랜드, 웨일스, 스코틀랜드의 일부를 합한 것보다 더 컸지만 대부분의 지역에서 나무가 자라지 않았다. 화산·눈밭·빙하로 이루어진 내륙의 광활한 중앙 평원은 너비가 약 500킬로미터에 달하는데 인간의 거주가 완전히 불가능한 곳이었다. 전체 육지 면적의 약 15퍼센트에 달하는 해안 지역만이 인간이 그럭저럭 살아갈 수 있는 곳이었다.

그 섬의 내륙을 처음으로 주의 깊게 살펴본 노르웨이인들은 아마도 자신들이 라그나로크를 앞당겨 보고 있는 것이라 생각했을지도 모른다. 그 마지막 전투에서는 원시적인 서리거인들과 불의 악마들이 풀려나와 세상을 얼음과 불의 황혼으로 몰아넣을 것이다. 화산과 빙하를 동시에 지니고 있으며 겨울이면 영원한 어둠이 이어지는 아이슬란드는 필시 다가올 사태를 미리 보여주는 것만 같았다.

이 섬은 지질 구조에서 북아메리카 판과 유라시아 판을 가르는 경계선으로 수많은 온천과 활화산을 만들어낸 대서양중앙해령(Mid-Atlantic Ridge) 상에 위치했다. 활화산은 규칙적으로 용암 덩어리를 내뿜어 빙하를 녹이고 섬 전역의 표면에 화산재를 분출했다.[4] 이는 결과적으로 식물의 성장을 가로막고 가축을 사육하려는 노력을 수포로 돌려놓았다. 가축이 화산재가 내려앉은 풀을 먹으면 황화물이 이와 잇몸을 상하게 해 대다수가 죽음에 이르렀다. 바이킹은 눈물을 머금고 가축을 도살하여 보관하지 않을 수 없었다. 한 해는 잘 먹었지만 이듬해부터는 쫄쫄 굶어야 했던 것이다.[5]

아이슬란드는 북대서양의 피오르 연안에서 살아남은 스칸디나비아인에게조차 초장부터 험난한 살풍경 자체였다. 이곳 생활은 정착한 모든 사람의 적극적인 협조를 요구했고 약한 자들은 무자비하게 도태시켰다. 나중에 다른 거주 지역에 정착한 어떤 사람은 "잘 적응하지 못한 자는 굶어 죽었다"고 표현했다.

바이킹이 아이슬란드를 찾아온 이유는 제각각이지만 대체로 두 가지 범주로 대별된다. 이들은 고향에서의 탄압을 피해 달아나는 중이거나—하랄 미발왕은 노르웨이에서 자신의 의사를 비타협적으로 관철시키느라 여념이 없었다—혹은 자유로운 땅에 대한 유혹을 떨쳐버릴 수 없었거나 둘 중 하나였다. 아니 보통은 그 두 가지 다이기 십상이었다. 최초의 영구 정착지를 건설한 잉골푸르 아르나르손은 어쩌다 유혈의 복수를 되풀이하는 싸움(바이킹 사이에서는 비참할 정도로 흔했다)에 휘말리게 되었고, 좀더 푸른 목초지로 도망칠 계획이었다. 큰까마귀 플로키가 다녀왔다는 섬에 관한 이야기를 전해 들었을 때, 그는 자신의 의붓형제와 아내를 비롯해 가족 전체를 이끌고 항해에 나섰다.

잉골푸르의 의붓형제 효를레이푸르(Hjörleifur) 역시 파란만장한 과거의 소유자였다. 그는 노르웨이에서 누군가를 살해한 뒤 고향에서의 분노가 잦아들 때까지 아일랜드에 가서 노략질이나 하며 살기로 결심했다. 그는 켈트족 노예 10명을 이끌고, 그리고 퍽 의심스럽기는 하지만 그가 라그나르 로드브로크의 것이었다고 주장한, 아일랜드의 어느 고분에서 찾아낸 칼을 하나 들고 돌아왔다. 그 칼이 유명한 것이든 아니든 간에 효를레이푸르에게 피해를 입었던 가족은 여전히 살기등등했다. 그는 어쩔 수 없이 아이슬란드로 떠나는 잉골푸르 무리에 합류해야 했다.

일행의 눈앞에 육지가 펼쳐지자 잉골푸르는 자신이 어디에 터를 잡을 지에 관한 선택권을 토르 신에게 맡기기로 했다. 그는 나무 말뚝을 두 개 챙겨갔는데, 이제 그것들을 배 밖으로 던져서 밀려오는 해안이 어디든 거기에 집을 짓겠노라고 맹세했다. 잉골푸르는 배를 해변에 정박해놓고 노예 두 명을 보내 말뚝을 찾아오도록 시켰다. 말뚝은 물살에 밀려서 남서 연안에 자리한 어느 피오르의 작은 만에 다다랐다. 그 만은 온천 부근에서 솟아나는 증기로 인해 뿌옇게 보였고, 따라서 잉골푸르는 그곳에 '연기가 자욱한 만'이라는 의미의 레이캬비크라는 이름을 지어주었다. 그는 그 장소에 자신의 집을 짓고 중앙 탁자 가운데에 놓인 본인의 의자 양쪽에 그 말뚝을 세워놓았다.

잉골푸르의 의붓형제 효를레이푸르는 그렇게 운이 좋지는 못했다. 그는 자신의 선택을 신의 변덕에 맡기지 않을 참이었고, 집을 짓기에 더 유망해 보이는 장소를 스스로 골랐다. 그런데 분명 좋은 장소를 골랐음에도 교만하게 군 데 따른 대가를 치르고 말았다. 얼마 안 돼 그의 노예들이 폭동을 일으켰을 때 이어진 교전에서 살해되고 만 것이다. 바이킹에게 이 교훈은 단순 명쾌했다. 신을 찬미하면 번성할 것이요, 신을 무시하면 패망할 것이다.

정착지의 선택은 이 초기 정착민들에게 종교적 의례가 되었으며, 이들 중 상당수가 잉골푸르를 본떠서 나무 말뚝을 해류에 맡겨 터 잡을 장소를 결정했다.[6] 이들 거의 대다수가 선택을 주관한다고 믿은 신은 토르였다. 토르는 바다의 폭풍우, 그리고 안개와 비와 하늘을 좌우하는 신이었다. 이는 기독교를 받아들인 이에게조차 예외가 아니었다. 10세기 초 아이슬란드인 '호리호리한 헬기(Helgi the Lean)'는 어떤 신을 숭배하느냐는 질문에 "육지에서는 그리스도를 숭배하지만 바다에서는 언제나 토르를 섬긴다"[7]고 답했다.

아이슬란드까지 무사히 여행하려면 토르의 도움이, 아니 적어도 상당한 정도의 행운이 따라야 했다. 노르웨이 서부 연안에서 아이슬란드까지 약 1000킬로미터의 거리를 이동하는 데는 7~10일이 걸렸다. 대개 셰틀랜드제도와 페로제도를 포함하여 여러 섬을 경유하는 경로로 폭풍우를 만나기 십상인 위험천만한 여정이었다.

이러한 여행에 사용된 배는 노르(Knörr)였다. 길이가 대략 24미터로 100여 명을 태울 수 있었다. 최초의 정착민들은 여행에 필요한 식수와 식량뿐 아니라 말·돼지·양·소, 그리고 농기구와 무기까지 챙겨갔다. 베어 쓸 수 있는 자작나무가 숲을 이루고 있었으므로 건축 자재를 따로 준비해 갈 필요는 없었을 것이다.

그곳은 척박한 땅이었지만 좋은 점이 아주 없지는 않았다. 연안 지역을 따라 초원이 드넓게 펼쳐져 있었고, 약탈자가 따로 없었으며, 사실상 해충들도 찾아보기 어려웠다. 바다표범·바다코끼리를 비롯한 포유동물이 풍부했고, 갈매기·바다오리·바다쇠오리 같은 바닷새가 연안에 둥지를 틀었다. 가까운 연안해에 북대서양 대구가 바글거렸으므로 그 물고기를 잡아서 자르고 얼려 멀리 항해를 떠날 때 식량으로 삼을 수 있었다. 과일·곡물·채소는 모두 수입을 통해 들여와야 했다. 이것은 바이킹이 끝끝내 풀지 못한 숙제였지만, 나름대로 애를 쓴 결과 일부 좋은 자생에 성공하기도 했다.

아이슬란드의 정착민인 '생각 깊은 아우드'는 그 사회에서 여성이 지닐 수 있는 힘이 어느 정도인지 잘 보여주었다. 그녀는 무골 이바르와 함께 더블린을 지배한 백색 올라프의 아내였다. 그녀는 남편과 아들이 죽자 20명을 모아 배에 태우고 직접 선장 역할을 하면서 선원과 화물을 무사히 상륙시키는 놀라운 위업을 이루어냄으로써 크게 칭송받았다. 아이슬란드에 도착한 아우드는 드넓은 땅을 달라고 요구하고, 노예를 풀어주고, 본인의 재산을 그들과 고루 나누어 가졌다. 그녀는 자신의 집에서 회의를 주재하거나 연회를 베푸는 등 씨족장 같은 역할을 했다. 사람들로부터 얼마나 존경받았는지 드러내주는 것으로, 그녀는 죽고 나서 완전한 바이킹 배와 함께 묻혔다. 당시 유럽에서는 그 어느 곳에서도 여성에게 땅을 지배하는 것은 고사하고 소유하는 것조차 허용하지 않았다.

제한적이긴 하지만 이처럼 평등한 분위기가 조성될 수 있었던 것은 혹독한 자연 조건 탓에 강인하고도 독립적인 사회가 이루어진 덕분이었다. 정착민들 대부분은 무엇을 하도록 지시받는 상황이 싫어서 뛰쳐나온 자들인 만큼, 자신들이 찾아낸 이 자유로운 섬에 새로운 전제 정체가 들어서기를 원치 않았다. 일군의 개척자들은 인간 생존 가능권의 맨 가장자리에 공화국을 건설하기 위해 놀라운 실험을 전개했다. 도시도 마을도 군대도 세금도 왕도 없었고 사실상 정부도 없었다. 오직 듬성듬성 떨어져 있는 농장에서 적게는 15명, 많게는 수백 명 되는 집단이 함께 대가족을 이루고 있었을 뿐이다.

개인 간에 중재가 필요하면 양측이 그 지역의 고티에게 의견을 구했다. 고티는 명성, 전통적 법규에 대한 해박한 지식, 그리고 너그러운 인품 같은 이유로 존경받는 인물이다. 그는 존경받기는 하지만 족장은 아니었다. 아이슬란드인은 전제주의가 서서히 자라나지나 않을까 신경을 곤두세웠고, 그것을 단호히 배격하고자 했다. 고티는 왕도 귀족도 아니고 그 지위가 세습되지도 않았다. 만약 주어진 일을 적절히 수행하지 못하면 고티는 다른 인물로 대체되었다. 농부도 귀족도 따로 없었다. 모든 이들이 자유롭고 평등했다.[8]

어느 지역에서 집단적으로 결정을 내려야 할 때면 고대 게르만족처럼 싱(Thing, 민회)이라는 방식에 따랐다. 아이슬란드의 자유민은 집회에 모여 투표를 했고, 대다수는 그 일을 썩 잘해냈다. 만약 외교 정책을 펼칠 필요가 있거나 섬 전체에 영향을 미치는 결정을 내려야 할 때면 알싱이라는 최고 의결 기구를 열었다. 각 농장마다 대표를 한 명씩 보내 투표를 통해 결론을 내리는 형태였다.

그들에게 그래도 가장 전국적인 인물이라 할 만한 존재는 각별히 존경받는 고티로서 3년 임기로 선출된 '법 대변자(Lawspeaker)'였다. 그는 매년 알싱의 특별한 바위 위에 올라서서 혹시라도 실수하지 않도록 하기 위해 자신을 둘러싼 다른 고티들과 함께 아이슬란드의 법률 3분의 1을 소리 내어 암송했다. 농장에 정착하거나 결혼을 하거나 사업적 계약을 맺는 일을 알리고자 하는 아이슬란드인은 누구든 자유민들이 모인 이곳에서 그렇게 해야 했다.

이들이 법률 전체를 외운다는 것은 아이슬란드의 법률이 꽤나 단순하다는 것과 아이슬란드인의 기억력이 좋다는 것을 동시에 말해준다. 기나긴 북극의 밤을 보내면서 얻은 재주였을 것이다. 이들은 시간을 보내기 위해 재미있는 이야기를 지어내는 것 말고는 달리 할 일이 없었다. 바이킹 시대에 아이슬란드가 주로 수출하던 품목은 바로 그들의 시였다. 스칼드(Skald)라 불리는 아이슬란드 음유시인은 바이킹 영웅 이야기에 활력을 불어넣는 능력으로 유명해졌다. 왕이나 장래의 모험가는 누구라도 본인의 집에 자기 공적을 널리 알려줄 스칼드를 한 명씩 두어야 했다. 수많은 아이슬란드인은 스칸디나비아 전역에 본인들의 이야기를 널리 알림으로써 명성, 그리고 심지어 부까지 얻을 수 있었다.

아이슬란드는 보유 자원이 별로 없었지만, 오직 바이킹만이 버텨낼 수 있는 사회를 일구었다. 내륙으로의 여행이 몇몇 장소에서는 가능하지 않았으므로, 오직 연안 주변을 항해하는 식으로만 서로 접촉하거나 상호 간의 결속을 유지할 수 있었다. 삶은 분명 녹록지 않았으나 자율적인 사회라는 개념은 더할 나위 없이 매력적이었다. 아이슬란드는 하찮은 노르웨이인이나 아일랜드의 바이킹이 정착해서 귀족처럼 살아갈 수 있는 멋진 땅으로 떠오를 가능성이 있었다. 게다가 이 섬에 정착하면 사나운 앵글로색슨족이나 켈트족 적과 싸우면서 죽거나 다치는 위험을 감수하지 않아도 되었다. 아이슬란드는 불과 한 세대 만에 인구가 크게 늘었다.

잉골푸르 아르나르손이 정착한 때로부터 50년이 지났을 즈음 아이슬란드의 인구는 약 1만 명으로 불어났고, 더 이상 개척할 만한 땅도 남아 있지 않았다. 아이슬란드는 특히 노르웨이 망명자에게 인기 있는 종착지로서의 위상을 지켜갔다. 하지만 초기의 유망함은 점차 전만 못해졌다. 남성들은 다시 바다로 나가기 시작했다. 아마도 물고기를 잡기 위해서였을 텐데, 해안에서 점점 더 멀리 나가게 되면서 발견의 역사가 뒤따랐다. 저 멀리 서쪽으로 설핏 보이던 안개에 휩싸인 거대한 땅덩어리가 서서히 윤곽을 드러내기 시작했다. 게다가 아이슬란드라는 개척자의 사회조차 너무 갑갑하다고 느끼는, 잠시도 가만히 있지 못하는 남성들 부류도 있었다. 이들에게 서쪽 세계는 도저히 떨치기 힘든 유혹이었다.

13

웨스턴아일스와 그린란드

"새로운 길을 발견했을 때는 탐색해보는 게 최선이다."
—현자 새문드의 《에다》

북서쪽으로 더 멀리 있는 섬들, 즉 웨스턴아일스를 발견한 과정은 아이슬란드의 경우와 매우 흡사했다. 9세기 초에 최초로 이 새로운 땅을 발견한 바이킹은 노르웨이인 군비요른 울프손(Gunnbjørn Ulfsson)이었다고 전해진다. 그는 노르웨이에서 아이슬란드로 항해하던 중 풍랑을 만났고, 오랜 여정 끝에 전에는 알려지지 않은 바위섬들을 보게 되었다. 그는 거기에 자신의 이름을 따서 '군비요른의 바위섬(Gunnbjørn's skerries)'이라는 이름을 붙여주었다. 그리고 그 서쪽으로 훨씬 더 큰 땅덩어리를 발견했다. 그러나 그가 그 사실을 알렸어도 아무도 관심을 기울이지 않았다. 여전히 이용할 만한 땅인 아이슬란드에 만족했기 때문이다.

거의 1세기 뒤 아이슬란드는 최소한 바이킹의 눈으로 볼 때 너무 과밀해졌다. 978년 스내비요른 갈티(Snæbjörn Galti)는 아이슬란드를 떠나 군비요른이 보았다는 수수께끼 같은 땅을 찾아가서 가능하다면 정착하겠노라고 결심했다. 선원을 끌어 모은 그는 저 너머의 땅에 관한 정보를 얻기 위해 일단 '군비요른의 바위섬'으로 항해를 떠났다. 이때쯤 이 바위섬들에는 복작대는 아이슬란드에서 벗어나고자 한 소수의 사람들이 살고 있었는데,[1] 이들 역시 서쪽에 분명 뭔가가 있다고 확신하고 있었다.

스내비요른의 집요함은 끝내 결실을 맺었다. 며칠 동안 항해하던 그가 마침내 스칸디나비아를 모두 합한 것보다 더 큰 화산섬 그린란드의 동부 연안에 닿은 것이다. 그는 여기에 정착지를 세웠는데, 거의 그와 동시에 재난이 닥쳤다. 그가 선택한 장소는 험악한 지역이었다. 그린란드의 동부 연안은 대체로 인간이 거주하기에 부적합했던 것이다. 하지만 그보다 정착민들이 이내 내홍에 휘말리면서 서로가 서로를 향해 으르렁거리게 된 상황이 가져온 피해가 더 컸다. 정확한 내막은 알 길이 없지만 어쨌거나 폭력적인 설전이 이어진 끝에 양측이 무기를 꺼내 들었고, 그 다툼에서 스내비요른이 살해되었다. 지도자가 사라지자 정착지는 붕괴되었고 오직 두 명만이 그 난리 통에서 살아남아 간신히 아이슬란드로 돌아갔다.

그린란드에서의 정착 시도는 참담한 실패로 돌아갔지만, 새로운 땅이 틀림없이 존재하며 그곳은 아이슬란드에서 찾아갈 만한 거리에 있다는 사실이 드러났다. 불과 4년 뒤 이루어진 두 번째 시도는 성공적이었다. 이번에 그 탐험을 이끈 자는 성미가 급한 노르웨이인 에리크 토르발드손(Erik Thorvaldsson)이다. 붉은 머리 에리크라는 이름으로 더 잘 알려진 인물이다. 무자비함은 아마도 그 가문의 피를 타고 흐르는 기질이었던 듯싶다. 그의 아버지 토르발드(Thorvald)는 살인을 저질렀다는 이유로 노르웨이에서 추방당했다. 에리크 역시 몇 년 뒤 '몇 차례의 살인'을 범하고 쫓겨남으로써 가족의 전통을 이었다. 그는 피난처를 찾아 아이슬란드로 도망쳤고, 정착했으면 하는 바람으로 북서쪽 연안의 농가 한 채를 차지했다.

하지만 에리크는 가는 곳마다 말썽을 일으키는 것 같았다. 그가 처음 머물게 된 농장에서 그의 노예 두 명이 부주의로 산사태를 일으켜 이웃의 재산에 얼마간 손해를 끼치게 되었다. 손해 배상 요구가 잇따르자 그는 '불결한 에이욜프(Eyjolf the Foul)'라는 남성을 살해하고 또다시 달아났다. 이번에는 아이슬란드 연안해에 자리한 여러 섬 가운데 하나에 정착했다. 에이욜프의 친척들이 찾아오기 힘들 만큼 안전한 곳이었다.

에리크가 새롭게 차지한 농장은 처음 것보다 훨씬 더 험악했다. 그는 얼마 지나지 않아 다시 싸움에 휘말렸고, 이번에는 이웃뿐 아니라 그 아들들까지 살해했다. 결국 에리크는 그 일로 3년 동안 추방당하기에 이른다.[2]

추방당하기를 밥 먹듯 하던 에리크로서는 이제 달리 도망갈 곳도 없었다. 그러니만큼 법이 존재하지 않는 새로운 장소를 찾아내야 했다. 그는 스내비요른의 배를 사들였고, 그린란드에서 간신히 살아 돌아온 두 선원의 도움을 받아서 서쪽으로 항해를 떠났다. 옛 선원들은 용케 자기네가 과거에 갔던 경로를 되밟을 수 있었고, 에리크는 3년간의 추방 생활을 그곳 연안을 탐험하면서 정착하기에 알맞은 곳을 물색하는 데 썼다. 그는 지금의 페어웰(Farewell)곶에 해당하는, 얼음으로 뒤덮인 그곳의 남단을 돌아가는 동안 위도가 아이슬란드와 거의 비슷한 서쪽 연안에서 거주하기에 알맞은 피오르를 두 군데 알아냈다.

에리크는 해빙에 막혀서 그 섬을 빙 둘러 항해하지 못했던지라 아마도 자신이 섬에 닿았다는 사실은 깨닫지 못한 것 같다. 하지만 거기에 인간이고 동물이고 간에 자신들을 공격할 만한 존재란 없음을 알아차렸다.[3] 무리 없이 정착지를 건설할 수 있다고 확신한 그는 다시 아이슬란드로 돌아가서 정착민을 모집하기 시작했다.

모든 훌륭한 세일즈맨이 그렇듯이 에리크도 광고의 가치를 잘 알고 있었다. 그래서 좀더 매력적으로 들리게 하려고 그 새로운 땅을 '그린란드 (Greenland)'라고 불렀다. 그의 광고는 마치 거짓말처럼 먹혀들어서 500명이 넘는 아이슬란드인이 여행에 합류하겠다고 나섰다. 이는 적어도 부분적으로는 에리크가 설득력이 있었기 때문이기도 하고, 또 그가 그린란드에 물고기와 가금류가 풍부하다고 설레발을 쳤기 때문이기도 하다. 아이슬란드에서 좋은 땅을 차지하던 호시절은 옛일이 되어가고 있었던지라 주인 없는 땅을 소유할 수 있다는 말에 솔깃하기도 했을 것이다. 아이슬란드는 최초의 생태학적 재앙의 조짐을 서서히 드러내기 시작했다. 정착민들이 점점 더 많은 목초지를 확보하느라 숲의 자작나무를 몽땅 베어버렸던 것이다. 삼림 벌채로 인해 해안에서 떨어져 있는 고지대가 침식되기 시작했다. 그곳에는 새로운 땅이 없었을 뿐 아니라 토질이 악화하면서 새로 지은 농장 일부가 망가졌다.

985년 에리크는 신천지에서 새로운 삶을 시작하는 데 필요한 물건을 잔뜩 실은 배 25척을 끌고 출발했다. 험난한 여정이었다. 동행한 이들은 폭풍우가 몰아치는 바다를 건너는 1600킬로미터의 항해에 모든 것을 걸었다. 25척 가운데 18척이 그린란드에 도착하는 데 성공했다. 하지만 마침내 해안으로 배를 끌고 올라간 그들의 낯빛에는 실망한 기색이 역력했다.

이제야 그들은 그 장소에 대해 에리크의 허풍이 과했다는 사실을 알아차렸다. 아이슬란드가 가까스로 거주할 수 있는 곳이라면, 그린란드는 아예 드러내놓고 적대적인 곳이었다. 대부분이 북극권 위쪽에 자리한 그린란드는 바이킹이 생존 가능한 권역의 맨 가장자리에 자리하고 있었다. 땅이 한량없이 넓기는 하지만—그린란드는 면적이 대략 216만 6000제곱킬로미터로 지상에서 가장 큰 섬이다—대개의 지역이 살아갈 수 없는 곳이었다. 방대한 빙하가 섬의 내륙을 뒤덮고 있어서 음산한 연안 지대가 겨우 80킬로미터가량 펼쳐져 있을 따름이었다. 그곳에서는 수목도 철 같은 광물도 찾아보기 어려웠으며, 따뜻한 시기가 너무 짧아서 밀을 비롯한 주식 작물이 자랄 수도 없었다. 만약 중요한 생활용품이 떨어지면 아이슬란드에서 수입해오지 않으면 안 되었다. 10세기에는 그렇게 하기가 어려웠고 또 그리 미덥지도 않았다.

다행히 거기에는 먹거리를 보충하는 데 사용할 수 있는 바다 동식물이 풍부했다. 게다가 바다표범의 가죽, 바다코끼리의 상아, 북극여우·북극토끼·북극곰의 털 같은 사치품을 소량이나마 거둬들일 수 있었다. 이 물건들은 바이킹 본국의 시장에서 인기가 많았고, 유럽 대륙의 중심지까지 팔려나갔다.

에리크 일행의 정착은 출발이 좋았다. 그는 정확히 어디로 가야 하는지 알고 있었던 것으로 보아 아마도 추방당한 3년 동안 자신에게 알맞은 정착지를 미리 정해놓은 것 같다. 에리크는 여러 긴 피오르의 어귀에 본인의 농장을 짓고, 그 농장을 '가파른 비탈'이라는 의미의 브라타흘리드라고 불렀다. 더없이 아름다운 사유지였다. 적절한 이름이 붙은 에리크스피오르(Eriksfjord)의 강둑이 차가운 북극해를 막아주는 브라타흘리드에는 오늘날에도 그린란드에서 최고로 꼽는 농장이 몇 개 들어서 있다. 이 피오르에는 지협과 섬이 복잡하게 얽혀 있어 풍부한 초원의 풀밭에서 바이킹의 부를 상징하는 가축들을 기를 수 있었다. 에리크를 중심으로 정착민들이 서서히 자리를 잡아나갔다.

관개를 이용하여 작물을 방한 처리하는 것 같은 바이킹식의 똑똑한 몇몇 혁신에 힘입어 그 정착지의 거주민은 마침내 4000명으로 불어났다.[4] 어찌나 많은 사람들이 정착하겠다고 찾아왔던지 이들은 북서쪽으로 270킬로미터쯤 떨어진 곳에 두 번째('서부') 정착지를 건설하기로 결정했다.[5] 에리크는 자연스럽게 '동부' 정착지의 고티로 선출되었고, 섬 전체를 아우르는 '싱(민회)'을 개최할 수 있는 회의장을 브라타흘리드에 지었다.

날씨가 따뜻해져서 돌아다니기가 한결 수월해지는 여름철 몇 달 동안에는 일부 정착민이 바다코끼리, 바다표범, 해변에 쓸려온 고래 따위를 잡으러 북쪽으로 약 1600킬로미터를 나갔다 돌아오기도 했다.[6] 이러한 항해를 통해 거두어들인 수확은 정말이지 쏠쏠해서 바다 여행의 변덕에도 불구하고 에리크는 큰 부자가 되었다.

아이슬란드와 노르웨이로 돌아가는 여행은 빈번하다고는 볼 수 없었지만 적잖은 배들이 양쪽으로 항해를 다닌 결과 쌍방 간의 접촉이 유지되었다. 스칸디나비아를 떠났으나 아이슬란드가 너무 과밀하다는 것을 깨달은 이민자들이 꾸준히 생겨났을 뿐 아니라 방문하기 위해 찾아온 친척들, 혹은 그린란드 생활을 청산하고 고향으로 돌아가는 이들도 있었다.

에리크 자신은 그린란드를 두 번 다시 떠나지 않았지만, 그의 자녀들은 아버지의 역마살을 물려받았고, 자기네 본국으로 여러 차례 여행을 다녀왔다. 그는 아내 쇼드힐더(Thjodhildr)와의 사이에 최소 아들 셋을 두었는데, 그중 맏이 레이프(Leif)는 999년 여름 그린란드와 노르웨이를 오가는 위험천만한 여행을 감행했다.

레이프가 노르웨이를 방문한 목적은 잘 알려지지 않았지만 그는 아내도 데리고 갔다. 아마 노르웨이에 정착할 심산이었을 것이다. 레이프는 용케 올라프 트리그바손 왕을 보필하는 경호원의 임무를 맡게 되었다. 올라프 왕은 마침 그런 사람이 필요하던 참이었다. 노르웨이에 강압적으로 기독교를 뿌리내리게 하려는 운동을 한창 전개하고 있어서 저항이 만만치 않았기 때문이다. 올라프 왕은 결국 기독교를 안착시키려는 시도에 실패했을뿐더러 목숨까지 잃었지만, 딱 한 사람만큼은 중요한 개종자로 바꿔놓았다. 999년 겨울의 어느 때쯤 레이프는 새로운 기독교를 받아들였고, 아내와 함께 세례를 받았다.

올라프는 죽기 전에 레이프에게 전도사 자격으로 그린란드로 돌아가서 기독교를 전파해달라고 설득했다. 레이프는 동의했지만 돌아가는 여행길에 풍랑을 만나 완전히 길을 잃었다. 바람이 잠잠해지고 안개가 걷혔을 때 그의 눈에 육지가 들어왔다. 그런데 자신이 기대했던 삭막한 암석 해안이 아니라 숲이 우거진 언덕이 보여서 일순 당황했다. 그는 자신이 그린란드의 서쪽 어디쯤에 있다는 사실을 깨달았고, 방향을 돌려 다시 반대쪽으로 항해했다. 레이프 에리크손은 부지불식간에 신세계를 설핏 본 것이다.

하지만 그즈음 레이프가 관심을 기울인 것은 사후 세계였다. 그는 브라타흘리드에 도착한 뒤 동부 정착지에서부터 개종 작업을 펼쳐나가기 시작했다. 레이프는 자기가 전하는 바를 청중들이 열심히 듣는다는 사실을 확인했지만, 이러한 성공은 그의 가족이 분열되는 대가를 치렀다. 레이프의 어머니 쇼드힐더는 독실한 기독교도가 되었지만, 교만한 이교도인 아버지 붉은 머리 에리크는 기독교라면 치를 떨었다. 쇼드힐더가 브라타흘리드에 교회를 하나 세우고, 남편에게 믿고 있는 신들을 포기하지 않으면 더 이상 잠자리를 하지 않겠다고 선언하면서—사가들이 "그의 화를 엄청나게 돋우었다"고 소개한 일이다—긴장감은 한층 고조되었다.[7]

가족 관계에는 다행스럽게도 레이프는 종교 논쟁으로부터 다른 곳으로 주의를 환기시키는 새로운 안을 하나 발표했다. 서쪽에 아직 발견하지 못한 땅이 하나 있었고, 그는 그곳을 탐험하러 나설 생각이었다. 레이프는 아버지에게 함께 가자고 청했다. 그린란드에서 거둔 에리크의 성공은 그를 행운의 상징으로 만들어놓았다. 하지만 이미 건강이 나빠지고 있었던 아버지는 거절했다.[8]

레이프 에리크손이 아메리카 대륙을 발견한 최초의 바이킹은 아니었다. 그 영광은 그린란드에서 두 번째로 부유한 주민 헤르욜프(Herjólf)의 아들 비야르니 헤르욜프손의 몫이었다. 헤르욜프는 초창기 그린란드 정착민 가운데 하나로 아이슬란드에서 에리크의 절친한 친구였다. 그는 아이슬란드에서 제힘으로 성공했지만, 아들 비야르니에게 아이슬란드에 같이 가자고 설득할 수가 없었다. 모르긴 해도 비야르니가 이미 노르웨이에서 상인으로 성공했으며, 과밀한 섬에 가서 새로운 삶을 시작할 뜻이 없었기 때문일 것이다. 하지만 비야르니는 매년 부모님을 방문하기로 약속했고, 그 약속을 충실히 지켜온 것으로 보인다. 하지만 986년, 연례적인 방문차 아이슬란드를 찾은 비야르니는 아버지의 자취를 찾을 수가 없었다. 그린란드로 떠났다는 소문만 무성했을 뿐이다.

비야르니는 지체 없이 아버지를 따라가기로 마음먹었지만 심각한 항해 문제에 부딪혔다. 그도 그렇고 아이슬란드의 어느 누구도 그린란드라는 곳을 가본 적이 없었다. 서쪽에 있다는 막연한 사실만 안다 뿐 어떻게 가는지조차 몰랐다. 지도도 나침반도 없고, 그곳의 정착지가 어떻게 생겼는지에 관해 전해 들을 도리도 없었다. 그럼에도 비야르니는 자청하고 나선 선원들과 함께 길을 나섰고, 놀랄 것도 없이 완전히 길을 잃고 헤맸으며 목표 지점을 지나쳤다.

그가 얼핏 본 육지의 모습은 나무로 뒤덮인 구불구불한 언덕이었다. 그가 찾는 곳이 아님을 분명하게 말해주는 광경이었다. 아이슬란드에 익숙하고 그린란드를 찾고 있는 이들에게 그처럼 숲이 우거진 광경은 생소한 것이었다. 해변 가장자리부터 저 멀리 완만하게 경사진 언덕까지 보이는 곳마다 끝없이 이어진 울창한 숲이 광대한 초록빛 양탄자를 이루었다. 노르웨이인들은 그곳에 '숲의 땅'이라는 의미의 마크란드(Markland)라는 이름을 붙였다. 그리고 내려서 탐험해볼 생각은 하지 않고 다시 북쪽으로 항해를 계속했다.[9]

이들은 희한하게 생긴 평평한 돌이 수없이 많은 어느 섬에 도착했다. 돌은 어찌나 큰지 두 남성이 길게 이어서 누워도 끝까지 닿지 않을 정도였다. 보이는 생명체라고는 해안에 가까워질 즈음 배 안에서 쏜살같이 빠져나온 북극여우 몇 마리가 다였다. 바이킹은 이곳을 '평평한 돌의 땅'이라는 의미의 헬룰란드(Helluland)라고 불렀다.[10]

비야르니는 부모님을 찾느라 바빴으므로 그 섬을 탐험하는 것 역시 허락하지 않았다. 이번에는 우호적인 동풍을 타는 바람에 항해가 순조로웠다. 일행은 마침내 나흘 뒤 그린란드에 도착했다. 비야르니는 아버지와 재회했고—아마도 그 끔찍한 여정을 또다시 되풀이하고 싶은 마음이 없어서였을 텐데—그린란드에 아예 눌러살기로 작정했다. 서쪽의 새로운 땅에 대한 이야기가 호기심을 불러일으키긴 했다. 하지만 처음에는 아무도 그 땅을 찾아 나서는 데 관심을 기울이지 않았다.

심지어 비야르니 자신조차 아무 아쉬움도 없이 그 문제를 그냥 접어버렸다. 그는 교역하는 사람이지 탐험하는 사람이 아니었다. 화물이나 이윤을 남기는 데 관심이 있었다 뿐 식민지를 건설하고 토착민을 상대로 싸우는 일은 알 바가 아니었다. 나중에 아버지가 사망하자 그는 아버지의 재산을 물려받았고, 농사를 지으면서 살기로 결심했다.

10년 뒤, 레이프 에리크손이 서쪽으로 항해에 나서겠다는 심중을 내비쳤을 때에도 비야르니는 여전히 그와 동행할 뜻이 없었다. 하지만 레이프에게 자신의 배를 팔았고 자신의 선원 가운데 살아남은 자들을 그와 연결해주기는 했다. 선원 대부분은 탐험에 합류하겠다고 나섰다.[11] 다해서 35명이었는데, 배 한 척에 타기에는 상당히 많은 인원이었다. 이는 탐험여행으로, 한편 정착지를 건설하기에 적합한 장소를 물색하기 위한 것이기도 했고, 더욱 중요하게는 원자재를 확보할 원천을 찾기 위한 것이기도 했다. 그 땅이 정말 비야르니의 말마따나 나무가 우거진 곳이라면, 그린란드가 겪고 있는 자원 부족 문제를 일거에 해결해줄지도 몰랐다. 레이프는 깨닫지 못했는지 몰라도 그린란드 정착민의 생존 역시 위태로웠다.

14

빈란드

"또 다른 사람의 고통이 경고가 될지니……."

– 날의 사가

레이프가 찾고 있던 땅은 애를 태울 만치 가까웠다. 화창한 날이면 서부 정착지에서 가장 높은 산 위에 올라, 어느 쪽을 봐야 하는지 안다는 가정 하에, 아북극의 잿빛 하늘에서 북아메리카 대륙을 뒤덮은 짙은 뭉게구름을 볼 수도 있었다. 바이킹으로서는 아이슬란드로 돌아가는 것보다 그리로 도항하는 것이 한결 쉬웠을 테고, 레이프는 그 길을 알고 있는 베테랑을 두고 있다는 이점도 있었다.

레이프는 비야르니가 갔던 경로를 거꾸로 항해하기로 결심했다. 과거에 그 항해에 동행한 선원들은 당시의 길을 되밟는 데 아무런 고충도 없었고, 레이프 일행은 단 며칠 만의 순조로운 항해 끝에 헬룰란드 연안해에 닻을 내렸다. 이들은 해안으로 올라왔지만, 잠깐 일별한 뒤 그 땅이 적합하지 않다는 것을 깨달았다. 풀 한 포기 자라지 않았다. 아니 어떤 종류의 식물도 보이지 않았다. 그저 완만하게 경사진 점판암 언덕이 펼쳐져 있고 그 너머로 밀리 빙하가 눈에 띌 뿐이었다. 이들은 그 빙하를 얼음산이라고 불렀다.[1]

배로 돌아온 레이프 일행은 간단한 토론 끝에 더 나은 땅을 만날 수 있는지 알아보기 위해 남쪽으로 항해하자고 뜻을 모았다.[2] 이들은 그 남서쪽 마크란드에서 숲이 울창한 언덕과 흰 모래 해변을 보기는 했지만 역시 멈추지 않고 항해를 계속하기로 했다. 이틀 뒤 섬을 하나 발견한 이들은 날씨가 좋았던지라 해안으로 올라갔다. 꽁꽁 얼어붙은 해안에 익숙해 있던 이들의 눈에는 초록의 야생풀이 드넓게 펼쳐진 섬의 풍경이 반갑기 그지없었다. 너무나 오랫동안 배 한 척에 꼼짝없이 갇혀 지내던 남성들은 흥분하면서 내달렸다. 거기에서 이슬을 맛본 레이프 일행은 이처럼 달콤한 이슬은 일찍이 없었노라고 소리쳤다.

이들은 배를 끌어 올리기에 안전한 해안임을 확인하자마자 해먹을 챙겨서 내린 다음 막사를 짓기 시작했다. 가을의 시작에 불과했지만 이들은 거기서 겨울을 날 작정이었다. 레이프는 체계적으로 주변 땅을 탐험할 계획을 짜보자고 제안했다. 계획의 대략적인 얼개는 이랬다. 일행을 16명으로 구성된 두 집단으로 나누고 레이프는 양쪽에서 중간 역할을 하기로 한다, 매일 두 집단 중 하나가 다른 방향으로 나가고 나머지 집단은 막사에 남는다, 유일한 규칙이라면 당일에 돌아올 수 없을 정도로 멀리까지 나가지 않을 것과 무슨 일이 있어도 흩어지지 않을 것이었다.

아마도 오늘날의 뉴펀들랜드섬이지 싶은 그곳은 차고 넘칠 만큼 풍요로웠다. 수목이 한정 없이 펼쳐져 있었고, 강에는 연어가 그들이 전에 본 것보다 크기도 크고 수도 더 많았다. 숲에는 사냥감이 가득했다. 겨울철도 더 온화한 것 같았고 ― 레이프는 서리가 내리지 않는다고 주장했다 ―
농장의 가축을 얼마든지 먹여 살릴 만큼 야생 목초지가 드넓게 드리워 있
어 건초를 따로 마련할 필요도 없었다. 무엇보다 놀라운 점으로 그들은
이곳에서는 겨울에 아이슬란드나 그린란드보다 해가 떠 있는 시간이 더
길다는 사실을 알아차렸다. 즉시 이용해도 좋을 만큼 비옥한 땅이었던 것
이다.

하지만 가장 흥미진진한 발견은 레이프 일행이 일상의 틀을 잡고 안
주하게 된 이후 이루어졌다. 어느 날 저녁 레이프의 수양아버지 티르커
(Tyrker)가 무리에서 벗어나 길을 잃었다는 사실이 드러났다. 깜짝 놀란 레
이프는 즉시 12명으로 수색대를 꾸렸는데, 이들이 막 나서려 할 때 티르
커가 돌아왔다.

티르커는 분명 기분이 좋았고 뭔가를 발견했노라고 우쭐거렸다. 그는
모종의 야생 밀이 자라고 있는 사실을 확인했을 뿐 아니라 우연히 '붉은
가시딸기(wineberry)'도 발견했다. 그가 사용한 붉은가시딸기라는 단어는
전통적으로 포도로 받아들여졌다. 그렇게 높은 북위도에서는 포도가 자
라지 않는지라 그 단어를 들은 이들은 어리둥절했다. 하지만 바이킹은 산
딸기류(berries)를 뭉뚱그려 붉은가시딸기라고 부르는 경향이 있었다. 티르
커가 발견한 것은 아마도 크랜베리(cranberry) 아니면 구스베리(gooseberry)
였을 것이다. 어느 쪽이든 간에 그 노르드인은 즉각 그 열매를 발효시켜
독한 와인을 만들기 시작했고, 자기 자신과 자신들이 새로운 발견을 한
사실에 축배를 들면서 취기에 젖었다.

이때부터 이들의 관심은 집으로 가져오기 위한 보급품을 모으는 것으
로 달라졌다. 두 집단은 더 이상 탐험에 나서지 않았다. 대신 한 집단은

베리를 따러 다니고 다른 집단은 나무를 베어 배에 실었다. 레이프가 이곳에서 자라는 베리의 이름을 따서 빈란드(포도의 땅─옮긴이)라 부른 이 신천지는 그린란드, 심지어 아이슬란드보다 훨씬 더 근사한 곳이었다. 이곳은 울창한 땅인 데다 분명 아무도 살고 있지 않았다.

이들은 최대로 가져갈 수 있는 목재와 베리를 배에 미여터지게 싣고 노를 저어 떠나갔다. 며칠 동안은 순풍을 타고 순조롭게 항해했다. 그린란드 연안해의 바위섬들에 다가갔을 때, 레이프는 바위에 들러붙은 사람을 몇 명 발견했다. 좀더 가까이 배를 댄 그는 그자들이 아이슬란드에서 탈주한 선원들인데 그린란드를 지나쳐서 그 위험천만한 암석에 난파했다는 사실을 알게 되었다. 어쨌든 간에 레이프는 생존자 15명을 배에 실었으며, 그들의 남은 화물을 챙겨오기까지 했다.

이들은 레이프에게 발견될 당시 살아남으리라는 희망을 거의 접은 상태였다. 그린란드에는 정착민의 수가 비교적 적었고, 지금 본인들이 있는 쪽으로 항해하는 사람이 존재할 리 만무했으며, 누군가 자기들이 난파한 작은 바위섬을 우연히 발견하게 될 가능성도 희박했던 것이다. 이 선원들은 망망대해에서 불시에 나타나 시시각각 줄어들고 있는 생존 가능 시간 안에 도착해준 레이프가 어찌나 고마웠던지 그에게 '행운의 레이프(Leif the Lucky)'라는 별명을 지어주었다. 그리고 그 이야기를 그린란드 전역에 사방팔방 퍼뜨렸다.

레이프는 분명 돌아가서 정착지를 건설할 계획이었지만 기회가 없었다. 그 전의 어느 때쯤 아마 겨울이었지 싶은데, 아버지 붉은 머리 에리크가 사망했다. 이유가 무엇이었는지는 약간 의문이 있지만, 1002년 아이슬란드에서 갓 건너온 일부 정착민이 전염병을 옮아왔고, 에리크도 그로 인해 숨진 수많은 희생자 가운데 하나였던 것 같다. 정착지는 지도자가 필요했고, 레이프가 자연스럽게 후보로 떠올랐다. 레이프는 지도자로서 요구되는 의무를 챙기느라 서쪽으로 새로 여행을 떠날 수 없었다. 결국 그는 두 번 다시 북아메리카 연안 땅을 밟아보지 못했다. 더 많은 땅을 탐험하고 개척할 책임은 그의 형제들 몫으로 돌아갔다.

레이프는 그 책임을 넘겨준다는 신호로 남동생인 토르발드에게 자신의 배를 주었다. 토르발드는 원정에 나설 지원자를 모집했다. 아버지나 형만큼 카리스마를 지니지는 못했던 그는 100명 정도를 모았을 뿐이지만, 탐험에 나설 때 포부가 자못 컸다.

처음에는 모든 것이 순조로웠다. 토르발드는 형 레이프가 전에 만들어 놓은 막사를 별 어려움 없이 찾아냈다. 그리고 거기에서 물고기를 잡거나 목재를 잘라 모으며 겨울을 지냈다.[3] 그는 봄이 오자 배에 필요한 물건을 갖추고 정착하기에 알맞은 장소를 조심스럽게 물색하면서 섬의 서쪽 연안을 탐험하기 시작했다. 그런데 연안에서 얼마 떨어지지 않은 바다 위의 어느 섬을 살펴보던 그는 곡식을 저장하는 데 쓰였으리라 짐작되는 목조 오두막을 하나 발견했다. 틀림없이 바이킹의 목공 솜씨는 아니었지만, 좌우간 그것 말고 인간이 살아가고 있음을 보여주는 다른 자취는 없었다. 그래서 토르발드 일행은 본인들의 막사로 돌아갔다. 오두막을 발견한 것은 약간 신경 쓰이는 일이었다. 그들에 앞서 누군가 이 땅을 발견했음을 분명하게 보여주는 증거였기 때문이다. 어쨌거나 문제는 그들이 아직도 거기에 살고 있는가 하는 것이었다.

이듬해 여름이 되어서야 그 답이 드러났다. 토르발드가 반대 방향을 탐험하고 난 뒤였다. 갑작스러운 돌풍으로 배가 해안으로 밀려가면서 용골

이 망가졌다. 그곳에 머무르기를 원치 않았던 그들은 느릿느릿 움직였고, 토르발드는 마침내 알맞은 항구를 찾아냈다. 정착지를 세우기에 부족함이 없는 후보지로 보이는 곳이었다. 이들은 배로 돌아가기 위해 걸어가다가 해안에서 전에는 본 적 없는 무더기 세 개를 발견했다. 좀더 가까이 가서 살펴본 결과 카누라는 것을 알게 되었다. 카누 속에는 각각 이상하게 생긴 남성이 세 명씩 숨어 있었다. 짧은 싸움이 벌어졌고 그 가운데 여덟 명이 붙잡혔다. 나머지 한 명은 용케 카누를 타고 도망쳤다.

포로들 중에는 노르드어를 알아듣는 사람이 아무도 없었다. 그래서 바이킹은 이상한 소리를 낸다 하여 이들을 '비명 지르는 자'라는 의미의 '스크랠링'이라고 불렀다.[4] 토르발드 일행은 포로를 모두 살해하고 나서 주변의 언덕을 올라가 살펴보았다. 그리고 저 멀리 작은 마을에 오두막이 여러 채 있는 것을 발견했다.

이들이 탐험을 하는 동안 도망친 마지막 스크랠링이 돌아왔다. 그런데 이번에는 혼자가 아니라 '무수히 많은 카누 함대'를 거느린 상태였다. 양측은 서로를 공격했지만 최초의 접전 뒤 스크랠링 무리가 달아났다. 바이킹 가운데 다친 사람은 겨드랑이에 화살을 맞은 토르발드뿐이었다. 그는 간신히 화살을 빼냈지만 치명적인 상처였던 것으로 드러났다. 부하들은 다소 아이러니하게도 토르발드가 본인의 집을 짓고 싶어 한 바로 그 해변에 그를 묻었다.

토르발드의 탐험은 꽤나 성공적이었지만, 그의 죽음—그는 북아메리카에서 살해된 최초의 유럽인이라는 다소 애매한 명예를 얻었다—은 살아남은 자들의 사기를 크게 떨어뜨렸다. 이들은 그해 겨울 동안 목재를 모으거나 베리를 채집하면서 지냈고 날씨가 좋아지자마자 무슨 일이 일어났는지 알리기 위해 서둘러 그린란드로 돌아갔다.

이때쯤 레이프와 그의 아버지는 운이 좋았던 데 반해 그 가문의 나머지 사람들은 확실히 그들만 못했다는 사실이 분명해졌다. 토르발드의 시신이 먼 이국땅에서 썩고 있다는 생각은 그의 대다수 형제자매로서는 견디기 힘든 것이었다. 따라서 토르발드의 남동생 토르스테인(Thorstein)은 형의 시신을 다시 가져오기로 결심했다. 그리고 선원 25명과 함께 길을 나섰다. 하지만 일행은 육지에서 멀어지자마자 가망 없이 길을 잃고 약 한 달 동안 표류했다. 초겨울에 어느 해안으로 밀려온 이들은 자기네가 고작 서부 정착지까지밖에 가지 못한 상태로, 여전히 그린란드에 머물러 있다는 사실을 깨달았다.

나머지 선원들은 다른 정착민들 속에서 그럭저럭 자리를 잡았는데, 토르스테인과 그의 아내는 배에서 겨울을 났다. 토르스테인은 이 혹독한 시련을 거치는 도중 목숨을 잃었다. 그러자 그가 남겨놓은 몫을 기꺼이 떠안겠노라고 나서는 이가 아무도 없었다.

토르발드의 시신을 회수하는 일은 사람들의 관심에서 멀어져갔다. 다만 적어도 빈란드 자체는 여전히 사람들의 흥미를 돋우었다. 목재며 목초지, 그리고 자원에 대한 필요는 꾸준한 관심사였으며, 서쪽 땅은 가까운 곳에 해결책이 있다고 속삭이는 것만 같았다. 따라서 1009년 여름 레이프는 정착지 개척에 나서는 두 번째 시도를 허락했다.

이 원정대는 죽은 토르발드의 아내 구드리드(Gudrid)와 혼인한 토르핀 카를세프니가 지휘했다. 더욱 푸른 초원을 찾아 나서는 사람은 늘 있게 마련이었다. 토르핀은 다른 무엇보다 풍부한 붉은가시딸기로 술을 빚을 수 있다는 사실을 강조함으로써 지원자를 모은 것으로 보인다.

200명이 넘는 사람이 그와 합류하겠다고 나선 것으로 보아 그의 전략은 꽤나 잘 먹혀든 모양이다. 어쨌거나 지원자를 모두 싣기 위해 배를 세 척이나 마련해야 했다. 배에 탄 이들 가운데는 레이프의 이복누이 프레이디스도 들어 있었다. 그녀는 붉은 머리 에리크의 사생아로 그의 여느 아들보다 아버지의 다혈질과 지배적 기질을 많이 물려받았다. 이 여행을 통해 얻을 수 있는 부나 명성을 결코 놓치고 싶지 않았던 프레이디스는 내켜하지 않는 남편을 윽박질러서 끝내 동행하도록 몰아붙였으며, 자기 남편을 본인도 모르게 지도자 가운데 하나로 만들어놓겠다고 다짐했다.

이 바이킹 무리는 다시 한번 레이프의 옛 막사를 발견했고, 주위에 무슨 자원이 있는지 조사하는 일에 매달렸다. 첫해 겨울은 유난히 혹독해서 데려간 가축들 대부분이 목숨을 잃었다. 베리가 그리 많지 않다는 점 또한 사기를 떨어뜨렸다. 술 몇 모금을 만들 만큼의 베리는 딸 수 있었지만 애초에 상상한 호화로운 '포도주 만찬'을 벌일 정도는 못 되었던 것이다.

혹독하던 그해 겨울 적어도 토르핀에게 희망적인 점이라면 아내 구드리드가 첫아들을 낳았다는 사실뿐이었다. 토르핀이 스노리(Snorri)라는 이름을 지어준 그 아이는 북아메리카에서 태어난 최초의 유럽인이었다.[5]

봄이 오자 이곳 정착민은 분열하기 시작했다. 한 집단은 그린란드로 돌아갔고, 나머지 집단은 다른 장소로 이사를 떠났다.[6] 토르핀은 방책을 둘렀다. 그 지역에 스크랠링이 있음을 의식했기 때문일 것이다. 하지만 이들은 평화로워 보였다. 한참 뒤 스크랠링 한 무리가 나타나서 교역을 하자고 제의했다. 토르핀으로서도 기꺼이 하고 싶은 일이었다. 다만 그는 어떤 북유럽인도 무기만큼은 절대 판매하지 못하도록 금지했고, 만약 그것을 어길 경우에는 사형에 처했다.

물물교환은 우호적인 분위기에서 이루어졌다. 그런데 3주 뒤 수많은 스크랠링이 갑자기 숲에서 튀어나와 토르핀이 쌓아놓은 방책을 무너뜨렸다.[7] 그들은 재빨리 담장을 쓰러뜨렸지만 두 가지 특이한 광경을 보고 우뚝 멈춰 섰다. 하나는 바이킹이 우리 안에 가두어놓은 황소였다. 지난겨울에 유일하게 살아남은 수컷 생존자가 격앙된 목소리로 격렬하게 울부짖고 있었다. 스크랠링들은 과거에는 그런 동물을 한 번도 본 적이 없었던지라 갑자기 자신 없어 하며 머뭇거렸다. 다른 하나는 아마도 그 못지않게 충격적인 광경이었을 것이다. 갑작스러운 공격에 놀란 바이킹은 저항해야 할지 도망가야 할지 몰라 우왕좌왕하고 있었다. 그러던 중 프레이디스가 숙소에서 달려 나왔다. 그녀는 손에 칼을 들고 발키리처럼 우렁차게 고함치면서 바이킹을 결집시켰다. 그들은 임시 방패벽을 세우고 돌격해왔다. 스크랠링들은 걸음아 날 살려라 하며 냅다 줄행랑을 쳤다.

이번에는 다행히 정착지가 피해를 입지 않았지만, 다시 공격받게 되는 것은 오로지 시간문제였다. 토르핀은 다른 곳으로 이주함으로써 이런 사태를 피하려 애썼지만 다시 한번 겨울은 인정사정없었고 정착민들은 결국 손을 들고 말았다. 토르핀조차 지쳐버렸고 더는 머물고 싶은 생각이 없어졌다. 항해하기에 충분할 만큼 날씨가 좋아지자마자 그들은 모두 떠났다.

이에 관해서 프레이디스가 어떻게 생각했는지는 기록으로 남아 있지 않다. 다만 이어지는 그녀의 행동으로 판단하건대 그녀는 아마 토르핀이 포기했다는 사실에 극도의 혐오감을 느낀 것 같다. 그녀가 직접 나서서 새로운 정착지를 건설해야 하는 상황이었다.

그녀의 남편은 여느 때와 다름없이 있으나 마나 한 존재였다. 그는 선원을 모을 힘도 없었고 아이디어도 부족했다. 프레이디스에게는 다행스럽게도 그린란드로 돌아온 여름에 남자 형제 두 명이 노르웨이에서 선원들과 함께 도착했다. 그녀는 그들을 집으로 초대해 서쪽에서는 부를 쉽게 얻을 수 있다며 여름내 꼬드겼다.

프레이디스의 두 남자 형제, 헬기(Helgi)와 핀보기(Finnbogi)가 그녀와 합류하기로 결정하기까지는 채 한 달도 걸리지 않았다. 이들은 배를 한 척 제공하고, 자신들이 발견한 모든 것을 반드시 공평하게 분배하기로 합의했다. 세 사람 모두 배 한 척당 인원을 30명으로 제한하기로 했다.

하지만 이들의 관계는 금세 금이 갔다. 먼저 레이프의 막사에 도착한 헬기와 핀보기가 그 막사를 차지했다. 화가 난 프레이디스가 항의하자 둘은 그녀가 배에 남성 5명을 더 싣는 식으로 먼저 자신들을 속였다고 맞섰다. 서로를 향해 모욕적인 언사가 오가기 시작했고, 헬기와 핀보기는 자기 몫의 선원을 이끌고 다른 장소로 떠나버렸다.

겨울이 시작될 무렵, 양 진영은 관계가 점점 더 껄끄러워져 서로 연락조차 하지 않게 되었다. 프레이디스는 계략과 잔인함을 버무린 전형적인 바이킹 방식에 따라 경쟁자를 제거하기로 마음먹었다. 어느 날 이른 아침 그녀는 핀보기의 집으로 걸어가서 함께 잘못된 문제를 바로잡고 싶다고 제의했다. 그녀는 자신은 떠나기로 결심했으며, 만약 그의 배가 자기 것보다 약간 더 크다면 자신에게 팔 의향이 있냐고 물었다. 핀보기는 너그럽게 그러겠다고 했고, 프레이디스는 본인의 막사로 돌아갔다.

그녀가 잠자리로 다시 들어갔을 때 그녀의 차가운 발에 닿은 남편이 일어나서 어딜 다녀왔느냐고 물었다. 프레이디스는 남편에게 남자 형제들과 화해하러 갔는데, 그들이 화해는커녕 자신을 때렸다고 거짓말을 했다.

프레이디스의 속임수에 넘어간 남편은 격분했고, 자기 사람들을 모두 불러 모아 헬기와 핀보기의 막사로 쳐들어갔다.

그들은 완전히 엉겁결에 공격을 받았다. 붙잡힌 모든 이들이 밧줄에 묶인 채 프레이디스 앞에 끌려나왔고 그녀가 보는 앞에서 살해되었다. 여성 다섯 명만은 살려두었다. 프레이디스가 죽이라고 간곡하게 요청했는데도 남자들이 거부한 것이다. 그녀의 남편은 프레이디스에게 순해빠졌다며 무자비하게 조롱당했지만 끝내 그 뜻만큼은 굽히지 않았다. 그러자 프레이디스가 직접 나서서 도끼를 집어 들고 여성들을 잔인하게 살해했다.

이 소름 끼치는 행동은 가공할 프레이디스에게는 흐뭇한 일이었는지 몰라도 정작 그 정착지를 불행 속으로 몰아갔다. 영구 정착지는 고사하고 또 한 번의 겨울을 나기에도 인원이 너무 적었다. 프레이디스와 남편은 무슨 일이 일어났는지 발설하는 사람은 누구든 죽음을 면치 못할 거라고 협박한 뒤 돌아갔다. 바이킹은 두 번 다시 이 신세계에 정착지를 세우려고 시도하지 않았다.

이들이 원자재를 구하기 위해 정기적으로 다시 찾아왔음을 보여주는 증거가 있다. 어느 아이슬란드 연대기는 1121년에 '빈란드를 찾아 나선' 항해에 관해, 그로부터 약 200여 년 뒤 목재를 얻으러 마크란드로 떠난 여행에 관해 기록해놓았다.[8] 하지만 영구 기지를 건설하는 데 실패한 결과 그린란드의 운명에도 먹장구름이 드리우기 시작했다. 그린란드섬은 너무 험준하고 식생도 빈약해서 가축 사육을 기반으로 한 유럽식 생존 방식을 유지하기가 어려웠다. 목초지도 목재도 철도 이용할 수 있는 농경지도 충분치 않았다.

빈란드는 이 문제를 멋지게 해결해줄 수 있을 터였다. 서로 가장 가까운 지점인 데이비스(Davis) 해협에서는 그린란드와 배핀섬의 거리가 채 320킬로미터도 되지 않는다. 그 너머로 아이슬란드·유럽·스칸디나비아가 제공해줄 수 있는 것보다 더 많은 자원을 지닌 광활한 대륙이 자리하고 있었다. 하지만 바이킹은 결연한 원주민의 방해를 이겨내고 자리를 잡기에는 인구가 너무 적었다.[9] 이러한 실패로 인해 그린란드 정착민은 하는 수 없이 스칸디나비아와의 원거리 무역이라는 실낱같은 희망에 기대야 했다. 이 일은 바이킹 해적왕이 자신들의 광대한 북방 제국을 지배하고 있는 한 적어도 가능하기는 했다. 하지만 심지어 11세기에도 무역로는 서서히 달라지기 시작했다.

그린란드가 점차 고립되고 있을 무렵 설상가상으로 기후도 악화 일로를 걸었다. 14세기 중엽부터 전 지구의 기온이 서서히 낮아진 결과 그 섬에서 경작 가능한 땅은 더욱 줄어들었다. 빙하가 늘어났고 이누이트족은 오늘날의 북부 캐나다에 해당하는 지역에서 벗어나 남쪽으로 내려오기 시작했다.

그린란드에서 바이킹 정착 시기의 마지막 몇 년은 유쾌한 것과 거리가 멀었다. 서부 정착지에서 발굴된 해골 무더기를 보면 문명이 사멸해갔음을 확인할 수 있다. 18세까지 살아남은 이들 가운데 절반이 30세가 되기 전에 사망했고, 남녀의 평균 키는 채 150센티미터도 되지 않았다. 기근이 점점 더 잦아지기 시작했다. 아이슬란드의 《란드나우마복》에는 늙은 사람과 의지할 곳 없는 사람은 "죽어서 낭떠러지 아래로 내던졌다"고 쓰여 있다. 기온이 떨어지자 두 정착지 사이의 소통은 뜸해졌다. 감감무소식으로 몇 년을 지낸 뒤 동부 정착지에 사는 이바르 바르다르손(Ivar Bardarson)이라는 이가 오랫동안 정적에 싸여 있는 서부 정착지와 교신해보려고 애를 썼다. 그는 자신의 일기에 이렇게 적었다. "기독교인이고 이교도이고 간에 사람은 그림자도 볼 수 없었다. 주인 잃은 양 떼만이 제멋대로 돌아다녔다."

살아남은 동부 정착민은 그보다 좀더 길게 분투를 이어갔다. 하지만 흑사병이 돌자 인구수가 급감했다. 게다가 1379년 "스크랠링(이누이트족)이 그들을 습격하여 18명을 살해하고 소년 두 명을 노예로 삼기 위해 데리고 갔다". 살아 있는 누군가에 관한 마지막 기록은 아이슬란드의 어느 연대기에 적힌 다음과 같은 잊히지 않는 짤막한 언급이다. "1410년 …… 시그리드 비요른스대테르(Sigrid Bjornsdatter)가 토르스테인 올라프손(Thorstein Olafson)과 혼인했다." 그 후 아이슬란드의 배는 더 이상 서쪽으로 가지 않았고, 그린란드에는 오직 정적만이 감돌았다.[10]

그린란드의 정착지는 교역에 의해 간신히 지탱되고 있었는데, 아이러니하게도 그 명줄을 끊어버린 것은 다름 아니라 다른 바이킹들이었다. 그 머나먼 섬이 제공해주던 상아·펠트·바다표범 가죽 같은 사치품을 훨씬 더 가까운 곳, 즉 오늘날의 러시아가 되는 지역에 들어선 스칸디나비아 시장에서 구할 수 있었다. 그러니 목숨을 걸고 폭풍우가 몰아치는 바다를 건너는 끔찍한 여행에 나서지 않아도 좋았다. 부유한 해적왕이 원하는 이국적인 물품들은 모두 동쪽에서 얻을 수 있었다.

교역자

15

루스인 류리크

"그들은 대추야자처럼 키가 크고 금발에 혈색이 좋다……."

―이븐 파들란이 묘사한 바이킹

스웨덴 바이킹은, 롱십을 타고 프랑크 왕국과 영국제도 연안을 따라 항해하던 그들의 스칸디나비아 사촌과 달리 방향을 틀어 발트해 건너 펼쳐진 광대한 숲 지대에 관심을 기울였다. 이 스웨덴인은 노르웨이 침략자들이 린디스판을 공격했을 때보다 40년이나 앞선 8세기 중엽에 이미 러시아 서부의 강들을 탐험하기 시작했다.

이들이 주목한 것은 약탈이 아니라 교역이었다. 부유한 수도원도 무방비 상태의 마을도 없었으며, 그저 광활한 자작나무 숲과 소나무 숲밖에 보이지 않았고, 그 너머에는 동쪽으로 풀이 우거진 초원 지대가 펼쳐져 있었다. 바이킹은 처음에 원자재를 구하러 이곳을 찾았다. 발트해 연안에 살고 있는 핀족(Finns)으로부터는 꿀과 밀랍을, 더 북쪽의 랩족(Lapps)으로부터는 여러 종류의 북극 모피와 호박을 구했다.[1] 오늘날의 러시아 내륙

쪽에서 살아가는 슬라브족(Slavs)은 약탈할 만한 것을 거의 지니고 있지 않았지만 노예로서는 값어치가 있었던지라 스칸디나비아에서 쓰이거나 번화한 남쪽의 노예 시장에 팔려나갔다.[2] 바이킹은 이 같은 초기 핀족의 노예 약탈에 동참했다. 핀족이 스웨덴을 지칭하던 이름 루오치(Ruotsi)[3]는 점차 루스(Rus)로 와전되었다. 동쪽에 사는 스웨덴인은 결국에 가서 남쪽의 이슬람 세계와 비잔틴 제국에 바로 이 루스라는 이름으로 알려지게 되었다.

바이킹은 어느 지역 출신이든 간에 물을 잘 아는 자들이었으므로, 지금의 러시아로 들어가는 방법은 강이나 호수를 통해서였다. 753년 이들은 '스타라야 라도가' 기지를 장악했다. 이 요새는 볼호프(Volkhov)강 어귀와 이어진 라도가 호수의 가장자리에 자리하고 있었고, 이곳을 통해 러시아의 두 거대 수계 볼가(Volga)강과 드네프르(Dnepr)강에 접근할 수 있었다.

두 강 덕택에 스칸디나비아에서 수요가 많은 은과 비단을 풍부하게 공급할 수 있었다. 볼가강은 동쪽으로 이슬람 세계를 향해 있으며, 드네프르강은 남쪽으로 동방정교회 비잔틴 제국으로 이어져 있었다.

드네프르강 교역로는 더없이 위험천만했는데, 이 강을 최초로 성공리에 항해한 것이 바로 루스인이라고 알려져 있다.[4] 이들은 먼저 스타라야 라도가 기지에서 남쪽으로 항해했고, 볼호프강 상류를 타면서 드네프르강의 원류를 찾아내야 했다. 그로부터 이어지는 900여 킬로미터의 강은 위험한 폭포 12개에 의해 툭하면 끊어지기 일쑤라 그때마다 부득이 배를 강물에서 끌어내 배와 거기에 실은 화물을 좀더 항해하기 쉬운 하류 지점으로 옮겨야 했다. 그러다 보면 공격에 노출되기 십상이었다. 페체네그족(Pechenegs)이 거주하는 지역이라서 상당히 풀기가 어려운 문제였다. 이들은 매복하고 있다가 습격하는 데 일가견이 있는, 여덟 '무리'로 이루어진 무시무시한 종족이었다. 상인 일행은 강에서 무사히 살아남는다 해도 계속 흑해(Black Sea) 연안을 항해해야 한다. 콘스탄티노플까지는 아직도 550킬로미터를 더 가야 하는 것이다.

반면 볼가강 교역로는 훨씬 단순했으므로 상인들이 더 선호했다. 이 길은 점진적인 단계를 거쳐 카스피해(Caspian Sea)에 이르고 거기서부터 부유한 바그다드 시장으로 이어졌다. 루스인은 어마어마하게 많은 돈을 벌어들였지만 이 경우에는 약탈을 통해서가 아니라 통상에 의해서였다. 이들은 멀리 집을 떠나 있었던 만큼 카스피해로 흘러드는 볼가강 남단의 삼각주 유역을 누비고 다니는 강력한 부족 하자르족의 허락을 받아야 볼가강에서 장사를 할 수 있었다. 하자르족은 8세기에 유대교로 개종한 중앙아시아 출신으로 반(牛)유목 생활을 했다.[5] 이들은 카스피해 부근에 세운 자신들의 수도 아틸(Atil)을 중심으로 볼가강 남쪽에서 이루어지는 교역을 쥐락펴락하고 있었다.

하자르족은 루스인이 북방에서 가져온 상품을 팔 수 있도록 상업 지구를 조성해주었을 뿐 아니라 그보다 더 중요한 것으로 훨씬 더 돈이 되는 이슬람 시장에 접근해 그들이 싣고 온 노예를 팔 수 있도록 거들어주었다. 이 불행한 노예들 대부분은 루스인이 오늘날의 러시아에 사는 슬라브족 가운데 잡아온 이들로 결국 바그다드 시장에서 팔려나갔다.

이러한 노예무역의 규모가 어느 정도인지, 그리고 그 교역이 얼마나 돈이 되는지는 스웨덴으로 들어온 은의 양만 보아도 얼추 짐작할 수 있다. 1만 개가 넘는 이슬람 은화가 숨겨둔 상태로 발견되었는데, 이는 이들이 얻은 것의 일부에 지나지 않을 게 분명하다. 아랍의 지리학자 이븐 루스타(Ibn Rustah)는 실제로 루스인이 확보하려고 애쓴 것은 오직 노예뿐이었다고 주장했다. 그는 "루스인은 슬라브인을 잡아오기 위해 배를 타고 항해에 나섰다"고 썼다.

아랍인은 루스인에 대해 양가감정을 품고 있었다. 이들은 장대하고 기묘한 자들이었음에 분명했다. 여행가 이븐 파들란은 그렇듯 완벽한 신체를 가진 사람들은 일찍이 본 일이 없다고 했다. 그는 "그들은 대추야자처럼 키가 크고 금발에 혈색이 좋다……"고 적었다. 하지만 그들을 "신의 피조물 가운데 가장 더러운 종족"이라고 표현하기도 했다. 적어도 이슬람 세계의 기준에서 볼 때는 그랬다.[6]

이때쯤 루스인은 하자르족처럼 행동하기 시작했다. 이들의 족장은 첩을 여러 명 거느렸으며 하자르족의 복식과 의례를 따랐을 뿐 아니라 스스로를 칸(Khan: 일부 이슬람 국가의 주권자에게 붙이는 직함―옮긴이)이라고 불렀다.

하지만 9세기 중엽 볼가강 교역로를 둘러싸고 말썽의 기운이 움트기 시작했다. 바그다드는 종교적 분열, 문화적 정체, 수차례의 내전을 겪으면서 쇠퇴의 길로 접어들었다. 루스인은 은이 고갈되자 돈을 벌 수 있는 다른 방도를 찾아 나섰다. 그들답게 오랜 습성인 약탈로 돌아섰고, 카스피해 부근에 사는 이슬람교도를 무자비하게 공격한 것이다. 어느 이슬람 사학자는 이렇게 탄식했다. "루스인은 사람들을 살해했고 여성과 아이들을 유린했으며 약탈과 파괴를 일삼고 불을 질렀다. ……사람들은 전쟁을 치를 준비를 했지만, ……루스인은 그들을 공격하고 이슬람교도 수천 명을 살해하고 물에 빠뜨려 죽였다."

바그다드의 힘은 쇠약해졌지만 하자르족의 권력은 기울지 않은지라 루스인이 침략을 하려면 그때마다 우선 그들에게 허락을 구해야 했다. 이 사실은 913년 감행된 악명 높은 습격에서 너무도 자명해졌다. 루스인은 대규모 함대―한 이슬람 기록에 따르면 무려 선박 500척으로 구성되었다고 한다―를 이끌고 볼가강을 따라 항해에 나섰는데, 하자르족과 거둬들인 노획물을 똑같이 나누자는 내용의 계약을 체결해야 했던 것이다. 루스인은 카스피해 남부 연안의 여러 도시를 약탈한 뒤 북쪽으로 향했고, '불타고 있는' 이상한 지역으로 진입했다.

비현실적인 풍광 속을 사흘 동안 여행한 그들은 오늘날의 아제르바이잔(Azerbaijan)에 있는 바쿠(Baku) 시를 뒤짐질했다. 이들은 가장 탐욕스러운 루스인조차 흡족할 만큼 약탈거리가 충분하다는 사실을 알게 되었다. 바쿠는 종교적 중심지이자 나프타의 주요 산지였다. 나프타는 '그리스의 불'의 주요 구성 성분이자 비잔틴 제국과 무어인의 에스파냐에서 쓰이는 전쟁 기구의 연료였다. 이 도시로부터 멀지 않은 곳에 고대의 언젠가 점화한 적 있는 천연가스 간헐천이 있었다. 불을 숭배하는 페르시아인은 신전을 하나 세웠고, 그 신전 덕택에 수년 동안 멀리 인도에서 순례자들이 교역을 겸해서 찾아왔다. 페르시아인은 이 도시의 부 상당 부분을 일구어낸 장본인이었다.

루스인의 습격은 커다란 성공을 거두었다. 하지만 이 일은 거두어들인 노예와 금이 많았기 때문이 아니라 돌아오는 여정에서 겪은 사건 때문에 더욱 유명해졌다. 루스인이 볼가강에 당도했을 때 하자르족 동맹 세력이 매복해 있다가 뛰쳐나와서 그들을 닥치는 대로 살해했다. 이 재앙을 통해 루스인은 설사 부대에 속해 있다 하더라도 큰 위험에 직면해 있다는 사실을 깨달았다. 이들은 고향에서 너무 멀리 떨어져 있었고, 습격자만큼이나 피해자가 될 가능성도 존재했다. 하지만 배신당했다는 것보다 더 심각하고 중대한 문제는 볼가강 무역에서 거두어들이는 수익이 예전만 못하다는 사실이었다.

고향에서 더 심각한 문제가 불거지기도 한 듯하다. 키예프 근처의 어느 수도원에서 제작된 12세기의 '러시아 초기 연대기(Russian Primary Chronicle)'는 9세기 중엽, 몇몇 슬라브 종족이 루스인을 라도가 호수 주변의 요새에서 몰아냈다고 기록하고 있다. 이 연대기는 별로 그랬을 것 같지 않은 이야기를 덧붙였다. 곧이어 슬라브족이 내전에 휘말렸고 몇 년 동안 싸움을 끈 뒤 류리크라는 바이킹을 자신들의 지배자로 떠받들었다는 내용이다.

이 있을 법하지 않은 이야기를 통해 우리는 결국 오늘날의 러시아·벨라루스(Belarus)·우크라이나(Ukraine) 같은 근대 국가를 창시한 인물로 알려지는 남성을 처음으로 만나게 된다. 862년 노르드 이름 에리크의 한 형태인 류리크라는 이름을 가진 바이킹이 라도가 호수 남쪽의 요새화한 시장 도시에 자리를 잡았다. 그는 이 도시를 홀름가르드(Holmgård)라고 불렀는데, 오늘날에는 노브고로트로 더 잘 알려져 있다.

류리크는 드네프르강에 안정적으로 접근할 수 있도록 하려고 자신의 볼호프강 기지에서 아스콜드(Askold)[7]와 디르(Dir)라는 귀족을 남쪽으로 보냈다. 바닥이 절벽으로 솟아 있는 드네프르강의 서쪽 강둑에 들어선 키예프 시는 그 아래쪽 강을 장악하고 있었다. 이 도시는 하자르족의 최전방 기지였고, 류리크는 이곳을 차지하기 위해 자기 사람들을 보냄으로써 루스인이 남쪽으로 관심을 돌리도록 유도했다. 이러한 움직임은 결국 러시아와 유럽 양쪽의 역사에 중대한 파문을 일으키게 된다.

남쪽 교역로의 위험성은 익히 알려져 있었다. 루스인은 이따금 느닷없이 공격적인 종족이나 위험천만한 상황에 노출되기도 하면서 약 1300킬로미터에 걸친 적대적인 영토를 통과해야 했다. 위험이 대단히 컸지만 그에 따른 보상 역시 적지 않았다. 여정이 끝나는 곳에 당시 세계에서 가장 큰 도시인 콘스탄티노플이 들어서 있었다. 전반적으로 빈곤한 시대였지만 그곳만큼은 으리으리한 금의 도시였다. 서방 국가들의 수도는 인구가 고작 몇 천을 헤아린 데 반해 콘스탄티노플의 인구는 거의 100만에 육박했다.

콘스탄티노플은 고대의 유산을 간직하고 있는 물리적·영적 중심지였다. 단지 왕국에 그치는 게 아니라 전설적인 로마 제국의 동쪽 절반으로, 로마 제국에서 마치 왕관에 박힌 보석 같은 곳이었다. 여전히 카이사르(Caesar)라 불리는 황제가 지배하고 있는 그곳에는 스스로를 로마인이라 지칭하는 이들이 살아가고 있었다. 황제도 여제도 선왕들이 5세기 동안 그래온 것처럼 변함없이 고대 로마 경기장에서 거창한 전차 경주를 주관했다. 이 제국의 경계는 이탈리아 연안해의 사르데냐(Sardinia)섬에서 흑해와 오늘날 터키의 북부 연안까지 뻗어 있었고, 여전히 위력적인 제국의 부대가 지키고 있었다.

중세인의 눈으로 볼 때 이 도시는 경이로운 장소였다. 거대하게 쌓은 위풍당당한 방어용 성벽에는 성문 아홉 개가 뚫려 있는데, 그중 가장 유명한 것은 의식에 사용되는 금문(Golden Gate)이었다. 반짝이는 귀금속이 줄지어 장식된 금문은 커다란 문 세 개로 이루어진 웅장한 개선문으로서 위에 승리한 전차를 끄는 코끼리상이 장식되어 있었다. 금문을 지나면 흰 대리석으로 지은 궁, 드넓은 광장, 세 대륙에서 들어온 이국적인 물건이 즐비한 긴 상점가가 눈앞에 펼쳐졌다.

휘황찬란한 모자이크와 사라진 고대 세계의 유산인 아름다운 예술 작품이 사방을 둘러싸고 있었다. 광장에는 유명한 고전적 조상(彫像)들이 진열되어 있었고, 전설적인 황제들의 유해가 안치된 금빛이나 반암(斑岩)의 석관(石棺)들도 볼 수 있었다.[8] 이 가운데서도 가장 장엄한 건축물은 콘스탄티노플의 스카이라인을 좌우하는 거대한 아야소피아 대성당이었다.

세상에 이 대성당 같은 건축물은 없었다. 땅딸막하고 투박한 건축물밖에 없던 시대에 '신성한 지혜의 교회(Church of Divine Wisdom)'라는 의미의 이 아야소피아 대성당은 우아하고도 품격 있고 웅장한 건축물이었다. 위풍당당한 제국의 문―노아의 방주에서 얻은 목재로 만들었다고 추정되는 정문으로 은도금이 되어 있었다―을 통과한 숭배자는 경외감에 젖어 인간의 상상력을 뛰어넘는 다양한 빛깔의 대리석 벽이며 내부 공간을 바라보게 된다. 천년 동안 세계에서 가장 큰 규모를 자랑한 우람하기 이를 데 없는 중앙 돔은 높이가 54미터에 이르렀으며 천장이 4에이커에 달하는 금 모자이크로 장식되어 있었다. 건축가들은 돔의 기단 주위에 금줄로 치장한 창문을 설치했다. 그래서 그 건물 위로 햇살이 쏟아져 내리면 마치 돔 자체가 둥둥 떠 있는 것 같은 비현실적인 형상이 되었다. 처음 이곳을 찾은 어떤 사람은 "돔이 마치 금사슬로 하늘에 매달려 있는 듯 보였다"고 적었다.[9]

이처럼 불가사의한 면모만으로 루스인의 욕심이 채워지지 않았을 텐데, 거기에는 언제나 북적이는 시장이 있었다. 6세기에 비잔틴 제국 사람들은 시설을 둘러본다는 명목으로 수도사 두 명을 중국에 보내 비단 제조의 비밀을 몰래 캐왔다. 비단 무역의 복잡함에 대해 알게 된 두 수도사는 용케 누에 몇 마리를 빈 대나무 줄기에 몰래 숨기고, 돌아오는 여행 기간 동안 누에가 먹고 살기에 충분한 양의 뽕나무 이파리도 함께 들여왔다.

콘스탄티노플에 도착한 이들은 그 도시에 최초로 뽕나무를 심었다. 이렇게 해서 그 도시 최대의 수지맞는 사업이 탄생했다.

루스인이 바그다드에서 사들여 오는 비단의 가격은 줄곧 오르고 있었다. 하지만 콘스탄티노플에서는 비용에 이윤을 붙여서 파는 중개인이 없었으므로, 루스인이 본국에서 그것을 되팔 때 얻을 수 있는 이윤은 크게 불어났다. 이 교역로는 위험했지만 루스인은 누구에게도 허락을 구할 필요 없이 자유롭게 그 교역로를 개발하는 게 가능했고, 그럼으로써 그에 따른 과실을 마음껏 거두어들일 수 있었다.

콘스탄티노플—바이킹은 거대 도시라는 의미의 미클라가르드라 불렀다—은 분명 위험천만한 급류와 용감하게 맞서고 그 과정에서 미개인들과 싸워볼 만큼 가치 있는 도시였다. 루스인은 아마도 진작부터 이 도시의 존재를 인식하고 있었던 것 같다. 콘스탄티노플을 접촉한 데 대한 최초의 기록은 838년 루스인 사절단에 관한 것이었다. 루스인 사절단은 부유한 그 도시의 모습을 접하고 충격을 받았음에 틀림없다. 성벽 또한 분명 그들의 입을 다물지 못하게 만들었을 것이다. 콘스탄티노플은 3중 방어망을 구축하고 있었다. 첫 번째는 너비 20미터에 깊이 7미터의 해자를 2미터 높이의 방책으로 보강한 방어망이었다. 공격하는 이들이 어찌어찌 그 장애물을 통과한다 해도 다시 9미터 높이의 외벽을 기어올라야 했다. 그러는 사이 방어 측은 전략적으로 수많은 작은 문을 통해 피신할 수 있었다. 마지막 방어망은 가장 가공할 만한 것으로, 높이 12미터에 너비 6미터의 우뚝 솟은 거대한 안쪽 성벽이었다. 사방팔방에서 병사들 전체를 공격하기에 충분할 만큼 넓었다. 마지막 성벽은 탑 96개로 보강되어 있었는데, 이 구조물 덕택에 방어 측은 거의 모든 각도에서 치명적인 화살을 쏟아댈 수 있었다. 인원이 충분한 부대를 배치한 그 성벽은 그야말로 난공불락이었다.

대다수 사람들에게 이 방어 체제는 위협적인 규모였다.[10] 그런데 루스인은 한번 도전해볼 만한 일이라고 여겼다. 콘스탄티노플은 지상에서 가장 거대한 도시이고 400년에 걸친 공격을 가뿐히 물리칠 만큼 탄탄한 방어 체제를 구축하고 있었지만, 삼면이 바다로 둘러싸인 반도에 들어서 있었다. 바다야말로 루스인이 활개를 칠 수 있는 무대가 아니던가.

공격은 키예프에서부터 추진되었다. 아스콜드와 디르는 거기에 모여서 200척으로 이루어진 함대를 꾸렸다. 흑해에 도착한 이들은 그곳에 경비병이 전혀 배치돼 있지 않은 사실을 확인했으며, 어떤 제국의 경비병에게도 들키지 않은 채 용케 콘스탄티노플의 연안에 잠입했다. 860년 6월 18일, 막 해가 질 무렵 루스인 함대가 콘스탄티노플의 거대한 성벽 앞에 다가섰다. 신중한 계획에 의한 것이었든 억세게 운이 좋아서였든 어쨌거나 이들이 공격한 타이밍은 완벽했다. 황제는 마침 자리를 비웠고 도시는 사실상 무방비 상태였다.

16

미클라가르드

"……공포와 어둠이 우리의 판단력을 앗아갔다."

—총대주교 포티우스(Patriarch Photius)

비잔틴 제국은 이슬람 세력과의 오랜 투쟁 끝에 마침내 추세를 역전시키기 시작했다. 이는 칼리프 왕조의 힘이 일시적으로 약화했고, 몇 대에 걸친 황제들이 과거 200년 동안 잃어버린 영토를 탈환하고자 불완전하기는 하나 한 발 한 발 전진하면서 신중하게 책임을 다한 덕택이었다. 현 왕조는 이 같은 재기에 따른 이득을 거두어들이고 있었다. 하지만 전장에서는 결코 성공적이지 못했으니만큼 비겁하다는 소문을 떨쳐내고 싶었다. 따라서 아랍 전선에서 성공할 수 있는 기회가 오자 황제 미카엘 3세(Michael III)—후세에는 '미카엘 술고래왕(Michael the Drunkard)'으로 더 잘 알려져 있다—는 이슬람교도와 싸우기 위해 공격에 나섰다.

미카엘 3세는 눈에 띌 정도로 큰 규모의 해군을 거느리고 갔다. 이슬람 군대는 얼마든지 무력을 동원할 수 있었는데도 그에 상응하는 해군 병력을 소집하지 않았다. 제국 함대는 연안에 바짝 붙어 항해할 때에는 육군으로 파견될 수도 있었다. 이들은 콘스탄티노플을 무방비 상태로 남겨두었다. 하지만 그 도시가 존재한 세월 내내 흑해에서는 그 어떤 이렇다 할 위협도 없었다. 그랬던 만큼 루스인 함대가 도착했을 때의 충격은 이만저만이 아니었다.

마치 늑대 한 마리가 느닷없이 양 우리에 들이닥친 격이었다. 비잔틴제국 사람들이 아는 한, 북동쪽은 길이 없는 황무지여서 그 너머의 적대적인 종족들을 효과적으로 막아주는 장벽이었다. 거기에는 도시도 없었고 군대를 구성해줄 인구 밀집 지역도 없었으며 함대를 구축할 수 있는 연안의 기지창도 없었다. 그런데 배가 나타날 리 만무한 곳에 뱃머리가 용 모양인 희한한 배들과 험악한 전사들이 떡하니 버티고 있었던 것이다.

황제와 군대 대부분이 도망쳤으므로 콘스탄티노플을 방어하는 일은 총대주교 포티우스의 몫으로 돌아갔다. 도시 전체가 일순 마비된 듯했다. 포티우스가 나중에 술회한 대로, "마른하늘에 날벼락이 내리친 것처럼, …… 공포와 어둠이 우리의 판단력을 앗아갔다. ……유럽·아시아·레반트(Levant: 동부 지중해 및 그 섬과 연안 제국—옮긴이)의 적에게서 수많은 전리품을 거두어들이던 우리가 이제 우리를 약탈하러 온 잔인하고 미개한 이들이 든 창에 위협당하고 있는 것이다". 루스인이 성벽 밖의 무방비한 교외 지역을 약탈했을 때, 공포에 사로잡힌 지역민들은 그저 속수무책으로 지켜볼 도리밖에 없었다. 물러서지 않고 버틴 이들은 그들이 휘두른 칼에 쓰러지거나 그들이 지른 불에 타 죽었다.

사람들은 제국의 항구에서 루스인 함대가 연안해의 섬들을 향해 다가오는 광경을 볼 수 있었다. 프린스제도(Princes Islands)는 축출당한 정치범의 감옥과 영적 수행지로 쓰이고 있었다. 이 섬들은 눈을 멀게 하는 형을 받은 몇몇 황제의 마지막 처소였고, 당시는 포티우스의 전임자가 억류된 곳이었다. 루스인은 뭍에 올랐을 때 너무나 반갑게도 바위틈에 수많은 수도원이 들어앉아 있다는 사실을 알게 되었다.

이 섬들 전체를 돌아가면서 노략질하는 데는 몇 주가 걸렸는데, 포티우스는 그사이 방어 체제를 정비하는 데 필요한 시간을 벌 수 있었다. 총대주교 포티우스는 예사롭지 않은 인물이었다. 그는 자신의 역할을 만족스럽게 수행한 가장 박식한 사람이었음에 틀림없을 뿐 아니라[1] 정치적 감각 또한 탁월했다. 포티우스가 처음 내린 명령은 도시에서 가장 성스러운 유물―성모 마리아가 입은 튜닉―을 지키는 수도자들을 소집해 그들로 하여금 도시의 성벽 주위에서 그것을 보여주도록 시킨 일이었다. 이 일은 루스인에게야 이렇다 할 영향을 미치지 못했다. 그러나 콘스탄티노플 시민들에게 자신들의 도시가 신의 가호 아래 있다는 사실을 상기시킴으로써 그들의 사기를 끌어올리는 효과를 낳았다.

정말이지 분명 그랬던 것처럼 보였다. 우리가 보유한 당시의 유일한 문서에는 별다른 언급이 없고 이후의 연대기에도 와전된 내용들뿐이라 뒤이어 무슨 일이 벌어졌는지는 확실하게 알 길이 없다. 하지만 이랬을 가능성이 가장 높다. 즉 제국의 선박 몇 척이 현장에 도착했는데, 때마침 휘몰아친 폭풍우에 힘입어 용케 그 북유럽인을 무찌를 수 있었던 것이다.[2] 루스인이 허둥지둥 흑해로 물러나면서 그들의 원정도 끝이 났다.

루스인은 그 도시의 방어 체제가 얼마나 강력한지를 두 눈으로 똑똑히 확인했다. 도시에 군대가 없었는데도 도시를 공격하는 데 실패한 루스인은 콘스탄티노플의 방어 체제에 커다란 감명을 받았다. 제국의 해군에 대해서도 마찬가지였다. 루스인이 바다에서 그들 자신에 필적할 만한 세력과 대치한 것은 이번이 처음이었다. 이들은 더 많은 인원을 동원해 다시 공격하거나 아니면 교역자나 상인으로서 그들의 부에 접근하거나 둘 중 한 쪽을 택해야 했다.

비잔틴 제국 사람들의 입장에서도 충격은 자못 컸다. 루스인의 공격은 외교적 경종을 울리는 사건이었다. 북서쪽에서 새로운 세력이 아닌 밤중에 홍두깨 격으로 등장했으니만큼 그들을 살살 구스를 수 있어야 했다. 비잔틴 제국의 사절단이 키예프로 파견되었고, 양방 사이에 루스인이 콘스탄티노플에서 교역을 할 수 있도록 허락하는 조약이 체결되었다. 루스인이 간절히 바라던 바가 바로 이것이었다면―정말 그랬을지도 모른다―놀랄 만한 성공이었다.

성공적인 외교 문서가 체결됨과 동시에 루스인 류리크는 역사의 뒤안길로 사라졌다. 그는 최초의 중앙집권 국가를 건설했으며―적어도 그런 일을 해낸 인물로 인정받았으며―여러 러시아 왕조의 위대한 선조로 자리매김했다. 이후 7세기 동안 장차 지도자가 되기를 꿈꾸는 이들은 그의 가문과 얼마나 끈끈한 유대 관계를 맺느냐에 의해 성패가 갈렸다.[3]

하지만 류리크가 이끈 국가의 장래는 그가 통치했던 노브고로트를 중심으로 펼쳐지지 않았다. 그를 계승한 헬기[4]는 다시 키예프로 이주했고, '루스인 대공(Great Prince of the Rus)'이라는 직함을 얻었다. 헬기는 처음 몇 년 동안 자신의 통치를 뿌리내리고 남쪽으로 지배권을 확장하고 드네프르강 유역의 번성하는 무역 도시들을 장악하는 일에 주력했다.

헬기는 907년경 중요한 군사 작전인 콘스탄티노플에 대한 공격을 감행하기에 충분할 만큼 자신의 통치 체제가 안정되었다고 느꼈다. 초기의 탐색전과는 달리 이는 '대공'의 전폭적 지원을 얻은 전면적인 공격이었다.[5] 제국 해군의 습성을 꼼꼼하게 연구한 헬기는 그들과의 대치를 교묘히 피함으로써 아무 저지도 받지 않고 그 도시의 외곽에 다다를 수 있었다. 제국 항구의 어귀는 거대한 쇠사슬로 가로막혀 있었다. 따라서 헬기는 자기 병사들을 육로로 걷도록 지휘하고, 카누 2000개를 이용해 그 도시의 북쪽으로 넘어갔다.

육지 성벽 가운데 취약한 곳을 꼽자면 계곡 아래로 이어진 북동부 지점이었다. 헬기는 그곳으로 군대를 이끌고 가서 자신의 방패를 뻔뻔스럽게 성문에 걸어두고 제국 군대가 나타나기를 기다렸다. 무력을 앞세운 자못 비장미 넘치는 위협이었다. 헬기는 포위 장비도 없이 유럽에서 가장 위력적인 성벽을 제압할 수 있다고 생각할 만큼 어리석지는 않았다. 그의 전임자 류리크는 루스인이 위협적인 함대를 지휘할 수 있는 능력이 있음을 실제로 보여주었다. 이제 헬기는 육지에 투입할 수 있는 육군의 위력을 과시하고 있었다.

그가 진정으로 원한 것은 자신의 상인들에게 유리한 지위를 보장하는 공식적 조약이었다. 제국 정부는 그를 거부해서 성가신 일을 만드는 것은 현명치 못하다고 판단했다. 그래서 루스인 상인이 어떻게 할지에 관한 구체적인 조건을 제시하고, 그들에게 특전을 부여한 장소를 제공했다. 특정 세금이나 의무는 면제해주었지만, 팔 수 있는 품목에는 엄격히 제한을 두었다. 비잔틴 제국 사람들은 루스인이 그 도시의 공중목욕탕을 이용할 수 있도록 합의하기까지 했다. 그러나 가장 중요한 것으로 루스인에게 용병으로서 복무할 수 있는 기회를 부여했다.

용병은 결국 그들이 동방에서 얻게 되는 주된 직종으로 자리 잡았다.

루스인은 비잔틴 제국이 중세 유럽에서 용병에게 '정기적으로' 돈을 대줄 수 있을 만큼 재정적으로 안정된 유일한 국가임을 알아차렸다. 머잖아 깨닫게 되는 대로 이 용병의 고용주는 돈을 대단히 후하게 지급했다. 역대 황제들은 바이킹 병사―루스인과 스칸디나비아에서 뽑아온 신병―를 고용해 더없이 극적인 효과를 거두었다. 그중 가장 유명한 황제는 니케포로스 포카스(Nicephorus Phocas)다. 그는 961년 이슬람교도가 차지하고 있는 크레타(Crete)섬을 다시 정복하기 위한 시도에 나섰다. 이전에 이루어진 세 차례의 시도는 파괴적인 결과를 초래했지만, 빼어난 장수 니케포로스는 바이킹 부대를 이끌고 갔다. 그는 바이킹 부대에게 해변으로 쳐들어가라고 명령했다. 방어 세력은 어찌나 겁을 집어먹었던지 앞으로의 전투에 가담하지 않겠다고 뻗댈 정도였다. 그들은 수도가 포위당한 지 9개월 만에 결국 항복했다.

하지만 비잔틴 제국과 키예프 공국이 화평을 유지하고 있었다고 생각하면 오산이다. 루스인은 907년 맺은 조약을 통해 몇 년에 한 차례씩 공격을 가하면 더 나은 조건으로 재협상할 수 있다는 교훈을 얻었다. 헬기의 후계자 잉그바르(Ingvar)―슬라브어 이름 이고르(Igor)로 더 잘 알려져 있다―는 941년과 944년 두 차례에 걸쳐 콘스탄티노플을 습격했다.

루스인은 이 두 차례의 습격에서 참혹한 수준의 사상자를 냈다. 주로는 '그리스의 불'이라고 알려진 신비로운 초강력 무기 탓이었다. 이 무기는 닿는 순간 점화하는 나프타 기반의 액체 연료로, 발명된 7세기 이후 비잔틴 제국이 애용한 비밀병기였다.[6] 비잔틴 제국 사람들이 이 무기에 대해 설명하는 내용은 '현제(賢帝) 레오(Leo the Wise)'가 "천둥과 번개로 만들어진 불"이라고 간결하게 묘사한 것과 매우 흡사했다. 라그나르 로드브로크의 아들들은 이슬람교를 믿는 무어인이 지배하는 에스파냐를 공격했을 때 그들 버전의 '그리스의 불'과 맞닥뜨렸었다. 하지만 그것은 진짜 '그리스의 불'만큼 위력적이지는 못했다. 비잔틴 제국 사람들은 '그리스의 불'을 질그릇에 담아 보관했다. 선박에서는 이것을 높이 발사하여 상대편 선박의 갑판을 불바다로 만들거나 이물에 설치한 화염방사기로 상대편 선박에 분사했다. 이 무기는 기본적으로 기름을 기반으로 한 것이라 물에 닿으면 상황이 더욱 악화되었다. 물의 표면에 기름띠를 퍼뜨려 배 밖으로 뛰어내린 자들을 모두 불태워버리기 때문이다.

비잔틴 제국 사람들은 이 무기를 이따금씩만 이용했으나[7] 어떻게 쓰면 효과적인지 잘 알았다. 잉그바르가 공격했을 때 제국 함대는 루스인의 선박을 수면 아래에서 불태우려고 물속에 잠겨 있는 놋쇠관을 사용했다. 어느 목격자의 눈에는 그것이 마치 바다가 불타는 광경처럼 보였다. "화염을 본 루스인은 불보다는 물이 낫겠다고 판단하며 배 밖으로 뛰어내렸다. 그들 가운데 일부는 흉갑과 투구의 무게에 짓눌려 물속으로 가라앉았고 그 나머지는 몸에 불이 붙었다."

루스인이 무력으로도 계략으로도 콘스탄티노플을 차지하지 못했으며, 큰 대가를 치르고도 실패할 수밖에 없었던 이유가 무엇이었는지 깨닫기까지는 약 1세기가 걸렸다. 루스인의 거듭되는 공격은 콘스탄티노플 시민들에게 트라우마를 안겨주었다. 하지만 그럼에도 비잔틴 제국 사람들은 루스인의 굴하지 않는 집요함에 큰 감명을 받았다. 루스인은 결국 용병으로 선택되었으며, 988년 황제 바실리우스 2세(Basil II)는 특수군을 창설했다. 이 군대는 결국 동방에서 가장 유명한, 그리고 가장 후한 바이킹 용병의 고용주로 떠올랐다.

988년 바실리우스 2세는 왕위를 빼앗길 위기에 처했던 만큼 능숙한 병사들이 절실하게 필요했다. 서른 살의 바실리우스 2세는 빼어난 혈통 출신임에도―그는 자신이 콘스탄티누스 대제(Constantine the Great)의 후손이라고 주장했다―그 제국에서 가장 유능한 장군으로 꼽히던 바르다스 포카스(Bardas Phokas)의 거대한 반란에 직면해 있었다. 바실리우스 2세는 결국 그 제국에서 매우 사나운 전사들 가운데 하나로 성장하지만,[8] 즉위한 지 얼마 되지 않은 988년에는 군대도 왕궁도 믿기 어려웠다.

반란군을 이끈 바르다스 포카스 장군은 누구의 저지도 받지 않은 채 소아시아(아시아 서부의 반도로 현재의 터키 대부분의 지역에 해당함―옮긴이)를 행군했고, 황제에게 충성심을 드러낸 어느 마을을 초토화시켰다. 아시아와 유럽을 가르는 좁은 해협 보스포루스의 연안에 당도했을 때, 그는 모조 왕관과 자주색 부츠 등 황제 의관을 차려입은 채 제 발로 황제 자리에 앉았다. 바람이 어디로 부는지 알아차린 지역민들은 그에게 발 빠르게 축하와 지지를 보냈다. 전하는 바에 따르면 그즈음 반란군은 규모가 처음 출범했을 때의 갑절로 불어나 있었다고 한다.

바실리우스 2세는 과거 자신이 펼친 군사 작전이 매복 공격을 당해 실패했던지라 콘스탄티노플에 군대가 조금밖에 없었고, 충성심이 의심스러운 야전군만을 두고 있었다. 상황은 암울해 보였지만 황제는 냉정을 잃지 않았다. 반란군이 콘스탄티노플 해안에 도착하기 전에 바실리우스 2세가 보낸 사절들이 키예프로 달려가고 있었다. 잉그바르의 손자 블라디미르(Vladimir)는 그들을 더없이 반갑게 맞아들였고 대담한 제안을 했다. 스칸디나비아에서 바이킹 신병을 6000명 모집해줄 테니 바실리우스 2세의 누이 안나(Anna)를 아내로 달라는 것이었다.

바실리우스 2세의 사절들은 황제가 블라디미르의 제안을 받아들일 턱이 없다고 코웃음을 치며 콘스탄티노플로 돌아갔을 것이다. 그 제국의 기나긴 역사를 통틀어 통치 왕조의 공주를 야만인과 맺어준 일은 없었으니 말이다. 블라디미르의 제안은 왕실을 커다란 혼란에 빠뜨렸다. 블라디미르는 야만인인 데다 자신의 형을 살해하고 왕위를 빼앗았을 뿐 아니라 형수를 겁탈하기까지 한 오갈 데 없는 이교도였다. 게다가 이미 아내를 일곱 명이나 두었으며, 몇 년 동안 첩 800명을 뽑아서 거느리고 있었다. 아무리 상황이 다급하다 해도 순결한 기독교인 공주를 건네주기는 참으로 곤란한 인물이었다.

가엾은 누이와 왕실은 분명 격분했을 테지만, 바실리우스 2세 본인은 그렇게라도 해서 여분의 군대를 확보해야겠다고 마음먹었다.[9] 그래서 기독교를 채택하고 추악한 행동을 당장 멈추라는 유일한 조건을 내걸고 블라디미르의 제안을 받아들이기로 했다. 양쪽은 어김없이 약속을 지켰다. 블라디미르는 세례를 받았으며 저항하는 신부를 배에 태워 북쪽으로 데려갔다. 한편 어마어마한 바이킹 무리 6000명이 콘스탄티노플에 도착했다.

바실리우스 2세는 시간을 지체하지 않았다. 그는 야음을 틈타 그 자신과 반란군을 나누고 있는 좁은 해협을 슬그머니 건너가 적의 주요 진지에서 불과 몇 백 미터밖에 떨어지지 않은 곳에 착륙했다. 바실리우스 2세는 동이 트자마자 쳐들어가서 그들을 해변으로 몰아냈다.

반란군은 그야말로 오합지졸이었다. 비몽사몽간에 옷도 제대로 꿰지 못한 채 텐트에서 비틀비틀 기어 나온 그들 앞에 커다란 도끼를 휘두르며 고래고래 소리를 질러대는 바이킹 무리가 버티고 서 있었다. 바이킹 무리가 어찌나 많은 반란군을 살육했는지 그들의 발목이 선혈에 흥건하게 잠길 지경이었다. 용케 대학살을 모면한 자들은 산 채로 매장되는, 살육보다 덜할 것도 없는 끔찍한 종말을 맞았다. 막사의 아비규환에서 벗어나 해안으로 도망치던 자들은 제국 소함대가 '그리스의 불'로 해안을 에워싸는 바람에 모조리 불에 타 죽었다.

바실리우스 2세는 이 전투에서 승리함으로써 자신의 왕위를 굳건히 할 수 있었다. 뿐만 아니라 얼마간 남아 있던 의혹을 말끔하게 씻어내고 제 누이를 희생한 판단이 옳았음을 확신하게 되었다. 다른 사람 같으면 고마움을 표시하고 급료를 지불한 다음 용병을 해산하는 수순을 밟았을 테지만 바실리우스 2세의 생각은 달랐다. 몇 년의 소요를 겪고 난 그는 비잔틴 군대를 새로 정비해야 한다고 굳게 믿었고, 이 바이킹들을 새로운 구심으로 활용해 군대를 구축할 생각이었다.

금전에 목을 맸던 북유럽인들에게 바실리우스 2세보다 더 후한 재정관은 없었다. 이들은 황제에게 충성을 맹세했고, 그때부터 '맹세한 남성'이라는 의미의 바랑기안(Varangian)으로 통했다.[10] 바랑기안은 평화 시에는 왕의 친위대, 전시에는 기습 부대 역할을 했다.[11] 황제의 최고 전투 부대였으며 고대 로마에서 볼 수 있었던 근위병의 계승자였다. 이들은 시리아(Syria)에서 시칠리아(Sicily)에 이르는 비잔틴 제국의 전투에 참가해 몸을 사리지 않고 싸웠다.

야심적인 스칸디나비아인으로서 부를 축적하기에 바랑기안 친위대에서 복무하는 것보다 더 확실한 방법은 없었다. 황제가 이끄는 군대의 용병이 된다는 것은 정기적 급료를 보장받는 일이요, 치밀한 계획을 짜지 않고도 멀리 떨어진 지역을 약탈할 기회를 제공받는 일이었다.[12] 이들의 군사 작전은 전통적인 약탈보다 생존 가능성을 더 높여주었을 뿐 아니라 그와 비교가 안 될 정도로 이득도 많았다. 어느 비잔틴 기록에 따르면 황제가 죽자 바랑기안 친위대는 귀중품이 보관된 어느 장소를 찾아가도록 허락받았는데 거기서 개인적으로 챙긴 것을 몽땅 소유할 수 있었다고 한다.

이어지는 몇 세기 동안 스칸디나비아에서 건너온 유명한 바이킹들 가운데 일부는 바랑기안 친위대에서 얼마간 시간을 보내곤 했다. 노르웨이의 왕·루스인 왕자·아일랜드의 족장·아이슬란드의 광포한 전사, 이들 모두가 바랑기안 친위대에 복무하면서 부와 명성을 쌓았다.

더러 다른 일을 찾아 떠난 이들도 남쪽에서 지낸 세월을 인생 최대의 성취로 꼽곤 했다. 성공적인 군사 작전에 참가한 것은 여성에게 말도 못 하게 매력적인 요인으로 작용하기도 했다. 아이슬란드의 《락스다엘라 사가》는 영웅 볼리 볼라슨(Bolli Bollason)이 마치 환생한 아도니스(Adonis: 그리스 신화에 나오는, 여신 아프로디테의 사랑을 받은 미소년―옮긴이)처럼 그리스에서 돌아왔다고 기술하고 있다. 그들이 하룻밤을 지내기 위해 숙소를 잡은 곳마다 "몰려온 여인들이 볼리와 그의 부하들, 그리고 그들의 화려한 장식품을 바라보느라 넋을 잃었다".

콘스탄티노플에서 바이킹이 활약했다는 증거는 남부 지역 도처에 흩어져 있다. 이들은 아테네에서 그 도시의 피레우스(Piraeus)항을 지키는 사자 모양의 대리석 옆구리에 룬 문자를 새겨놓았다. 그리고 아야소피아에서는 무료함에 지친 경비병 두어 명이 이층 발코니 난간에 룬 문자로 낙서를 새겨놓았다.

용병으로 복무한 대가가 어느 정도였는지 기록된 룬 문자도 찾아볼 수 있다. 스칸디나비아에서 발견된 수많은 돌에는 '그리스에서 죽다'는 의미의 'Vard daudr i Grikkium'이라는 룬 문자가 새겨져 있다. 그들 가운데 기후가 온화한 남쪽에서 사는 게 더 낫다고 판단한 이들은 끝내 돌아오지 않았다. 아버지와 아들이 대를 이어 왕권에 봉사함으로써 터전을 마련할 자격을 얻기 위해 '도끼를 휘두르는 야만인'의 상당수가 콘스탄티노플에 눌러앉았다. 바실리우스 2세가 사망하고 한 세기도 더 지나서 비잔틴 제국의 공주 안나 콤네나(Anna Comnena)는 이렇게 썼다. "어깨에 무거운 쇠칼을 짊어진 바랑기안으로 말하자면, 그들은 황제에 대한 충성과 그의 사람들에 대한 보호를 대대로 이어지는 가풍이요 일종의 신성한 믿음이자 유산으로 삼는다."

하지만 바랑기안 친위대는 시간이 가면서 변화하기 시작했다. 1066년 이후 노르만 정복(Norman Conquest: 1066년 윌리엄 정복왕이 인솔한 노르만인의 영국 정복—옮긴이)이라는 버거운 굴레에서 벗어나려 애쓰던 앵글로색슨족이 대거 유입되면서 바이킹 신병의 규모가 줄어들기 시작한 것이다. 14세기 초엽에는 바이킹의 흔적이 거의 완전하다 싶게 사라졌다.[13]

이러한 변화에 다른 징집병이 들어왔다는 것보다 더 많은 영향을 끼친 요소가 있었다. 바로 루스인 자체가 달라진 것이다. 이는 유목 생활을 하고 약탈을 일삼던 과거와 결별하는 것, 그리고 요새화한 도시 주변에서 정착 생활을 하는 데 적응하는 것보다 한층 더 중요했다. 비록 그들은 여전히 스스로를 바이킹이라고, 아니 적어도 스칸디나비아인의 후예라고 생각했음에도, 새로운 무언가가 나타나기 시작했다. 루스인은 점차 러시아인으로 달라지고 있었다.

17

비잔티움의 매혹

> "양의 우리에 들어온 늑대는 양 떼에게 죽임을 당하지 않는 한,
> 그 양 떼를 모조리 해치울 것이다."
>
> —러시아 초기 연대기

루스인이 가능한 한 오랫동안 바이킹의 정체성을 고수하고 있었다는 사실은 어느 면에서 보면 놀랍다. 볼가강과 드네프르강을 능수능란하게 돌아다니던 초기의 바이킹 습격자는 늘 소규모였다. 이들이 정복한 북서쪽의 노브고로트와 오늘날 우크라이나의 수도 키예프에 이르는 광대한 지역에서는 슬라브족이 살아갔고, 스칸디나비아인은 특혜받는 군사 계급에 지나지 않았다. 이들은 그 지역에서 아내를 얻었다. 스웨덴에서 끊임없이 유입되는 이민자들이 그 과정을 늦추긴 했지만, 이들은 점차 슬라브족과 정체성을 공유하기 시작했다.

이 같은 점진적 변화는 키예프 왕자들의 이름에도 반영되어 있다. 잉그바르(때로 슬라브식 이름 올레그로 표현되기도 한다)가 헬기의 뒤를 잇고, 순전한 슬라브식 이름의 스비아토슬라프와 블라디미르가 잉그바르의 뒤를 이었

다. 이들의 이름이 변화하기 시작하면서 복식과 관습도 덩달아 달라졌다. 어느 비잔틴 연대기는 971년 황제 요안니스 치미스키스(John I Tzimiskes) 와 대화를 나누는 스비아토슬라프의 외관을 묘사하고 있다. 그는 바이킹 해적왕이라기보다 슬라브의 통치자 칸으로 그려진다.

스비아토슬라프는 바이킹 배를 타고 근사한 바이킹처럼 부하들과 함께 노를 저어 왔지만, 북방을 연상시킬 만한 특성은 찾아보기 어려웠다. 신장은 중간 정도에 그쳤고, 밝은 청색 눈은 숱이 많은 눈썹에 가려 잘 보이지 않았으며, 코는 들창코였다. 상투 부분만 남겨놓고 머리를 완전히 밀어버리고 남은 머리는 길게 땋았는데, 이는 귀한 신분임을 말해주는 표지였다. 그는 부하들과 청결함에서만 차이가 날 뿐 나머지는 똑같은 흰색 튜닉을 입었고, 한쪽 귀에 달랑거리는 금 귀걸이를 제외하고는 아무 장신구도 달지 않았다.

이러한 변화는 콘스탄티노플과의 접촉으로 더욱 급물살을 탔다. 945년에 체결된 조약을 계기로 루스인에게 콘스탄티노플의 문호가 열렸고, 루스인은 동방정교회 문명의 강력한 유혹을 맛볼 수 있었다. 루스인이 러시아인으로 거대한 전환을 이룰 수 있었던 것은 무엇보다 이들이 결국에 가서는 기독교를 받아들였기 때문이다. 기독교가 뿌리내리는 데는 시간이 걸렸고, 수 세대가 지나도 완전하게 받아들여졌다고 말하기는 어려웠다. 어쨌거나 기독교는 이 발생기의 러시아 국가가 확실하게 비잔틴 제국의 문화적 궤도상에 놓일 수 있도록 거들어주었다.

역설적이게도 기독교 전파의 토대를 마련하는 데 간접적으로나마 영향을 미친 계기는 940년대에 '그리스의 불'에 밀린 루스인의 대참패였다. 잉그바르 대공은 콘스탄티노플을 차지하기 위한 시도에 크게 실패한 채 키예프로 돌아왔다. 루스인의 지배 아래 놓인 이웃 부족 몇이 반란을 일으킬 기회를 엿보고 있었다. 잉그바르는 그들을 진압하는 데 온 힘을 기울여야 했다.

종속 부족 가운데 가장 골치를 썩인 것은 오늘날 우크라이나의 일부에 살던 슬라브계 종족 드레블리안(Drevlian)이었다. 이들은 잉그바르가 크게 패했다는 소식이 전해지자 키예프에 바치던 모든 지불금을 중단하는 도발적인 조치를 취했다. 다른 걱정거리에 짓눌려서 즉각 대처할 수 없었던 잉그바르는 그 문제를 뒷전으로 밀어놓았다.

마침내 키예프를 안정시키고 난 잉그바르는 드레블리안족에게 그동안 밀린 지불금을 달라고 요청했다. 그러면서 단 한 푼이라도 모자라면 가만두지 않겠다는 협박까지 곁들였다. 하지만 문제 해결을 차일피일 미루는 것을 지켜본 드레블리안족은 잉그바르가 힘이 없다는 인상을 받았다. 그래서 그들의 대공 말(Mal)은 "대등한 국가는 조공을 바치지 않는다"는 취지의 전갈을 보냈다.

키예프 대공 잉그바르는 곧바로 군대를 이끌고 드레블리안족의 수도 이스코로스텐〔Iskorosten: 오늘날의 우크라이나 도시 코로스텐(Korosten)〕으로 쳐들어갔다. 만용을 부리던 말도 어마어마한 대군을 보고는 겁을 잔뜩 집어먹었다. 그는 잉그바르에게 공식적으로 사과하고 밀린 금을 가져다 바쳤다. 좀더 현명한 지배자라면 이쯤 해두고 말았겠지만, 잉그바르는 키예프로 돌아오는 길에 드레블리안족을 좀더 혼내줘야겠다고 생각했다. 감히 자신의 권위에 도전하다니 더 큰 대가를 치르게 하겠다는 계산이었다. 그래서 부하들에게는 계속 수도 키예프로 돌아가라고 명령하고, 자신은 호위병을 이끌고 다시 발걸음을 돌렸다.

좀더 많은 금을 내놓으라는 요구를 전해 들은 말 대공은 그럴 만한 여력이 있는지 금고를 좀 살펴봐야겠다고 둘러대면서 시간을 벌었다. 말 대공이 고문들에게 어찌하면 좋을지 물었더니 한 사람이 이렇게 제의했다고 전해진다. "양의 우리에 들어온 늑대는 양 떼에게 죽임을 당하지 않는 한, 그 양 떼를 모조리 해치울 것입니다." 말은 그의 조언을 귀담아들었다. 그가 신호를 보내자 한 무리의 드레블리안족이 문을 박차고 들어와서 잉그바르의 호위병을 살해하고 키예프 대공을 붙잡았다.

비잔틴의 어느 기록에 따르면, 말이 저지른 복수는 바이킹도 두 손을 들 정도로 잔혹했다고 한다. 그들은 잉그바르를 땅바닥에 묶어두고 어린 자작나무 두 그루가 그를 향해 자라도록 했다. 그의 양발을 각각의 나무에 고정해놓아 묘목이 자라나면서 불행한 그 남자를 반으로 갈라놓은 것이다.

전성기를 구가하고 있을 때 통치자가 처단당하는 사건은 어느 중세 사회에나 악몽 같은 일이었다. 이런 일이 벌어지면 흔히 나이 어린 계승자가 왕위를 잇게 되는데, 섭정 세력이 왕권을 확실하게 장악하지 못하면 누구라도 내전이 일어날 것을 염려하게 된다. 잉그바르의 외동아들은 갓난아기였던지라 바로 키예프의 운명이 그렇게 될 판이었다. 잉그바르의 빼어난 아내 올가(Olga)가 없었다면 말이다. 올가는 키예프 귀족의 충성심을 얻고 있었으며, 러시아 초기 연대기에 기록된 흥미진진한 설명에 따르면, 작고한 남편보다 한결 유능한 지도자였다고 한다.

잉그바르가 숨졌다는 소식이 전해지기가 무섭게 말 대공이 사절단 20명을 보내 그녀에게 혼인을 제의했다. 이 요청은 언뜻 보는 것처럼 그렇게 해괴한 일은 아니었다. 중세 시대에 죽은 왕의 아내는 결혼하기에 가장 적합한 상대로 꼽히곤 했으니 말이다. 죽은 왕의 아내는 흔히 대격변을 피하기 위해 재혼을 서두르기 일쑤였으며, 이러한 혼인은 야심 찬 구혼자의 정치적 운명을 극적으로 키워주는 계기가 되기도 했다.

꼴사나웠던 것은 다름 아니라 사절단의 뻔뻔스러움이었다. 말은 막 남편을 잃은 올가가 마음이 약해져서 자신의 제안을 받아들일 거라고 넘겨짚었다. 따라서 그의 남편을 살해한 데 자신이 가담했다는 사실을 교묘하게 숨기는 대신 그의 사절단으로 하여금 그 사실을 드러내놓고 인정하도록 했다. 그녀의 처소에 나타난 말의 사절단은 비탄에 잠긴 올가에게 "잉그바르는 복수심에 불타는 늑대 같았고 죽어 마땅했다"고 험한 소리를 했다. 그런 다음 올가에게 진짜 대공과 혼인할 기회가 왔노라고 덧붙였다.

놀랍게도 그녀는 그 제안을 받아들였다. 설마 남편이 무덤에서 벌떡 일어나지는 않을 테고, 이미 숨졌으니만큼 어떻게 죽음을 맞았는지는 그리 중요할 것도 없는 일이었다. 올가는 하루 동안 생각을 좀 해봐야겠다고 말했지만, 어디까지나 요식 절차에 그치는 것이라는 인상을 강하게 풍겼다. 말의 사절단은 그녀의 현실적인 접근에 안도의 한숨을 내쉬면서 이튿날 아침 다시 찾아오기로 하고 숙소로 돌아갔다.

올가는 드레블리안족이 물러나자마자 부하들에게 그녀의 요새 바로 뒤에 깊은 구덩이를 파도록 명령했다. 이튿날 아침 작업이 완료되었다. 곧 대공의 아내가 될 여인에 대한 존경의 표시로 옷을 잘 빼입은 사절단이 당도하자 올가는 그들을 붙잡아 구덩이에 집어넣어 산 채로 매장하도록 시켰다.

올가는 부하들이 그 거대한 무덤의 땅을 다지고 있을 때 말에게 전갈을 보냈다. 기꺼이 혼인하겠으나 대규모의 수행원을 보내주어야만 그렇게 하겠다는 내용이었다. 말이 이미 보낸 사절단 20명은 그녀와 같은 지위에 있는 여성의 의장대로는 충분치 않은 규모라는 주장이었다. 그녀는 이스코로스텐에서 가장 고귀한 남성들과 함께 당당하게 도착하거나 그게 아니라면 관두겠다고 콧대를 세웠다.

격식을 따지는 올가의 감각에 감명을 받은 게 분명한 말 대공은 기꺼이 자신의 힘이 닿는 만큼 호화롭게 의장대를 꾸린 다음 그 도시의 주도적 남성들과 함께 보내주었다. 올가는 키예프에 도착한 그들을 더없이 정중하게 맞았고, 긴 여행 도중 더러워진 몸을 씻으라고 본인의 개인 욕실을 사용하도록 제의하기까지 했다. 그들 모두가 안심하고 욕실에 들어가자 그녀는 문을 봉쇄한 다음 건물에 불을 질렀고, 안에서 고통스럽게 새어나오는 비명을 끝까지 못 들은 척했다.

올가는 그 불길이 여전히 타고 있을 때 조용히 말에게 마지막 전갈을 보냈다. 자신이 이스코로스텐에 도착하면 죽은 남편을 위해 관례에 따른 장례 연회를 베풀 수 있도록 허락해달라는 내용이었다. 여전히 뭔가가 잘못되었다는 낌새를 알아차리지 못한 말 대공은 서둘러 그러마고 약조했다. 큰 무리의 부하를 이끌고 이스코로스텐으로 다가오는 올가를 본 말 대공은 그녀를 맞으러 달려가서 사절단은 어디 있느냐고 물었다. 그녀는 그를 만나러 오느라 너무 흥분한 나머지 먼저 달려왔노라고, 나머지는 곧 뒤따라올 거라고 대답했다. 적이 만족한 대공은 미리 준비해놓은 연회장으로 그녀를 안내했다.

올가는 나무랄 데 없는 즐거운 신부의 모습이었지만, 본인의 부하들에게 술은 한 방울도 입에 대지 말라고 은밀히 당부해놓았다. 말도 그의 병사들도 그 사실을 눈치채지 못했다. 드레블리안족이 부어라 마셔라 하고 있을 때 이 괴력의 과부가 신호를 보냈다. 그녀의 경비병들은 약속이나 한 듯 칼을 빼 들고 불과하게 취해 비척거리는 연회 주최자들을 모조리 베어버렸다.

이스코로스텐을 빠져나온 올가와 그녀의 수행원들은 인근에 숨어 있던 부대와 합류했고, 이들 일행은 이스코로스텐의 성벽 앞에 다시 나타났다. 대공도 잃고 주도적인 남성들도 모두 사라진 상태라 겁에 질린 주민들은 한 번만 살려달라고 빌었고, 너무나 다행스럽게도 올가는 그렇게 했다. 내건 조건은 놀랄 만큼 소박했다. 그녀가 요구한 것은 흔히 공물로 바치는 품목인 벌꿀이나 모피가 아니라 단지 새 몇 마리뿐이었다. 가구당 비둘기 세 마리와 참새 세 마리를 잡아오라는 것이었다. 드레블리안족에게는 불행하게도 이는 오래된 바이킹의 계략이었다. 새를 받아 든 그녀는 부하들에게 인화성 물질에 담근 헝겊 조각을 매도록 시켰다. 불이 붙어 당황한 새들은 저마다 자기 둥지가 있는 집으로 날아갔고 집집마다 불길이 치솟았다.

얼마 되지 않아 바람이 불자 점점이 점화한 불꽃이 걷잡을 수 없이 번져서 도시 전체가 순식간에 불지옥으로 변했다. 성문을 부수고 헐레벌떡 쏟아져 나온 시민들 앞에 올가의 부대가 버티고 서 있었다. 이들은 자비라고는 몰랐다. 그 자리에서 살해당하지 않은 자들은 한데 모아 노예 시장에 팔아넘겼다. 아침에 이스코로스텐이 검게 그을린 폐허로 변한 광경을 보고서야 올가는 비로소 분이 풀렸다.

전해오는 이 이야기에서 보듯 올가가 진짜로 피도 눈물도 없는 인물이었는지는 알 길이 없다. 다만 유능한 통치자였던 것만큼은 분명하다. 러시아 초기 연대기는 그녀에 대해 "몸은 여성이지만 남성과 같은 용기를 지녔다"고 칭송했다. 용의주도했던 올가는 왕위를 안전하게 아들에게 물려주었고 황제의 권위도 드높일 수 있었다.

드레블리안족이 몇 명이나 살아남았는지와 무관하게 키예프의 새로운 통치자는 하찮게 볼 존재가 아니라는 소문이 삽시간에 퍼져나갔다. 다행히도 올가는 칼로 지배하는 쪽을 택하지는 않았다. 복수에 힘을 쏟기는 했지만 일을 그르칠 만큼 거기에 맹목적으로 매달리지는 않은 것이다. 또한 키예프의 종속 부족들에게 해마다 조공을 바치도록 강요하면 죽음을 부르는 적개심을 불러일으킬 수 있다는 것을 간파할 정도로 판단도 빨랐다. 금은 보통 개별 족장의 개인 주머니에서 나오므로 그가 부하에게 보상해줄 수 있는 능력이 점차 줄어들고, 따라서 그의 권위도 약해진다. 이렇게 되면 키예프의 장악력이 떨어질 경우 반란이 일어날 소지가 있었다.

올가는 종속 부족의 족장들을 잠재적 적수가 아니라 든든한 동맹 세력으로 끌어들이기 위해 원성을 사던 지불금을 없애고 그 대신 모든 가구에 소정의 세금을 부과하기로 했다.[1] 그런 다음 재정적 부담이 사라진 지역의 통치자들로 하여금 온갖 자잘한 행정적·법적 문제를 다룰 수 있도록 허용했다. 키예프는 더 이상 명령에 의해 지배되지 않을 판이었다. 올가는 실제로 반란을 꿈꾸는 동맹 세력을 그녀가 이끄는 정부의 공식 구성원으로 끌어안았다. 그녀는 본인의 섭정 기간 동안 키예프·노브고로트·프스코프(Pskov)에 초기 석조 건물이 들어서고 수많은 무역 중심지가 건설되는 모습도 지켜보았다. 그녀가 고안한 제도들은 놀라울 정도로 잘 작동했으며, 키예프가 계속해서 성장할 수 있는 군건한 밑거름이 되어주었다.

올가는 아들이 성인이 되기까지의 나머지 세월 동안 혼인 제의를 요리조리 잘도 피해가면서 키예프의 권력을 꾸준히 다져나갔다. 올가의 섭정은 성공적이었다. 그런데도 그녀는 무언가 미진하다고 느낀 듯하다. 올가가 여러 부족을 정치적으로 통합했다고는 하나 그 부족민은 여전히 스스로를 키예프의 주민과는 다르다고 여기고 있었다. 통치자가 같다는 것뿐 밑바탕에 일체감이 없었다. 개별 도시민을 하나로 뭉치게 할 수 있는 원대한 이상 같은 것도 없었다.

올가는 이 문제를 바로잡기 위해 대담함으로 점철된 그녀의 인생에서도 가장 대담하다고 할 수 있는 조치를 취했다. 그녀는 955년경 콘스탄티노플로 여행을 떠났다. 표면상으로는 통상 관계를 강화한다는 취지였지만, 실제로는 공식적으로 기독교를 받아들이기 위해서였다. 금빛의 아야 소피아 성당에서 콘스탄티노스 7세가 그녀의 대부로 참석한 가운데 세례식이 거행되었다.[2] 올가는 존경의 표시로 그 황제의 아내 이름을 딴 헬레나(Helena)라는 기독교식 이름을 받아들였다.

그녀의 개인적인 개종은 동맹을 맺는 데 도움을 주었을 테고, 그 덕분에 아마도 콘스탄티노플에서 더 많은 통상 관련 특권을 따낼 수 있었을 것이다. 그러나 올가는 이내 백성들이 자신을 그대로 따라 하리라는 생각이 잘못된 것임을 깨달았다. 키예프에도 작은 기독교 사회가 있긴 했지만, 그녀의 백성들 절대다수는 바이킹의 신, 튀르크족의 신, 슬라브족의 신을 숭배하는 이교도였다. 특히 귀족들은 토르를 열렬히 신봉했다. 그러므로 올가는 자신을 지지하던 이들을 통합한 게 아니라 자신이 섭정 기간 내내 유지하고자 애써온 안정성을 뒤흔드는 위험을 무릅썼던 것이다.[3]

올가는 성경을 챙겨오고 목사를 데려오고 성상과 제의를 들여왔으며, 수많은 도시에 교회를 짓도록 명령하고 공식적으로 예배에 참가하기도 했다. 이렇듯 새로운 종교를 전파하기 위해 최선을 다했지만 모든 노력이 허사였다. 특히 스웨덴에서 온 지 얼마 안 된 귀족들은 그녀의 가족 대부분과 마찬가지로 격렬하게 저항했다. 올가의 아들 스비아토슬라프는 심지어 개종을 생각해보는 것조차 거부했다. 그러면서 어머니에게 인내·용서·자비 같은 보드라운 미덕은 허약한 종교의 특징으로서 부하들이 자신을 얕잡아볼 수 있다고 잘라 말했다.

올가는 아들 세대에는 기독교가 뿌리내리게 하는 데 실패했을지도 모른다. 하지만 적어도 그다음 세대에는 이 새로운 종교가 자리 잡을 수 있도록 씨를 뿌린 셈이다. 비잔티움(콘스탄티노플)을 향한 어머니의 회유책을 의식적으로 거부하던 스비아토슬라프는 비잔틴 제국에 맞서 루스인 최후의 대대적 공격에 나섰다. 그는 군대를 이끌고 육로로 이동하는 동안—이는 바이킹의 종래 방식이 사라져가고 있다는 또 하나의 징표였다—키예프를 통치할 책임과 자신의 세 아들 야롤폴크(Yarolpolk)·올레그·블라디미르를 교육시킬 책임을 어머니에게 맡겼다.

그녀는 두 가지 과업을 훌륭하게 완수했다. 물론 후자의 효과가 나타나기까지는 수년이 걸렸지만 말이다. 우리가 그녀에게 받게 되는 마지막 인상은 역시 그녀답게 이번에도 군사 지휘관으로서의 역할이었다. 969년 침략자들 한 무리가 들이닥쳤을 때, 그녀는 철통같은 방어 체제를 갖추고 용하게도 그들을 물리칠 수 있었다. 그리고 그로부터 몇 달 뒤 눈을 감았다. 그녀는 성인(聖人)의 삶이라기보다는 발키리(전장에서 용맹하게 싸운 전사에게 보상을 주는 바이킹 신)의 마음에 쏙 드는 삶을 살다 갔다.[4]

올가의 통치는 유럽 역사에서 일대 분수령이 되었다. 그녀는 기독교로 개종함으로써 키예프가 아시아가 아니라 유럽과 손을 잡도록, 동쪽이 아니라 서쪽을 바라보도록 만들었다. 루스인의 바이킹 기원은 비잔틴 기원으로 서서히 대체되었다. 키에프는 콘스탄티노플로부터 어찌나 많은 영향을 받았는지 류리크 가문의 후예라고 주장하는 현대의 세 국가들, 즉 우크라이나·벨라루스·러시아는 지금도 여전히 자기네가 고대 그리스와 로마의 후계자라고 여기고 있을 정도다.[5]

이 모든 것이 올가로 인한 것은 아닐지도 모르고, 그녀 역시 자신의 삶을 실패라고 여기면서 죽어갔다. 하지만 그녀가 신봉한 동방정교회는 훗날 그녀의 백성들에게 그녀가 꿈꾸던 단일한 정체성을 부여했고 그들이 대제국으로 발돋움할 수 있도록 이끌어주었다.

18

루스인에서 러시아인으로

"유럽의 왕은 하나같이 키예프의 공주와 결혼한다."

―러시아 초기 연대기

스비아토슬라프는 어머니를 존경했지만―그는 존경의 표시로 어머니를 기독교식 예법에 맞게 매장하라고 명령했다―오딘과 토르가 키예프에서 양보해야 할지도 모를 위험은 거의 없어 보였다. 폴란드·덴마크·노르웨이·헝가리 같은 이웃 나라들이 도미노처럼 무너지면서 기독교를 받아들였거나 막 받아들이려 하고 있었지만, 스비아토슬라프만은 이교도이기를 고집했다. 토르는 승리를 촉구했고, 오직 승리만이 그의 귀족들이 충성을 지속하게 만들 수 있었다.

스비아토슬라프가 처음 진군한 것은 여전히 어머니가 살아 있을 때였는데 하자르족을 상대로 한 전투였다. 올가와 잉그바르가 둘 다 은연중에 종주권을 인정한 종족이다. 6년을 끈 잔혹한 군사 작전을 통해 스비아토슬라프는 그들의 군대를 전멸시켰다. 하자르족의 수도 아틸을 약탈한 것이 그 정점이었다. 스비아토슬라프는 필시 복수를 해야 직성이 풀리는 어머니의 기질을 물려받은 듯하다. 아틸은 알아볼 수 없을 지경으로 파괴되었다. 10세기의 아랍 작가 이븐 하우칼(Ibn Hawqal)은 그 일이 있고 난 직후 폐허의 현장을 방문하고서 이렇게 말했다. "포도 알 하나, 건포도 알 하나 남지 않았다. 나무에 이파리 하나도 달려 있지 않았다."

승리에 고무된 스비아토슬라프는 내친김에 서쪽을 정벌하러 나섰다. 발칸 지역을 잔인하게 공격했고, 오늘날의 불가리아를 자신의 영토로 편입시킨 것이다. 그는 즉위한 지 10년 만에 오늘날의 루마니아에서 카자흐스탄에 이르는 유럽에서 가장 큰 국가를 손에 넣었다. 이는 오랜 신들이 그를 지지해준다는 것, 또한 최고신 오딘이 그리스도보다 더 막강하다는 것을 보여주는 움직일 수 없는 증거였다.

새로운 종교의 최대 보루인 비잔티움과의 충돌은 불가피했다. 하지만 스비아토슬라프로서는 안타깝게도 비잔티움은 당시 한창 부흥 중이었다. 그의 어머니에게 세례를 준 학자이자 황제는 호전적인 요안니스 치미스키스에게 황위를 넘겨준 상태였다. 새로 즉위한 황제는 일련의 기민한 공격을 통해 루스인을 쫓아냈으며, 스비아토슬라프는 다뉴브강 가에 자리한 로마 항구에 꼼짝없이 갇히고 말았다. 두 달 넘는 포위 작전 끝에 키예프의 대공은 항복했고, 상대를 만나기 위해 얌전하게 노를 저어 강을 건너갔다.

황제 요안니스는 자신이 가장 좋아하는 흰 군마에 올라탄 채 스비아토슬라프를 만났다. 머리에 무거운 비잔틴식 왕관을 쓰고 금색 갑옷을 차려입은 모습이었다. 황제 요안니스는 스비아토슬라프의 화평 제의를 받아들였다. 루스인이 발칸 지역에서 군대를 철수하고, 가장 최근의 정복 전쟁에서 차지한 지역을 포기한다는 조건이었다.

스비아토슬라프에게는 한층 더 치욕적인 일이 뒤따랐다. 키예프로 돌아오는 길에 드네프르강에서 매우 위험한 여울 가운데 하나를 건너려 애쓰고 있을 때, 일군의 야만인이 매복하고 있다가 그를 덮친 것이다. 아마도 황제 요안니스에게 매수당한 자들이었을 것이다. 황제 요안니스가 루스인 때문에 얼마나 두려워했는지를 여실히 보여주는 일이었다. 이들은 스비아토슬라프의 머리를 잘랐고 그 해골로 술잔을 만들었다. 이후의 거래에서 루스인에게 경고로 써먹기 위해 저지른 짓거리였다.[1]

스비아토슬라프의 죽음은 키예프를 혼돈 속으로 몰아넣었다. 그의 아들들이 서서히 불붙기 시작한 내전에 휘말리면서 사태는 더욱 걷잡을 수 없어졌다. 내전은 10년 정도 지속되었고, 가장 어린 아들 블라디미르는 그 상황을 피해 도망쳤다.

루스인은 슬라브족에 동화되는 길로 순조롭게 나아가고 있었지만, 여전히 바이킹과 강력한 유대를 맺고 있었다. 블라디미르 역시 스웨덴을 망명지로 택했다. 블라디미르는 스웨덴에서 친척들의 환대를 받았다. 그들은 블라디미르가 스웨덴 공주를 아내로 맞도록 주선했으며, 형 야롤폴크를 타도하기 위해 군대를 소집하는 데 동의해주었다.

스웨덴 바이킹 수백 명과 노르웨이 바이킹을 등에 업은 블라디미르가 루스인의 주요 도시들을 장악하는 데는 그리 오랜 시간이 걸리지 않았다. 그는 형 야롤폴크에게 얼른 사람을 보내 권력을 공유하자고 제의했다. 야롤폴크가 조건을 상의하려고 도착했을 때, 매복해 있던 블라디미르의 병사들이 그의 부하들에게 달려들었고 야롤폴크를 베어 쓰러뜨렸다.

형의 왕관을 빼앗은 데 만족하지 못한 블라디미르는 형의 아내가 달아

난 수녀원으로 말을 몰고 갔다. 수녀원장은 문을 굳게 잠근 채 그녀를 보호하려 애썼지만, 블라디미르는 부하들을 시켜서 그들에게 도끼를 휘둘렀다. 무리는 방에 웅크리고 있는 그녀를 찾아내려고 회랑으로 몰려갔다. 블라디미르는 끝내 형수를 욕보인 뒤 새로운 정권에 대한 귀족의 저항을 누그러뜨리기 위해 강압적으로 그녀와 혼인했다.

정치적 계략인 혼인은 효과가 있었던지라 블라디미르는 이 일을 여섯 차례나 되풀이했다. 그리고 그 과정에서 러시아의 기록에 따르면 800명이나 되는 첩을 거느렸다고 한다. 그는 첩들을 주요 도시에 나눠 살게 해 어느 곳을 가든 여러 여인들과 함께 지낼 수 있었다.

블라디미르는 원대한 야망을 품은 자답게 욕심이 엄청났다. 그는 오늘날의 슬로바키아에 살고 있는 종족들을 궤멸시킴으로써 영토를 확장하고 국경을 안정화했다. 그리고 리투아니아 종족과 불가리아 종족을 압박해 봉신 서약을 맺게 했다. 이 같은 시도가 성공하면서 그의 지위가 날로 높아지자 이웃 국가들은 불안에 떨었다. 폴란드의 볼레슬라프(Boleslav) 왕은 이 루스인 군사 지도자가 폴란드 국경을 넘보지 못하도록 아예 서둘러 그와 동맹을 맺어버렸다.

블라디미르의 권력이 어느 정도였는지를 가장 극명하게 확인할 수 있었던 것은 988년 황제 바실리우스 2세가 바랑기안 6000명을 요청하며 그 보답으로 자신의 누이와 혼례를 치르게 해주겠다고 제의한 일이었다. 먼저 기독교로 개종해야 한다는 조건은 아마 블라디미르에게 크게 곤란한 일이 아니었을 것이다. 이 야망 넘치는 전제 군주로서는 자기가 이교도라는 사실이 되레 불리했다. 슬라브 신들, 북유럽 신들을 비롯한 수많은 신은 하나같이 블라디미르가 지배하는 영역의 정치적 현실, 즉 모든 대공이 각각 요새화한 성을 보유하고 있고 저마다 독립국이라고 외치고 있는 현실을 더할 나위 없이 잘 보여주기 때문이다. 오딘은 최고신일지는 모르지만 전지전능하다고 보기는 어려웠고, 키예프의 대공처럼 다른 100명의 군소 신에 의해 허망하게 밀려날 수도 있었다.

블라디미르는 진작부터 토르를 최고신으로 밀면서 이 문제를 본격적으로 다루고자 했다. 하지만 이 계획은 결국 참담한 실패로 끝났다. 그는 키예프에 슬라브 신들과 바이킹 신들을 모신 거대한 신전을 지었고, 신전 중앙에 나무로 깎은 토르의 상을 세워놓았다. 그의 처사가 다른 신들에게는 모욕으로 받아들여졌다. 소요가 이어졌고 그 과정에서 두 명이 목숨을 잃었다.[2] 블라디미르는 토르에 대한 숭배를 끝까지 고집했지만 승산 없는 싸움이었다.

이교도 신앙을 둘러싼 이러한 불안은 초기 슬라브 연대기에 실린 '지나간 세월에 관한 이야기(Tale of the Bygone Years)'라는 제목의 흥미진진한 글에 잘 표현되어 있다. 새로운 종교가 필요하다고 확신한 블라디미르는 세계의 주요 종교, 즉 기독교·이슬람교·유대교에 대해 알아보기 위해 사절들을 파견했다. 먼저 이슬람은 제외했다. 성인이 되면 할례를 해야 한다는 관습도 소름 끼치는데 거기다 술마저 금기시한 탓이었다.[3] 유대교 역시 배제했다. 유대인은 고향이 없었기 때문인데, 중세인의 눈으로 볼 때 이는 보통 문제가 아니었다. 남은 것은 기독교뿐이었다. 그렇다면 서방의 가톨릭 교리를 따를 것인가, 아니면 동방정교회의 교리를 따를 것인가가 문제였다. 그의 외교 사절들이 임무를 마치고 돌아오자 그 결정은 한결 쉬워졌다. 서방의 가톨릭을 맡은 사절들은 신성로마제국을 찾아갔고 땅딸막하고 칙칙한 로마네스크 양식으로 지어진 교회를 보았다. 하지만 동방정교회를 담당한 사절들은 아야소피아 대성당에서 성찬식에 처음부터 끝까지 참석했다. 이들은 흥분에 차서 블라디미르에게 이렇게 보고했다. "우리는 천상에 있는지 지상에 있는지 알지 못했습니다. 그저 신이 거기에 살고 있다는 것을 알았을 뿐입니다."

이 이야기는 실제로 일어난 일이 아닐는지도 모른다. 하지만 블라디미르의 결정이 어느 쪽으로 기울게 되었는지를 잘 보여준다. 키예프는 진작부터 비잔티움을 지향하고 있었으며 동쪽의 유혹에서는 서서히 멀어졌다.[4] 기독교, 특히 동방정교회는 그가 애초에 견지한 이교도 신앙보다 한층 매력적이었다. 동방정교회는 오직 하나의 신만 모신 데다 그 신은 전지전능하기까지 했다. 비잔틴 제국의 전제 정치는 신성한 권위에 관한 이러한 믿음 위에 구축된 것이었다. 천상에 오직 하나의 신만이 존재하는 것처럼 지상에도 오직 하나의 황제만이 존재한다는 것이다. 신은 천사들에게 허락을 구하지 않아도 되었으며 그들의 협조도 필요로 하지 않았다. 그의 말이 곧 법이었다. 이것이 바로 블라디미르가 키예프에 구축하고 싶었던 모델이다.

블라디미르가 비잔티움에 더욱 끌리게 된 데는 다른 이유들도 있었다. 그는 자신이 누리는 권력에 한계가 있다는 사실, 그리고 남쪽에 버티고 있는 비잔틴 제국이 대단히 견고하다는 사실을 정확하게 꿰뚫어 보았다. 당장은 블라디미르 자신이 막강해 보였을지도 모른다. 하지만 그는 아버지가 펼친 군사 작전들을 지켜보면서 진작부터 중요한 교훈을 한 가지 깨달았다. 딱히 내세울 만한 조직력·관료제·위계 따위를 갖추지 못한 루스인은 발칸 지역에서 비잔틴 제국과 같은 유의 전투를 벌일 수 없다는 것이었다. 이를 보완하지 않으면 키예프의 권력은 덧없이 사라질 수 있었고, 동쪽의 수많은 왕국들이 겪은 운명, 즉 오늘은 크게 흥했으나 내일이면 흔적조차 사라지고 말 운명을 되풀이하게 될지도 몰랐다.

블라디미르는 결국 기독교로 개종하자는 결론에 도달했다. 이는 콘스탄티노플의 맹방이 되면 바이킹 해적왕일 때보다 더 많은 것을 이룰 수 있다는 판단에 따른 것이었다. 그는 이렇게 함으로써 영적으로도 문화적으로도 자신이 바이킹과 맺고 있던 유대 관계를 끊어버렸다.

냉소적인 관찰자라면—블라디미르의 시대에는 이런 사람이 무척이나 많았다—그의 개종이 순전히 정치적 책략에 불과하다고 일축할 수도 있다. 하지만 이상하게 여겨질지도 모르지만 그는 진짜로 달라졌던 것 같다. 자신의 형수를 겁탈한 위인이 이제 날마다 아프거나 가난한 자들을 위해 음식을 기부했다. 또한 자신의 식탁을 아픈 사람들이 사용할 수 있도록 양보했다. 누군가가 너무 아파서 이겨내기 힘들다는 이야기를 들으면 빵·생선·야채·벌꿀술을 수레에 가득 실어 가져다주도록 조치를 취하기도 했다.

블라디미르는 비잔틴 제국 출신이 아닌 아내와 첩을 내보냈으며, 본인으로 인해 피 흘리며 쓰러진 수많은 이들을 떠올리면 상당히 괴이쩍게 들리지만, 사형 제도를 폐지했다. 여러 도시에 학교를 세웠고, 매년 거두어들이는 세수의 일부를 구호금 명목으로 따로 떼어두었다.

블라디미르의 자녀들로 판단하건대, 읽고 쓰는 능력을 높이고자 한 노력은 극적인 성공을 거둔 듯싶다. 그는 호색가적 기질로 인해 수많은 딸을 얻을 수 있었는데, 유럽의 다양한 군주의 아내로 보내기 위해 그 일을 멈추지 않았다. 어찌나 많은 딸이 그렇게 떠났는지 키예프의 야심 찬 남성들은, 필시 낮은 목소리로, 알맞은 배필이 남아나질 않는다고 구시렁거렸다. "유럽의 왕은 하나같이 키예프의 공주와 결혼한다"는 볼멘소리가 터져 나왔다. 키예프의 공주가 매력적인 이유에는 그들의 학식이 높았다는 사실도 포함되었다. 블라디미르의 딸 안나(Anna)는 프랑스의 앙리 1세(Henry I)와 결혼했고, 왕궁의 관료주의에 정통해서 아들 필리프(Philip)를 대신해 섭정을 펼치기도 했다. 그녀의 섭정기 초기 것으로 추정되는 어느 문서에는 스스로의 이름조차 서명할 줄 모르는 프랑스 귀족 증인들이 남긴 관례적 기호가 잔뜩 채워져 있었다. 그 문서에서는 안나가 직접 키릴 문자로 쓴 '황후 안나(Anna the Queen)'라는 서명만이 유독 도드라져 보인다.

하지만 옛 바이킹의 특성이 모두 사라진 것은 아니었다. 블라디미르는 키예프가 기독교 도시가 되기를 바랐고 반발을 용납하지 않을 작정이었다. 그래서 키예프에 도착하자마자 처음으로 취한 조치는 옛 신들을 모신 성전을 불태운 일이었다. 토르의 목조상(木彫像)은 말 꼬리에 매단 채 드네프르강으로 끌고 가 곤봉으로 두들겨 패서 강물에 던져버렸다. 그런 다음 도시민 전체가 드네프르강으로 몰려가 대규모 세례식을 거행했다.

블라디미르는 무너진 이교도 신전 위에 콘스탄티노플의 신전을 본뜬 거대한 교회를 세웠다. 그리고 자신의 기독교식 이름을 따서 성바실리우스(St. Basil) 교회라고 이름 붙였으며, 남은 재위 기간 동안 키예프의 종교적 하부 구조를 강화하는 데 힘썼다. 그가 숨질 무렵에는 키예프 공국의 영적인 삶을 꾸려가는 데 주교가 무려 7명이나 필요했다.

블라디미르의 기독교 개종에 따른 가장 극적인 효과는 아마도 기독교와 더불어 키릴 알파벳이 도입되었다는 사실일 것이다.[5] 블라디미르는 문자 언어를 사용해야 했는데, 바이킹의 룬 문자는 길고 복잡한 글을 쓰는

데 적합하지 않았다. 그는 키릴 문자를 도입함으로써 루스인이 읽고 쓸 줄 아는 콘스탄티노플의 유서 깊은 전통에 다가가도록 이끌었을 뿐 아니라 비잔틴 제국과의 유대 관계도 더욱 굳건하게 다질 수 있었다. 블라디미르의 아들 야로슬라프(Jaroslav)는 키예프 최초의 법률을 공표했을 때 키릴 문자를 사용했으며, 바이킹의 법률이 아니라 비잔틴 제국의 법률을 참고했다.

키예프를 중심으로 운영되던 공국은 외견상으로도 남쪽으로 이웃한 국가를 닮아가기 시작했다. 비잔틴 제국의 장인과 예술가 들이 북쪽으로 유입되었으며, 바이킹의 목조 홀은 석조 건물로 달라졌다. 블라디미르의 지도 아래 거의 모든 도시가 비잔틴 제국의 수도를 본떠 블록과 대리석으로 된 문을 달았다. 또한 그들은 남쪽의 아치형 지붕을 모방해 양파 모양의 돔으로 장식한 석조 교회를 지었다.[6]

블라디미르와 그의 아들 치하에서 러시아의 시장 도시들은 인구 6만이 넘는 진정한 도시로 급성장했다. 그곳의 거주민인 슬라브족은 더 이상 침략의 대상으로 간주되지 않았으며, 보호받아야 할 기독교도 백성이었다. 더군다나 농업이 도입되자 축산업을 기반으로 한 바이킹식 생활양식에서 벗어날 수 있었으며 기병대가 방패벽을 대신했다.

블라디미르도 그의 아들도 바이킹 해적왕을 초대해 접대한 것으로 보아 북방과의 정서적 유대는 어느 정도 유지한 듯하다.[7] 하지만 이들은 분명 스스로를 바이킹과는 다른 존재로 여기기 시작했다. 이들은 더 이상 북유럽 언어를 사용하지 않았고 바이킹식 이름도 짓지 않았다.[8] 그리고 한 세대 만에 스웨덴인을 동맹 세력이 아니라 무역 경쟁자로 삼게 되었다.

블라디미르가 사망한 때로부터 100년도 되지 않아 바이킹이 동쪽에 남긴 흔적은 거의 다 사라졌다. 바이킹은 최초의 중앙집권 국가를 구축하는 데 상당한 기여를 했음에도 그들이 실제로 동쪽에 남겨놓은 유산이라고는 '러시아'라는 이름, 그리고 우크라이나 국기에 새겨진 블라디미르의 문장(紋章)뿐이다. 바이킹의 유산은 동로마제국의 문화적 영향력에 의해 서서히 사라져갔다. 이 과정은 1472년 마지막 비잔틴 제국 황제의 질녀가 이반 대제(Ivan the Great)와 혼인하면서 막을 내렸다.

루스인은 슬라브족으로 동화되었지만 다른 한편 슬라브족을 변화시키기도 했다. 이들은 슬라브 세계를 최초의 중앙집권 국가이자 처음으로 영구적인 왕조로 만들어주었다. 또한 불안정한 지역에 질서를 부여했고, 곧 다가오게 될 슬라브 제국의 기반을 마련했다.

거대한 슬라브 인구 가운데 스칸디나비아인이 차지하는 비중은 크지 않았기에 바이킹의 영향력이 줄어들 거라고 생각할 수 있다. 하지만 바이킹의 영향력이 사라진 데는 블라디미르 통치 기간 동안 바이킹의 세계 자체가 변화한 것도 부분적인 이유가 되었다. 얽매인 데 없는 탐험가와 먹이를 찾아 헤매는 바다 늑대의 시대는 종지부를 찍었다. 스칸디나비아는 왕이 통치하는 땅으로 달라졌다.

북유럽 본국

19

바이킹 왕들

"우리의 큰까마귀들이 목청껏 울고 있다. ······늑대는 먼 언덕에서 울부짖고 있다."

—하랄 왕의 사가

바이킹 시대는 흔히 그 시대가 다른 문화에 미친 영향력으로 평가되곤 한다. 그 시대는 파괴의 시대로 기억되고 있다. 수도원을 잔인하게 약탈하던 시대, 앵글로색슨의 잉글랜드, 아일랜드, 프랑크 왕국의 상당 부분을 파괴한 시대 말이다. 하지만 그 시대는 창조의 시대이기도 했다. 아이슬란드와 그린란드에 식민지가 건설되었고, 노르망디에 공국이 들어섰으며, 더블린이나 요크 같은 거대한 무역 도시가 번성했으며, 러시아는 최초의 중앙집권 국가를 이룩했다. 하지만 이 모든 것은 외부에 초점을 맞춘 것일 뿐 바이킹 시대가 북유럽 본국에 미친 영향은 간과하고 있다.

가장 두드러진 영향은 동전·은·식기류·노예 등 믿기 어려울 만큼 어마어마한 장물의 양에서 느낄 수 있다. 프랑크의 여러 연대기에 따르면, 9세기에만 약 4만 5000파운드의 은이 바이킹에게 지불되었는데, 이는 약탈당한 총액의 약 3분의 1에 해당하는 금액이다.

10세기는 훨씬 수입이 쏠쏠했다. 앵글로색슨 잉글랜드에서 애설레드 준비미비왕은 은 18만 파운드를 뇌물로 제공했다. 이는 대략 영국 4000만 은페니에 해당하는 것으로, 그 왕이 인기가 없게 된 데 크게 기여한 원인이었다.[1]

잉글랜드에서 유입된 은에 아일랜드와 두 프랑크 왕국에서 약탈한 부, 그린란드에서 비잔티움에 이르는 수많은 시장에서의 교역을 통해 거두어들인 부가 더해졌다. 귀금속을 사용할 수 있게 되면서 물물교환 대신 화폐 기반 경제가 발달했으며, 스칸디나비아는 좀더 넓은 유럽 시장에 합류할 수 있었다. 헤데비나 비르카(Birka) 같은 바이킹의 무역 대도시에서는 그들이 프랑크 왕국, 비잔틴 제국, 앵글로색슨의 모델을 참고로 자신들만의 화폐를 주조하기까지 했다.

이렇게 획득한 부의 대부분은 용맹한 개인들을 보상하는 전사 문화가 지배하는 지역으로 흘러들었다. 위대한 인물들은 자신의 홀을 짓고 자신의 추종자들에게 그 부를 후하게 나눠주었다. 이들은 '반지를 주는 사람'이라고 불렸으며, 실제로 팔찌나 목걸이(torc), 무기류와 갑옷, 금괴·은괴·주괴철 따위를 나누어주었다. 약탈은 개인적 장식물 노릇을 했고, 거기에서 얻은 물건은 명성을 더욱 빛내기 위해 쌓아두었다. 이 같은 물건에 대한 끊임없는 수요는 귀금속 시장의 성장을 촉발했고, 이는 다시 바이킹이 점점 더 광범위한 교역로를 이용할 수 있도록 이끌었다.

이러한 탐험은 2차적인, 하지만 좀더 중요한 변화의 도화선이 되었다. 250년에 걸친 바이킹 시대 내내 북유럽인은 이 지구상에서 단일 민족으로서 가장 다양한 문화를 접한 세력이었을 것이다. 이들은 특히 앵글로색슨 잉글랜드나 비잔틴 제국과 접하면서 중앙집권화한 정부 형태에 대해 알게 되었고, 그것을 스칸디나비아에 들여왔다. 귀환한 해적왕들은 본인이 보유한 방대한 자원을 개인적 치장으로서만이 아니라 무장한 병사들을 지원하는 데 쓸 수 있다는 사실을 깨달았다. 이들은 서서히 왕실의 군대로 통합되었는데, 비잔틴 제국식의 관리를 받은 군대 덕택에 권력은 더욱 중앙으로 집중되었다. 이들의 부가 늘어남에 따라 석조 건물을 짓거나 성벽을 쌓아 올리거나 왕궁을 장식하는 등 왕에게 어울리는 일을 할 수 있는 능력도 덩달아 커졌다.

10세기가 저물 무렵, 이러한 과정은 거의 절정에 달했다. 강력한 전사들은 서서히 소왕국의 왕으로 부상했으며, 부유한 스칸디나비아 시장 도시의 장악권을 놓고 서로 다투기 시작했다. 해적왕의 오랜 숙원이던 바다를 지배하고자 하는 바람은 서서히 잦아들었고, 육지에서 영토를 차지하고자 하는 욕망이 점차 고개를 들었다.

최초로 통일을 이룬 것은 노르웨이였는데, 이는 그 나라의 연안 규모를 고려하면 상당히 놀라운 일이었다. 대부분의 국가와 달리 노르웨이의 건국 신화는 러브 스토리였다. 860년경 오늘날의 오슬로 부근인 남동부 지역을 차지한 소왕국의 할프단 흑왕(Halfdan the Black)이 죽자, 왕위는 그의 열 살짜리 아들 하랄 미발왕에게 넘어갔다. 노르웨이의 역사를 다룬 아이슬란드 서적 《헤임스크링글라》에 따르면, 이 소년은 인근 왕국의 공주를 사랑하게 되었는데, 그녀는 그가 노르웨이 전체를 다스리는 왕이 되어야만 결혼해주겠다고 퉁겼다. 그 일을 이루어낼 때까지는 머리를 깎지도 빗지도 않겠다고 맹세한 하랄은 차츰차츰 자신의 영토를 확장해갔다.

좀더 있을 법한 시나리오는 야심 찬 하랄이 수십 년간 그저 그 일을 계속해왔다는 것이다. 그의 특별한 재능이라면 그렇게 하는 데 함대를 이용한 점이었다. 하랄이 정복한 소왕국의 해적왕들은 모두 그가 이끄는 해군의 병력을 강화함으로써 그에게 저항하는 것은 엄두도 낼 수 없도록 거들어주었다. 가장 절정을 이룬 전투는 하프르스피오르(Hafrsfjord) 전투로, 거기서 하랄은 소왕국의 왕과 족장 연합을 분쇄하고 노르웨이 전체를 자신의 지배 아래 두었다. 그가 통치한 것은 남부와 서부 연안에 그쳤지만, 어쨌거나 최초로 노르웨이 왕국에 관해 언급할 수 있게 된 것이다.[2]

하랄의 최대 관심사는 여름마다 약탈을 위해 항해에 나서던 바이킹의 옛 전통을 파기하는 것이었다. 그 전통을 그대로 방치했다가는 그가 그토록 오랫동안 극복하고자 투쟁해온 해적왕을 양산하게 될 소지가 있었기 때문이다. 자신이 직접 지휘하거나 허락하지 않는 약탈은 그 어떤 것도 금지되었는데, 이러한 조치는 수많은 바다 늑대의 불만과 원한을 샀음에 틀림없다. 비타협적인 하랄의 통치를 견디다 못한 이들의 상당수는 노르웨이를 떠나 아이슬란드·오크니제도·페로제도 등 더 자유로운 땅을 찾아 나섰다.

만약 하랄이 진짜로 한 여인의 사랑을 얻기 위해 노르웨이를 통일했다면 그거야말로 신랑이 지불한 최고의 지참금이었을 것이다. 그는 50년 동안 아내를 200명이나 두었으며, 감당할 수도 없을 만큼 많은 아들을 얻었다고 한다. 무려 3세대가 지난 뒤까지도 노르웨이의 거의 모든 족장들은 자신이 이 초대 왕과 연관되어 있다고 자신 있게 주장할 수 있었다.

하지만 하랄 미발왕의 무지막지한 번식욕은 그가 일군 성취의 대부분을 아무것도 아니게 만들어버렸다. 그는 제일 아끼는 아들 에리크 피도끼 왕을 자신의 후계자로 지목했으며, 몇 년 동안 그와 나란히 통치를 하기까지 했다. 왕위를 노리는 아들의 수가 적었거나 그의 후계자가 좀더 절제력을 발휘했더라면 별 무리가 없었을 조치다. 하지만 에리크는 가족의 수를 줄이느라 최선을 다했다. 이복형제들을 제거하기 위해 도끼를 휘둘러 숱한 피를 본 것이다.[3] 그는 거기에서 그치지 않고 역시 그 도끼로 자신에게 맞서는 수많은 족장의 머리통을 날려버렸다. 무사히 에리크의 도끼를 피해 잉글랜드에서 자란 그의 이복동생 호콘 선왕이 잉글랜드 군대를 이끌고 도착했을 때, 에리크는 싸움 한 번 못 해보고 항복했다. 그들이 에리크를 지긋지긋하게 여긴 것만큼이나 에리크도 노르웨이가 신물이 났다. 그래서 좀더 푸른 초지를 찾아 잉글랜드로 떠났다.

호콘은 아버지 하랄 미발왕이 이미 노인이었을 때 태어났다. 그는 이복형 에리크보다 훨씬 더 유능한 행정가이자 혁신적인 장군으로 드러났다. 에리크의 아들들이 침략해왔을 때 그는 그들을 모두 격파했다. 이 전투가 벌어진 언덕에는 나중에 당시의 대학살을 기리며 '피의 언덕(Blood Heights)'이라는 이름이 붙었다. 에리크의 조카들이 2년 뒤 다시 습격해왔지만, 호콘은 그 언덕을 따라 깃발 10개를 띄엄띄엄 꽂고 깃발을 중심으로 군대를 배치했다. 이렇게 하자 군대가 실제보다 훨씬 더 규모가 큰 것 같은 착각을 불러일으켰고, 겁에 질린 침략자들은 돌아서서 달아났다.

호콘은 전쟁을 치르는 데 유능했을 뿐 아니라 기독교를 노르웨이에 도입하기 위해 노력한 공로도 있었다. 기독교는 다른 지역에서와 마찬가지로 스칸디나비아를 완전히 바꿔놓은 종교였다. 호콘은 아마도 잉글랜드에서 기독교로 개종했을 텐데, 이 새로운 종교는 권할 만한 이유가 충분했다. 즉 기독교는 중앙집권화한 권력의 모델이 되어주었을 뿐 아니라(블라디미르가 깨달은 대로 하느님은 천상에서 자신의 권위에 도전하는 것을 용납하지 않았다), 문해 능력까지 선물로 안겨주었다. 읽고 쓸 줄 아는 왕, 아니 적어도 읽고 쓸 줄 아는 사람을 기용한 왕은 직접적으로 접촉하지 않고도 다른 사람에게 자신의 바람을 전달할 수 있었다. 옛날에는 왕이 개인적 카리스마를 보여주려면 친히 나서야 했지만, 이제는 그가 작성한 문서들이 그의 몸보다 훨씬 더 멀리까지 갈 수 있었다. 문해 능력을 갖추었다는 것은 왕국이 하나로 결속하는 데 요구되는 계약·공통의 법률·공식 문서를 작성하는 게 가능해졌다는 의미다.

호콘과 그에 이은 노르웨이의 역사에는 불행하게도, 노르웨이인은 완강한 이교도였으며, 호콘 왕이 기독교를 강제로 부과하려던 시도는 백성들 대부분이 그에게서 멀어지는 결과를 가져왔다. 시간이 좀더 길게 주어졌다면 그가 성공했을지도 모른다. 961년 왕실 조카들이 다시 쳐들어왔을 때 호콘의 군대는 승리를 거두었다. 그렇지만 호콘 자신은 그 전투에서 치명상을 입었다.

에리크의 맏아들 하랄 회색망토왕이 새로운 왕으로 추대되었지만 실제적인 권위는 거의 없었다. 노르웨이가 내분에 휘말려 있는 동안 남쪽에서는 강력한 왕들이 부상해 덴마크 왕국을 통일했다. 에리크 피도끼왕의 아들들은 다름 아니라 이 통치자들에게 도움을 호소했다. 하랄 회색망토왕은 덴마크 군대의 도움으로 왕위에 올랐다. 하지만 덴마크 왕(하랄 블로탄—옮긴이)은 도와준 대가로 자신을 상급왕으로 섬기도록 몰아붙였다. 노르웨이는 독립한 지 채 100년도 되지 않아 다시금 혼돈 속으로 빠져들었다.

20

하랄 블로탄

"이 비석은 스스로의 힘으로 노르웨이와 덴마크 전역을 정복했으며,
데인인을 기독교도로 개종시킨 하랄이 세웠다."

−옐링 비석에 새겨진 글

중세에는 덴마크가 지금보다 크기가 상당히 컸다. 독일·스웨덴·노르웨이에 걸쳐 있던 중세의 덴마크는 스칸디나비아에서 가장 인구 밀도가 높고 가장 강력한 국가였다. 그 힘의 상당 부분은 10세기에 덴마크반도 동쪽의 옐링 지역을 통치한 한 빼어난 가문 덕택이었다.

그 가문을 이끈 사람은 고름 노왕이었다.[1] 그는 전형적인 바이킹 해적왕으로 삶을 시작했지만 용케 주변의 소왕들을 대대적으로 살해하거나 제압한 결과 유틀란트반도의 대부분 지역을 통일하고 지배했다. 그는 라그나르 로드브로크의 후예라고 주장했으며, 해마다 여름이면 약탈을 일삼는 옛날식 바이킹으로 오딘·토르·프레이(Frey: 풍요와 햇빛, 비를 주관하는 북유럽 신—옮긴이)를 열렬히 신봉했다.

고름은 아마도 덴마크 정남쪽에 버티고 있는 막강한 독일 왕국 때문이

었을 텐데, 대체로 기독교인을 믿지 않았으며, 일부러 그들에게 잔혹하게 굴었다. 그의 우려에는 다 그럴 만한 이유가 있었다. 1세기 전의 프랑크 황제 루이 경건왕에게 자극받은 선교사들의 활약에 힘입어 유틀란트반도 에는 작은 기독교 사회가 형성되었다. 이들은 독일의 하인리히 매사냥꾼 왕―하인리히 1세―이 덴마크 내정에 간섭할 수 있는 훌륭한 구실이 되 어주었다.

하인리히가 진짜 그 일을 핑계로 삼았는지 여부는 확실치 않다. 하지 만 고름의 통치 기간 초기에 독일군이 다네비르케에 파견되었고 고름은 남쪽으로 이웃한 국가인 독일의 왕을 상급왕으로 모시지 않을 수 없었다. 이렇게 되자 고름은 약탈할 때 대체로 독일 영토는 피했다. 하지만 그렇 다고 해서 약탈 활동 자체를 그만둔 것은 아니었다. 고름이 약탈에 나설 때마다 대체로 동행한 인물은 그의 맏아들 크누트(Canute)였다. 그는 아버 지에 뒤지지 않을 만큼 약탈에 열심이었다. 부자는 프랑스 북부와 영국제 도 연안을 노략질하고 다녔다. 고름의 차남 하랄 블로탄²은 어머니 티라 (Thyra)와 함께 머물렀다. 티라는 독일인의 습격에 맞서 덴마크 군대를 이 끈 무시무시한 여성이었다. 그녀는 기독교인 사이에서 남편 고름보다 평 판이 더 좋았다. 그리고 이교도였음에도 자신의 아들을 이 새로운 종교에 노출시킨 것으로 보인다.

고름은 말년이 행복하지 못했다. 아내가 먼저 죽자 슬픔에 잠긴 고름 은 그녀를 기리며 거대한 비석을 세웠고, 거기에 룬 문자로 그녀를 "덴 마크의 자랑거리"라고 표현한 내용을 깊게 새겼다.³ 그의 말년은 모반으 로 인해 우울했다. 고름은 나이가 들면서 자신이 가장 아끼는 맏이 크누 트의 생애에 대해 두려움을 품기 시작했다. 그는 크누트의 삶을 위협하는 사람, 심지어 그의 죽음을 자신에게 알려주는 사람은 누구든 살해하겠다고 선언했다. 크누트가 더블린을 차지하기 위해 애쓰다가 실제로 살해되었다는 소식이 왕궁에 전해졌을 때, 충분히 이해할 만한 상황으로, 아무도 왕에게 그 사실을 알리려 들지 않았다. 급기야 티라는 기발한 해결책을 생각해냈다.[4] 고름이 나가 있는 동안 애도의 표시로 왕실에 검은 휘장을 둘러놓은 것이다. 돌아온 왕은 즉각 무슨 일이 일어났는지 알아차리고 "내 아들이 죽었다!"고 소리쳤다. 자신이 직접 그 말을 했으니 아무도 처형되지는 않았다. 그러나 그의 아들이 죽었다는 사실만큼은 변함이 없었다. 비탄에 잠긴 고름은 이틀 후 생을 마감했다.

이것은 어디까지나 전해 내려오는 이야기지만, 누군가 반칙을 저질렀을 개연성이 있음을 얼마간 드러내준다. 크누트는 어떤 경기를 관람하고 있는 동안 등에 날아온 화살을 맞고 숨졌다. 바이킹으로서는 도시 겪을 법하지 않은 죽음이었다. 형제는 이 사건이 일어났을 때 함께 있었고, 하랄의 손이 크누트의 피로 물들었다고 속삭인 이들이 제법 있었다고 한다.

하지만 10세기의 스칸디나비아는 폭력적인 세계였던 만큼 새로운 왕이 리더십만 잘 발휘하면 이와 같은 불미스러운 사건도 쉽게 묻힐 수 있었다. 가장 먼저 해결해야 할 일은 고름의 시신을 보살피는 일이었다. 하랄은 장엄한 장례식을 치렀고, 아버지의 시신 위로 거친 돌을 거대하게 쌓아 올렸다. 무덤 중앙에는 진정한 덴마크 초대 왕의 귀중품이 가득 찬 화려하게 장식된 목조 방을 만들었다. 그는 두 번째 룬 비석을 세우고 부모를 기리기 위해 이 무덤을 만들었다는 사실을 후세에 널리 알리는 묘비명을 새겼다.

선왕의 유해를 처리하고 난 하랄 블로탄은 비로소 덴마크 왕국에 자신의 권위를 각인하는 일에 주력할 수 있었다. 그는 어느 정도는 그렇게 함으로써 아버지를 훌쩍 능가했다. 고름 노왕이 덴마크 왕국을 건설했다면, 아들 하랄 블로탄은 덴마크를 국가로서 우뚝 세웠다. 그는 이질적인 유틀란트반도의 여러 부족을 단일 민족으로 통합했으며, 그들을 노르웨이 및 스웨덴의 남부 지역과 일시적으로 손잡도록 이끌었다.

하랄은 백성들을 하나로 묶기 위해 왕이나 법률을 공유하는 것을 넘어서는 모종의 이상이 필요하다고 느꼈다. 그는 기독교가 그 역할을 해줄 수 있다고 판단했고, 965년 자신이 먼저 공식적으로 기독교로 개종했다. 하랄 블로탄은 이러한 결정을 내리기 위해 꽤나 심사숙고한 것 같다. 당대의 색슨족 역사가 비두킨트(Widukind)는 그에 대해 "듣는 데는 열심이지만 말하는 데는 신중한" 사람이라고 표현했다.

그 역사가는 계속해서 하랄 블로탄이 개종하도록 만든 흥미진진한 논쟁에 대해 들려주었다. 예상대로 옛 신들을 포기하는 일을 둘러싸고 논쟁이 뜨거웠다. 왕실의 일부 귀족과 포포(Poppo)라는 독일 선교사 사이에 격렬한 대화가 오가면서 분위기가 한껏 고조되었다. 덴마크의 귀족들은 그리스도가 하나의 신이라는 것은 기꺼이 인정했으나, 그리스도의 힘이 토르나 오딘에는 미치지 못한다는 생각을 고수했다. 포포는 토르와 오딘은 사실상 트롤에 지나지 않으며 그리스도가 유일한 신이라고 맞섰다. 쌍방이 한창 입씨름을 벌이는 동안 하랄 블로탄은 가만히 듣고만 있었다. 그는 귀족들이 칼을 빼 들자 그제야 끼어들었다. 그리고 큰소리로 포포에게 실험을 통해 스스로의 주장을 뒷받침할 의향이 있는지 물었다.

그 성직자는 일말의 주저함도 없이 그러마고 했다. 왕은 벌겋게 이글거릴 때까지 쇠막대를 불에 달군 뒤 포포에게 맨손으로 잡아보라고 명령했다. 신의 힘을 믿는다고 선언한 포포는 석탄불에 다가가 맨손으로 쇠막대를 집어 들었다. 그리고 하랄이 내려놓으라고 간청할 때까지 왕궁에 모인 귀족들 앞에 들고 서 있었다. 포포는 침착하게 그 일을 해냈고 여러 저명인사에게 아무렇지도 않은 손을 내보였다. 크게 탄복한 왕은 그 자리에서 개종했다.

하랄 블로탄이 세례를 받게 된 또 한 가지 중요한 이유는 그가 통치하는 영토의 정남쪽 지역 때문이었다.[5] 하인리히 매사냥꾼왕의 아들 오토 1세(Otto I)는 로마로 가서 신성'로마제국'의 첫 황제가 되었다. 그는 자신의 독일 영토뿐 아니라 이탈리아 북부, 저지대 국가, 프랑스의 일부, 그리고 중부 유럽의 상당 지역을 장악했다. 오토 1세는 여전히 아직 젊었으며, '대제(the Great)'라는 별명을 얻는 방향으로 순조롭게 나아가고 있었다. 그는 언제나 자신의 영토를 확장하는 데 관심이 많았고, 여러 가지 이유에서 덴마크가 그 제국의 다음번 먹잇감이 될 거라고 믿고 있었다. 이교도인 데인인에게 복음을 전파하는 것이야말로 성실한 황제가 마땅히 해야 할 일이었던 것이다.

하랄 블로탄은 세례를 받음으로써 중요한 침략의 구실을 교묘하게 제거했다. 기독교인 군주들은 서로 전쟁을 일으키지 않았다. 혹 전쟁을 치르더라도 교황의 축복 속에서는 아니었다. 하랄은 그 자신과 그의 왕조는 기독교도임을 모든 사람들에게 알렸다. 하랄은 위대한 이교도(아버지 고름 노왕—옮긴이)의 무덤이 있는 덴마크 왕조의 수도 옐링(Jelling)에 목조교회를 세우고 아버지의 무덤을 파헤쳤다. 그는 아버지의 뼈를 금실로 엮은 고급 천에 조심스럽게 싸서 새로 지은 교회의 지하실로 옮겼다.

하랄은 아버지를 기리기 위해 비석을 세우고, 그 위에 이단의 표상인

얽히고설킨 가시와 뱀의 따리 속에서 등장하는 그리스도의 모습을 새겨 넣었다.[6] 이 이미지는 하랄 블로탄의 통치 비전을 압축적으로 보여준다. 덴마크는 어수선한 과거에서 벗어나 미래의 신앙과 영광스러운 신흥 왕조가 이끄는 새로운 시대로 접어들었다.

하지만 위로부터의 개종이 그리 발 빠르게 진행될 리 만무했다. 아닌 게 아니라 과거의 종교는 수십 년 동안 명맥을 유지했다. 그렇기는 해도 하랄이 기독교를 채택한 조치는 덴마크와 스칸디나비아 전역에 터닝포인트로 작용했다.[7] 노르웨이의 호콘 선왕과 달리 하랄 블로탄의 개종은 받아들여졌고, 그는 이교도의 저항을 대체로 성공리에 이겨냈다.

하랄이 이 일을 해낼 수 있었던 것은 그가 걸핏하면 자신의 힘을 있는 그대로 보여준 덕택이었다. 그는 나머지 통치 기간에는 자신의 권력을 넘볼 소지가 있는 인물들을 겁주는 공공사업을 벌이면서 시간을 보냈다. 유틀란트반도의 강 유역을 따라 나 있고 함부르크의 시장들로 이어진 옛 군대길(army road)은 옐링에서 남쪽으로 10킬로미터쯤 떨어져 있는 바일레 피오르(Vejle Fjord)에 의해 두 동강이 나 있었다. 하랄 블로탄은 자신의 군대가 그 피오르를 건널 수 있도록 거대한 다리를 놓았다. 다리의 규모는 상상을 초월할 만큼 컸다. 길이 800미터, 너비 6미터의 다리는 거의 6톤의 무게를 견딜 수 있었다. 다리를 지탱하기 위해 1000개가 넘는 거대한 말뚝을 강바닥에 박아 넣었다. 여기에 필요한 목재를 제공하기 위해 참나무 숲 여러 곳이 통째로 사라졌다.

이러한 구조물을 세우는 것이야말로 그의 권력을 여과 없이 보여주는 일이었다. 가장 단단한 목재도 습지에서는 이내 썩을 테고, 그러니만큼 다리 전체를 새로 지어야 한다. 그런 다리를 놓은 것은 천년만년 지속되는 항구적인 유물을 남기기 위해서가 아니었다. 바로 지금, 여기에서의 힘을 과시하고자 함이었다. 과거에나 하랄의 시대에나 덴마크에서는 어느 누구도 그러한 일을 그리 손쉽게 이룩해낸 역사가 없었다.

주변 국가들은 하랄 블로탄의 부상을 알아차렸다. 10세기 중엽 롤로의 손자 '두려움 없는 리샤르 공작(Duke Richard the Fearless)'은 일시적으로 노르망디에서 쫓겨났을 때 하랄에게 도와달라고 호소했다. 하랄은 리샤르가 자신의 영토를 탈환할 수 있도록 거들었을 뿐 아니라 그로부터 20년 뒤 리샤르의 이웃 국가 가운데 하나가 노르망디를 침략했을 때에도 또다시 협력했다.

하지만 하랄이 가장 이득을 많이 본 것은 노르웨이가 도움을 요청해왔을 때다. 블로탄은 몇 년 전 자신의 누이를 에리크 피도끼왕의 아내로 보냈다. 그런데 에리크 피도끼왕이 전복당하자 그의 아들 하랄 회색망토왕이 도와달라고 덴마크를 찾아온 것이다. 블로탄은 약삭빠르게도 조카에게 군대를 제공하면서 그 대가로 자신에게 충성을 맹세하라고 요구했다. 961년 블로탄은 왕위 찬탈이라는 버거운 일을 완수해낸 다음 노르웨이로 가서 내켜하지 않는 회색망토왕으로 하여금 봉신 서약을 맺도록 만들었다.

하랄 블로탄의 조카 하랄 회색망토왕은 그가 알아차렸거나 원했던 것보다 더 유능한 왕으로 드러났다. 회색망토왕은 동부 연안 무역로를 장악함으로써 자신의 권력을 오늘날의 핀란드와 러시아까지 확장했다. 그러면서 외삼촌 블로탄에게 의존하는 정도를 서서히 줄여갔다. 이러한 상황은 필시 보고만 있을 수 있는 성질의 것이 못 되었다. 따라서 970년 하랄 블로탄은 야심만만한 조카를 암살하고 노르웨이 서부를 장악했다. 그런 다음 자신이 덴마크에 있을 때 그곳을 챙기도록 좀더 고분고분한 가신을 통치자로 앉혔다.

하랄 블로탄은 북쪽에서 승리를 거둠으로써 통치의 정점을 찍었다. 남쪽에서는 위험한 기운이 감돌았다. 연로한 오토 대제가 위협이 커지고 있다는 사실을 간파한 것이다. 하지만 973년 오토 대제가 사망하자 남쪽의 고민은 사라졌다. 불행하게도 하랄 블로탄의 통치 기반을 약화한 것은 다름 아닌 그 자신이었다. 그는 수년 동안 공물을 보냄으로써 남쪽으로 이웃한 독일에 조심스럽게 유화 정책을 펼쳐오고 있었다. 그런데 오토 대제의 죽음과 노르웨이에서의 성공이 더해지자 다소 우쭐해진 모양이다. 어린 오토 2세가 보낸 특사들이 관행적으로 바치던 지급금을 요구하러 왔을 때 그는 드러내놓고 거부했다.

하랄 블로탄은 자신의 상급왕에 대해 완전히 잘못 짚었다. 그 독일 황제는 하랄의 신흥 왕국을 능가하는 자원과 좀더 훈련이 잘되고 응집력 있는 군대를 보유하고 있었다. 초기의 전투는 바이킹에게 유리하게 전개되었지만 제국 군대는 그들을 다시 다네비르케로 몰아붙였다. 블로탄은 화평을 제의하지 않을 수 없었다.

하랄이 제국 군대를 덴마크까지 끌어들이지는 않았으므로 그의 실패가 그렇게까지 치명적인 것은 아니었다. 하지만 그는 바이킹 세계에서 결코 용납되지 않는 일, 즉 자신의 약점을 드러내 보이고 말았다. 그 틈을 타서 토르를 열렬하게 신봉했으며 하랄의 종교와 정치적 지배 둘 다를 못마땅하게 여기던 노르웨이 왕이 반란을 일으켰고, 노르웨이는 덴마크의 통제권에서 벗어났다.

모든 것이 일시에 수포로 돌아가는 듯했다. 블로탄은 덴마크는 용케 지킬 수 있었다. 하지만 그가 독일인에 맞서 남쪽으로 쳐들어갈 준비를 하고 있을 무렵 아버지의 권위에 눌려 불만을 키워가던 맏아들 스벤 트베스케그가 모반을 일으켰다. 화들짝 놀란 왕은 발트해 남쪽 연안의 욤스보르그(Jomsborg)에 있는 자신의 요새로 도망쳤다.

하랄 블로탄으로서는 그보다 더 나은 피난처를 찾아낼 수 없었을 것이다. 욤스보르그의 바이킹들은 스칸디나비아에서 가장 유명한 전사들이었다. 용맹함을 기준으로 엄선된 이들은 나이대가 18세에서 50세에 이르는[8] 대단히 충성스러운 병사 집단이었다. 이들은 결투의 예법을 지키며 살겠노라고 굳게 맹세했으며, 열렬한 이교도임에도 불구하고 자신에게 돈을 지불하는 사람이라면 누구든 가리지 않고 충직하게 받들었다. 바다에 접근하기 쉬운 항구에 위치한 이들의 요새는 거의 난공불락이었다.

하랄 블로탄은 욤스보르그의 성벽 안에 안전하게 숨었지만, 그곳을 기반으로 세력을 되찾을 기회는 영영 얻지 못하고 말았다. 성문 밖에서 치른 어느 소규모 전투에서 상처를 입고 그로부터 며칠도 안 되어 세상을 떠났기 때문이다. 하랄의 시신은 옐링으로 보내졌고, 그 자신이 세운 교회에 안장되었다. 그는 승리를 구가하던 전성기 때 거대한 옐링 비석을 세웠는데, 그러기 한참 전에 미리 자신의 묘비명을 적어놓았다. 그가 한 많은 일들이 그렇듯이 묘비명을 새기는 일도 표면상으로는 자식 된 도리를 보여주기 위한 것이었다. 하지만 실제로는 자신의 위대함을 드러내기 위한 방편이었다. 그는 이렇게 적었다. "이 비석은 스스로의 힘으로 노르웨이와 덴마크 전역을 정복했으며, 데인인을 기독교도로 개종시킨 하랄이 세웠다."

이 두 가지 주장은 진의가 상당히 의심스럽다. 하랄은 노르웨이를 오직 일부만, 그것도 몹시 허술하게 장악했으며, 옛 신들이 여전히 덴마크인의 마음을 사로잡고 있었던 것이다. 하지만 이 묘비명은 하랄 블로탄이 후대에 어떻게 기억되고 싶어 하는지를 잘 보여준다. 스웨덴과 노르웨이에 사는 그의 동시대인들은 그가 덴마크를 국가로 일군 두 가지 방식, 즉 정복과 개종을 따라 했다. 하랄 블로탄이 죽어갈 무렵 스웨덴의 소왕 에리크 승리왕(Eric the Victorious)은 이미 오늘날의 스톡홀름 주변 지역을 통합하고 있었다. 여러 하위 지배자들은 에리크 승리왕과 그의 아들이자 후계자인 올로프 쇠트코눙(Olof Skötkonung)을 최초의 스웨덴 왕으로 받아들였다. 이들 부자는 덴마크의 모델에 따라 기독교로 개종하고 중요한 부족들을 통합하는 데 그 종교를 활용했다.[9]

아이러니하게도 하랄 블로탄이나 그와 비슷한 사람들이 성공했다는 것은 바이킹 시대가 저물기 시작했음을 보여주는 증거였다. 파도를 타고 정처 없이 떠도는 바다 늑대의 시대는 지났으며, 스칸디나비아를 휘감던 에너지도 전만 못했다. 여름이면 과거에는 얽매인 데 없는 젊은이들이 롱십을 타고 피오르로 미끄러져 들어오는 모습을 흔히 볼 수 있었지만, 이제는 왕실 소속의 세금 징수자들이 도착하는 모습을 보게 되었다. 노르웨이·덴마크·스웨덴, 이 세 바이킹 왕국은 유럽의 나머지 국가들과 손을 잡기 시작했고 서서히 중앙집권화한 왕국으로 통합되었다. 하지만 여전히 길들여지지 않은 부분은 남아 있었다. 특히 노르웨이는 기독교도 전제 군주라는 개념도 받아들이지 않았다. 하지만 그럼에도 해는 서서히 지고 있었다.

21

영국 은의 유혹

"아이들·날씨·들판을 지배하는 것은 변덕이다."
―현자 새문드의 《에다》

하랄 블로탄의 만아들 스벤 트베스케그는 아버지의 시신을 서둘러 매장했다. 그는 아버지를 확실하게 제거하고 왕위에 올랐다. 이 새로운 왕은 겉보기에는 아버지처럼 기독교인이었지만, 주로 여름철마다 이웃한 기독교 왕국들을 수시로 약탈함으로써 가공할 만한 전사로 진작부터 유명세를 날리고 있었다.

여기에는 유구한 바이킹의 전통을 고수하는 것보다 더 중요한 요인이 한 가지 작용했다. 다네비르케의 요새화, 성벽과 교량의 축조, 부관들에게 물질적으로 후하게 보상하기 같은 하랄 블로탄의 물리적 성취는 덴마크반도로 어마어마한 양의 은이 쏟아져 들어왔기에 가능했다. 10세기에 바이킹은 이슬람, 비잔틴 제국, 서구 세계의 금속 전문가에 결코 뒤지지 않을 기량을 갖추고 있었다. 함유량이나 순도에서 최고의 질을 자랑하는 것은 단연 아랍의 디르함(dirham: 화폐 단위─옮긴이)이었다. 디르함 수백만 개가 유틀란트반도에 유입된 덕에 먼저 고름 노왕이, 이어서 하랄 블로탄 이 어마어마한 규모의 부(富) 공여자로 자리매김할 수 있었다. 여러 가지 면에서 덴마크 왕국은 아랍의 은을 토대로 구축된 셈이다.

하지만 10세기 중엽 아랍에서 들어오던 은이 서서히 바닥나기 시작했 다. 훨씬 더 나쁜 소식은 동쪽 교역로를 통해 들어오는 소량의 은이 품질 마저 형편없어지고 있다는 사실이었다. 바이킹이 처음 아랍과 교역을 시 작했을 때 디르함은 은의 순도가 약 90퍼센트에 달했다. 하지만 11세기 에 이르자 약 5퍼센트로 악화했다. 스벤 트베스케그가 자신의 아버지나 할아버지와 다를 바 없이 행동하려면 은을 확보할 수 있는 새로운 출처를 발굴해야 했다. 이 덴마크 왕에게는 너무나 다행스럽게도 아주 익숙한 장 소에서 즉시 은을 공급받을 수 있었다.

잉글랜드가 이교도 대군세의 약탈에서 벗어날 수 있었던 것은 대단히 놀라운 개가였다. 앨프레드 대제의 뒤를 이은 그의 빼어난 아들과 손자는 왕국을 세웠고, 스코틀랜드인이 자신들을 상급왕으로 인정하게끔 이끌었 다. 이 과정에서 이들 부자는 웨섹스의 왕에서 잉글랜드의 왕으로 달라졌 다. 이들이 안정되고 번영하는 국가를 세운 데 성공했다는 사실은 영국인 이 왕들에게 붙여준 별명을 통해 잘 드러난다. 에드먼드 공정왕에 이어 이드위그 공평왕(Eadwig the Fair)이, 다시 그에 이어 에드거 평화왕(Edgar the Peaceful)이 즉위했다.

잉글랜드는 붕괴 일보 직전인 카롤링거 왕조를 훨씬 능가했고,[1] 유럽에 서 꽤나 번성하는 왕국 축에 속했다. 잉글랜드는 4대에 걸친 앨프레드 가 문의 지배로 앵글로색슨 잉글랜드의 황금기를 구가했으며 유례없는 안정감을 누렸다. 하지만 이러한 안정감은 안타깝게도 바이킹 왕국들이 새로운 수입원을 찾아 나서면서 서서히 금이 가기 시작했다.

에드거 평화왕이 두 아들을 남겨두고 사망하자 그 문제가 불거졌다. 형제 중 형인 열세 살의 에드워드 순교왕(Edward the Martyr)이 왕위를 계승했는데, 적출이 아니었던지 북부 대부분의 지역이 그를 받아들이지 않았다. 에드워드는 어수선한 분위기에서 암살당하며 짧고도 혼란스러운 통치 기간을 마감했다.[2] 열 살 난 이복동생 애설레드 준비미비왕이 왕위를 이어받았다.

처음부터 에드워드의 암살은 애설레드의 측근이 연루되었다는 의심을 살 만했다. 애설레드의 동의가 있었던 것 같지는 않지만 말이다. 살해된 왕의 시신은 "왕실의 예법을 생략한 채" 마구잡이로 무덤에 파묻혔다. 분명한 것은 두 형제 모두 통치 체제를 장악하지 못했고, 모든 왕이 흔히 그렇듯이 저마다 제 맘대로 행동하는 욕심 많고 야심 찬 가신만 우글거렸다는 사실이다. 정권은 방향을 잃고 비틀거렸으며 권력은 서서히 귀족들 손으로 넘어갔다.

애설레드 준비미비왕은 영국 역사에서 대단히 불행한 별명을 얻은 인물 축에 속한다. 앵글로색슨 단어 'ræd'는 본시 '조언', '충고'를 뜻하므로 왕의 이름 '애설레드(Athelred)'는 '귀족의 조언'으로 해석할 수 있다. 따라서 'Unræd' 즉 'Unready'는 '조언이 없는'이라는 의미가 된다. 즉 그의 별명은 그가 준비가 되어 있지 않았다기보다 귀담아들을 만한 조언을 얻지 못했음을 말해주는 듯하다. 이 왕의 이름은 결국 'Noble-counsel un-counseled'가 되므로 일종의 언어유희이기도 하다. 아이러니하게도 이런 이름을 얻게 된 것은 그가 강력한 왕으로 떠오를 수 있는 조짐을 보여주었기 때문일지도 모른다. 애설레드는 즉위하고 처음 10년 동안 용케 수많은 거물들의 권력을 분쇄하고 자신의 손에 권력을 집중할 수 있었다. 왕은 다른 사람의 충고나 조언 따위는 받고 싶지 않았다.

하지만 애설레드로서는 참으로 안타까운 상황이 펼쳐졌다. 그가 막 통치 기구를 장악하려 하고 있을 무렵 바이킹이 돌아온 것이다. 바이킹의 공격에서 거대한 제2의 물결도 제1의 물결처럼 노르웨이인에 의해 시작되었다. 991년, 탐험가 올라프 트리그바손(Olaf Tryggvasson)[3]이 90여 척의 배로 꾸려진 함대를 이끌고 나타났다. 에식스 군대는 그들을 저지하기에는 너무나 불충분한 것으로 드러났고, 바이킹은 제멋대로 그 지역을 약탈했다. 마침내 8월에 경험 많은 노병 비르트노스(Byrhtnoth)가 지휘하는 앵글로색슨 군대가 그들에게 맞섰다. 용감하긴 했으나 꽤나 어리석게도 이 영국 지휘관은 바이킹이 본래 있던 섬을 건너 본토로 들어오도록 허용했는데, 제대로 싸워보지도 못하고 초장부터 승기를 놓쳤다. 일부 병사들은 혼비백산한 채 달아났고, 끝까지 남아서 싸운 병사들은 모조리 살해되었다.

이 일로 애설레드는 자신의 군대가 믿을 만하지 못하다고 확신하게 되었으며, 따라서 단기적 처방으로 그 군대를 제쳐놓고 노르웨이인을 용병으로 삼기로 했다. 이로써 은이 대량 소비되면서 막대한 손실이 발생했다. 이는 영국의 부와 그 작전의 비효율성을 동시에 드러내주는 일이었다. 애설레드는 바이킹에게 은 1만 파운드를 지불했지만 올라프 트리그바손은 그 돈을 챙긴 뒤에도 약탈을 멈추지 않았다. 이번에는 새로 즉위한 스벤 트베스케그와 그가 다스리는 덴마크인까지 가세했다.

두 세력은 남쪽의 주요 도시들을 샅샅이 훑고 다니면서 약탈을 일삼았다. 런던은 예외였는데, 애설레드는 런던에서만큼은 바이킹의 공격을 확실하게 막아냈다. 그는 런던에서 승리를 거두었음에도 어찌 된 일인지 다시금 데인겔트에 의존했고, 떠나는 조건으로 두 바이킹에게 은 1만 6000여 파운드를 지급했다. 이번에는 애설레드 왕이 세례를 받으라는, 흔히 볼 수 있었던 조건을 덧붙였다. 민망하게도 스벤 트베스케그와 올라프 트리그바손이 둘 다 이미 세례를 받은 기독교도임이 확인되자, 그 조건은 세례식이 아니라 견진성사를 받는 것으로 바뀌었다. 애설레드는 견진성사에 올라프의 대부 자격으로 참가했다.

만족한 두 바이킹은 곧장 각기 제 나라로 돌아갔다. 올라프의 경우, 그에게 중요한 것은 견진성사가 아니라 뇌물로 받은 은 수천 파운드였다. 노르웨이의 왕이 될 계획이었던 올라프는 비로소 그렇게 할 수 있는 자원을 거머쥔 셈이다.

스벤 트베스케그는 사태가 어떻게 전개되는지를 흥미진진하게 지켜보았다. 올라프 트리그바손은 스벤 트베스케그보다 몇 살 위였지만, 둘은 막역한 친구였다. 하지만 스벤 트베스케그는 자기 친구의 행보를 지켜보면서 서서히 긴장감이 고조되는 낌새를 챘다. 997년 올라프는 결국 스벤으로부터 왕위를 빼앗는 데 성공했으며, 트론헤임(Trondheim)에 새로운 도읍을 건설했다. 올라프가 우선적으로 지으려 한 건물은 교회였다. 그는 이 노르웨이 최초의 교회를 도구 삼아 노르웨이인을 기독교로 강제 개종시키기 위한 자신의 목적을 널리 알렸다.

힘이 엄청나게 센 것으로 유명한 이 새로운 왕은 위풍당당한 인물이었음에 틀림없다. 올라프는 내켜하지 않는 귀족들이 새로운 종교를 받아들이도록 강요하는 데 그치지 않고 멀리 떨어진 노르웨이 영토에까지 그 종교를 밀어붙였다. 결국 1000년에는 페로제도·오크니제도·아이슬란드 모두 기독교를 받아들이게 되었다. 심지어 그린란드조차 그 방향으로 순조롭게 나아가고 있었다. 같은 해에 개종한 레이프 에리크손은 올라프의 왕궁을 떠나 자신만의 탐험 여행에 나섰다.

올라프 트리그바손은 기독교로의 개종을 밀어붙이는 과정에서 수많은 백성의 원성을 샀다. 하지만 그가 결국에 실패하게 된 원인이 기독교 때문은 아니었다. 몇 년 전 스벤 트베스케그는 발트해 연안의 어느 족장에게 자신의 누이를 아내로 건네주었다. 이들의 결혼은 결국 행복하지 않은 것으로 드러났고, 스벤의 바람과는 달리 누이는 노르웨이로 달아났다. 올라프 트리그바손은 그녀에게 거처를 제공해주었을 뿐 아니라 그녀를 아내로 삼기까지 했다. 이 시의적절하지 않은 처신을 통해 덴마크의 스벤 트베스케그는 올라프를 적이라고 확신하게 되었다.

스벤 트베스케그는 진작부터 친구 올라프를 경계해왔다. 올라프가 사람들을 개종시키는 데 성공한 것은 상당 정도가 그의 거대한 기함(旗艦) '긴 독사(The Long Serpent)'[4] 덕택이었다. 피오르를 오르내리며 순항하는 그 배는 왕의 권위를 과시하기에 전혀 손색이 없었다. 올라프가 영토를 확장하고 싶어 한다는 사실은 익히 알려져 있었다. 그는 진작부터 홀로된 스웨덴의 왕후와 결혼하려 애써왔으며 이제 덴마크 왕족의 일원이 됨으로써 스칸디나비아 전역을 아우르는 왕의 자리를 넘보고 있다는 소문이 파다했다.

이에 따른 두려움 때문에 덴마크와 스웨덴은 결국 동맹을 맺었고, 배 70척으로 구성된 연합 함대를 꾸렸다. 이 함대는 올라프가 덴마크와 노르웨이 사이를 항해하고 있을 때 용케 매복해 있다가 그를 습격했다. 배

11척으로 이루어진 노르웨이 함대는 순식간에 격파되었고, 오직 '긴 독사'만이 저항에 성공했다. 근사한 자신의 기함마저 가망이 없다는 게 확실해지자 올라프는 하강 속도를 더욱 빠르게 하기 위해 무기를 움켜쥐고 물속으로 뛰어들었다.

승리한 스벤 트베스케그는 노르웨이를 동맹 세력과 갈라 먹었다. 남부 대부분의 지역을 차지한 그는 이제 스칸디나비아에서 가장 강력한 왕이 되었고, 아버지 하랄 블로탄이 차지했던 영토의 대부분을 되찾았다. 애설레드 준비미비왕이 그의 통치 기간 중 최악의 실수를 저지른 것이 바로 스벤 트베스케그가 전성기를 구가하고 있던 바로 이 시점이었다.

스칸디나비아 왕들이 영국에 진을 치고 있는 동안 애설레드는 바이킹이 득세하는 흐름을 저지하고자 애썼지만 뜻대로 되지 않았다. 그는 올라프와 스벤을 돈으로 매수함으로써 되레 갈취가 먹혀든다는 것만 증명해 보였을 따름이다. 이어지는 몇 년 동안 지급금은 계속 불어났고 애설레드는 추가로 은 10만 8000파운드를 건네주어야 했다.[5] 낙심한 애설레드는 데인법 시행 지역인 북쪽 지방에 사는 자신의 백성들이 바이킹의 습격을 도와주거나 아니면 부추기고 있다고 믿게 되었다. 이런 강박은 덴마크인이 자신의 목숨을 노리고 있다는 망상으로까지 발전했다. 그는 결국 1002년 11월 13일, 그 왕국에 살고 있는 덴마크인을 모두 제거하라는 명령을 내렸다.

성브라이스 데이 대학살이라고 알려진 이 사건은 애설레드가 저지른 가장 어리석은 일이었다. 데인법 시행 지역의 주민에게는 스칸디나비아의 전통이 얼마간 남아 있긴 했지만, 그들은 애설레드의 할아버지 시대 이후 영국 왕실에 변함없는 충성심을 보여왔다. 이 유혈 참사[6]에서 목숨을 잃은 수천 명 가운데는 공교롭게도 군힐드(Gunnhild)라는 여성이 포함되어 있었다. 그녀는 다름 아니라 덴마크인 남편과 함께 잉글랜드에 정착한, 스벤 트베스케그의 누이였다. 애설레드는 백성들이 자신에게 등을 돌리도록 만들었을 뿐 아니라 권력의 정점에 있는 덴마크의 스벤 트베스케그로부터 원한을 사게 되었다.

스벤은 시간을 지체하지 않았다. 그는 이듬해에 서쪽을 공격하기 위해 잉글랜드에 머물렀다. 하지만 뜻하지 않게 지역민의 저항이 격렬한 데다 기근이 덮쳐 그 지역에서 나는 식량을 먹고 살 수 있는 길마저 막혀버리자 퇴각해야 했다. 그가 군대를 추가로 모집했을 때 다른 독립적인 바이킹들도 쉴 새 없이 압박을 가해왔다. 키다리 토르켈(Thorkell the Tall)이 이끄는 이 욤스보르그 바이킹은 캔터베리를 습격함으로써 애설레드 정권으로부터 은 4만 8000파운드를 두둑이 챙겼다. 이들은 올라프의 개종을 축하하는 의식을 주관한 바로 그 캔터베리 대주교를 붙잡은 만큼 몸값을 더 많이 뜯어냈어야 마땅했다. 하지만 이 꼬장꼬장한 성직자는 자신의 교구에 단 1페니도 본인을 구하는 데 쓰지 말라고 신신당부했다. 화가 머리끝까지 치민 바이킹은 결국 그를 때려죽였다.[7]

1013년 준비를 완료한 스벤 트베스케그는 잉글랜드를 무력으로 쳐들어갔다. 애설레드를 벌하기 위해서가 아니라 그의 권력을 타도하기 위해서였다. 이 불운한 영국 왕은 자신의 통치 기간을 그토록 유망하게 시작했음에도 불구하고, 이제 자신이 다스리는 백성 대부분으로부터 버림받은 신세가 되었다. 앨프레드 대왕의 증손자 애설레드가 창피하게도 노르망디로 줄행랑을 치자 잉글랜드는 바이킹의 손에 넘어갔다. 런던은 12월에 항복했고 스벤 트베스케그는 1013년 크리스마스 날 왕위에 올랐다.

스벤은 광폭한 무골 이바르조차 하지 못한 일을 이루어냈지만, 자신의 왕관을 그리 오랫동안 지키지는 못했다. 몇 주 만에 앓아누웠고, 1014년 2월에 숨졌기 때문이다. 스벤의 10대 아들 크누트(Cnut)는 아버지의 시신을 염하고 방부처리하고 보살폈고, 그러고 나서 덴마크로 보내 매장했다. 잉글랜드를 정복하려던 위대한 바이킹의 꿈은 시작되자마자 물거품이 된 것 같았다.

아이러니하게도 해적왕 가운데 가장 성공적이었지만 가장 그 진가를 인정받지 못한 이가 출현한 것이 바로 이즈음이었다. 바야흐로 바이킹의 기백이 야성을 잃은 채 한량없이 다소곳해지고 바다 늑대의 전성기가 기울어가고 있던 때였다.

22

북방의 황제

"Moribus inclutus facet hic rex romine Cnutus."
(훌륭한 치적을 남긴 크누트 왕이 여기 잠들다.)

-크누트의 묘비명

스벤 트베스케그는 왕관을 두 개 가지고 있었는데, 그에게 둘의 중요성은 똑같지 않았다. 그는 사랑하는 맏아들 하랄 2세(Harald II)에게는 덴마크의 왕위를 주고, 그보다 어린 크누트에게는 절반쯤 정복한 데 그친 잉글랜드를 지배하라는 탐탁지 않은 일을 떠안겼다. 어쨌든 크누트에게는 그 일이 썩 잘 어울렸다. 그를 묘사한 초기 기록은 "눈에 띄게 키가 크고 힘이 장사이며 숱 많은 금발에 꿰뚫어 보는 듯한 맑은 눈을 가졌다"고 적고 있다. 혈색 좋은 그의 얼굴에서 딱 하나 흠이라면 코가 작은 데다 약간 매부리코라는 것이었다.

이 새로운 왕으로서는 안타깝게도 그의 백성은 덴마크인의 지배를 받는다는 사실을 싫어했다. 데인법 시행 지역의 시민들은 그의 왕권을 인정했지만, 영국의 나머지 지역에서는 그럴 뜻이 없었다. 그들은 그의 아버지야 무서워했을 테지만, 아들에게까지 경의를 표할 까닭은 없다고 보았다. 그들은 이 침략자를 권좌에서 몰아내려는 결의의 표시로 대표단을 보내 애설레드 준비미비왕을 다시 불러들였다.

35년 동안 꾸준히 자신의 명성에 먹칠을 하면서 살았고 막판에 왕위에서 쫓겨나기까지 한 이 앵글로색슨 왕은 드디어 자신의 명예를 회복할 절호의 기회를 맞았다. 그는 아내 에마(Emma), 그리고 그들 슬하의 두 아들을 데리고 자신의 노르만인 처남(에마의 오빠—옮긴이) '선한 리샤르 공작(Duke Richard the Good: '두려움 없는 리샤르 공작'의 아들—옮긴이)'의 노르망디 왕궁에서 살고 있었다. 하지만 영국인이 애설레드를 두 팔 벌려 환영한 것은 아니었다. 그들은 과거에 스벤 트베스케그를 지지한 사람을 벌하지 않겠으며, 귀족들이 제안한 모종의 개혁안을 실행하겠다는 다짐을 애설레드에게서 받아낸 뒤에야 그의 복귀를 허용했다.[1]

애설레드는 그렇게 하겠다고 합의했고, 노르만인과 영국인 병사로 이루어진 군대를 이끌고 영국해협을 건너왔다. 크누트는 충성심을 분명히 하기 위해 선도적인 귀족 가운데 볼모를 몇 명 잡아들이는 신중한 조치를 취했다. 하지만 그가 이끄는 군대는 제대로 준비되어 있지 않은 데다 떠나버리기까지 했다. 가망 없는 처지에 놓인 사실을 깨달은 크누트는 남부 연안의 샌드위치(Sandwich)에 정박해 있는 자신의 함대로 도망쳤다. 그리고 그 볼모들의 사지를 절단한 다음 피 흘리는 그들을 해변에 그대로 놔두고 떠났다. 자신에게 충성하지 않는 과거의 백성들에게 본때를 보여주겠다는 심산이었다.

싸움 한 번 해보지 않고 자신의 왕국을 되찾은 애설레드는 분명 오랜 굴욕의 세월을 만회한 듯한 신나는 기분이었을 것이다. 하지만 안타깝게도 그 기분은 그리 오래가지 않았다. 1년도 되지 않아 아들 에드먼드 아이언사이드가 반란을 일으키고 데인법 시행 지역을 장악했으며, 아버지를 제압하기 위해 그가 하는 일마다 사사건건 맞선 것이다.

한층 심각한 것은 크누트가 끝까지 굴복하지 않았다는 사실이다. 이 쫓겨난 왕은 자신의 함대를 이끌고 곧장 형 하랄 2세의 왕궁을 찾아갔다. 형은 그를 따뜻하게 맞았고 그가 잉글랜드를 탈환할 수 있도록 군대를 충원하는 데 도움을 주었다. 하랄 2세가 이렇게 한 것은 무슨 특별한 형제애가 있어서라기보다 자신의 왕국에서 잠재적 경쟁자를 서둘러 내쫓고 싶었기 때문이었을 것이다. 어쨌든 간에 이 일은 효과적이었던 것으로 드러났다. 2년 내로 크누트는 바이킹 군대 만 명을 수용할 수 있는 함대 200척을 확보한 것이다.

나이가 든 데다 이제 아프기까지 한 애설레드 왕은 개가를 이룬 지 얼마 안 되어 발생한 크누트의 침공으로 허망하게 무너졌다. 자신의 왕국을 방어하는 데 너무나도 무력했던 애설레드는 그 일을 아들 에드먼드 아이언사이드와 사위 '욕심 많은 이드릭 스트레오나(Eadric 'the Grasper' Streona)'에게 위임했다. 에드먼드 덕분에 잉글랜드는 어쨌든 유능한 자의 지배하에 들어갔다. 에드먼드는 런던을 열정적으로 방어함으로써 아버지의 백성들로부터 찬사를 들었고, 애설레드가 마침내 몇 달 뒤 사망하자 만장일치로 남은 잉글랜드 왕국의 왕으로 추대되었다.

애설레드는 죽기 전에 마지막으로 한 번 더 굴욕감을 맛보아야 했다. 그의 사위 이드릭 스트레오나가 공적으로 크누트에게 돌아섬으로써 불신임안 표결을 발표한 것이다. 그는 영국 역사상 가장 악명 높은 배신자로서 자손만대 이름을 떨치게 된다. 덴마크와 영국의 연합군이 웨섹스로 밀고 들어가 에드먼드를 압박했고, 거기서 두 세력이 쉽게 결판나지 않는 밀고 밀리는 전투를 수차례 치렀다.[2]

크누트는 머시아로 물러났는데, 에드먼드 아이언사이드는 놀랍게도 그를 추격함으로써 그들을 더 멀리 퇴각하도록 내몰았다. 이 작은 승리로 인해 난감한 처지에 놓인 이드릭 스트레오나는 영국군에 합류해야겠다고 확신했고, 주로 그가 함께 데려온 병사들 덕분이겠지만 어쨌거나 크게 환영받았다. 에드먼드는 새로 군대를 충원할 필요가 있었고 그래서 에식스로 길을 떠났다. 하지만 그가 에식스 왕국을 뚫고 진격하는 동안 크누트가 용케 그를 기습 공격했다. 치열한 유혈 전투가 벌어졌는데 결정적인 순간에 이드릭 스트레오나가 다시 한번 자기편을 배신하고 덴마크인이 승리하도록 협조했다.

이 전투에서 에드먼드 아이언사이드는 부상을 입었고, 그의 귀족들 대부분은 살해되었다. 에드먼드는 남은 군대와 함께 글로스터서(Gloucestershire)의 어느 섬으로 도망쳤고, 그곳에서 크누트와 조약을 맺었다. 크누트가 템스강 북쪽의 잉글랜드를 지배하고, 에드먼드 아이언사이드는 남쪽을 유지하는 조건이었다. 거기에다 먼저 죽은 왕의 영토는 살아남은 왕에게 넘어가고 그 왕의 자녀들이 잉글랜드 왕국 전체의 계승자가 되는 조건이 더해졌다.

이 조약은 무조건적인 항복이나 마찬가지였다. 심하게 부상당한 에드먼드 아이언사이드는 오래 살지 못할 테고, 크누트는 혈기왕성한 인생의 황금기임을 양쪽 모두 잘 알고 있었으니 말이다. 이것은 영리한 협정이었다. 영국의 국왕 에드먼드가 추방당하는 창피를 면하고 자신의 왕국을 영웅적으로 방어했음을 인정해주는 모양새였기 때문이다.

어찌 되었든 간에 크누트는 그리 오래 기다리지 않아 자신의 뜻을 이루었다. 에드먼드가 부상을 이겨내지 못하고 불과 몇 주 연명하다 숨진 것이다. 1017년 1월 6일 크누트는 왕위에 올랐고, 잉글랜드 최초의 바이킹왕이 되었다. 앨프레드가 바이킹을 물리친 지 1세기밖에 되지 않아 그의 후예들이 잉글랜드를 도로 덴마크인에게 넘겨준 것이다.

크누트는 역사를 통해 바이킹이 영국의 왕관을 차지하기가 쉽지 않다는 것을 깨달았다. 그는 영국인이 낯선 군주를 맞느니 차라리 가장 인기 없는 토착 군주를 섬기는 쪽을 택한 탓에 결국 실패하고 만 왕의 대관식을 한 차례 지켜본 바 있다. 크누트는 뭔가 변했다는 착각에 빠지지 않았던 만큼 자신의 통치 기반을 확고히 다지기 시작했다.

그는 잠재적 위험 요소를 무자비하게 박살 냈다. 또한 사망한 에드먼드 아이언사이드를 지지하던 수많은 토착 백작들과 에드먼드의 남동생까지 처형했다. 크누트는 두 선왕(애설레드 준비미비왕과 에드먼드 아이언사이드—옮긴이)에게는 없던 분별력을 보여주기 위해 이드릭 스트레오나를 살해한 다음[3] 그의 머리를 런던교에 걸어놓았다. 그렇다고 에드먼드에게 계속 충성한 자들을 모두 처벌한 것은 아니다. 특히 덴마크인의 피가 반쯤 섞인 고드윈이라는 귀족은 흔들림 없이 영국 왕 에드먼드에게 충성을 다했던지라 크누트에게 서약했을 때 의혹을 하기에 충분했다. 크누트 왕이 고드윈에게 최근까지 철천지원수였던 사람을 어떻게 믿느냐고 묻자, 고드윈은 자신의 한결같음이 의혹을 거둘 증거라는 말로 응수했다. 그는 계속해서 왕은 오히려 전쟁을 벌이는 도중에 등을 돌린 사람을 조심해야 한다고 덧붙였다. 자신은 그러지 않았고 자기편이 질 게 뻔한 순간에조차 충절을 지켰다는 것이다. 크누트의 영국인 동맹 세력도 같은 주장을 할 수 있지 않을까? 크게 탄복한 크누트는 고드윈에게 웨섹스의 첫 백작 지위를 부여하고, 그가 자기 누이 에스트리스(Estrith)의 남편 울프 토르길손(Ulf Thorgilsson)의 여동생 지사(Gytha)와 혼인하도록 허락했다. 과거에 이름도 없던 귀족이 잉글랜드에서 가장 강력한 토착 백작이 된 것이다.

크누트는 자신의 정통성을 강화하기 위해 토착 왕족과 결혼했다. 죽은 애설레드 준비미비왕의 노르만인 아내 에마는 훌륭한 신붓감이고 비교적 젊었는데, 다시 왕권을 회복하기 위해 자신의 두 아들을 버릴 수 있어서 정말이지 홀가분했다. 크누트가 이미 영국 여성, 노샘프턴의 앨프기푸(Aelfgifu)와 결혼한 상태라는 사실은 너그럽게 눈감아 주었다. 앨프기푸는 조용히 역사의 뒤안길로 사라졌고 에마가 크누트와 함께 살게 되었다. 이 새로운 혼인은 성공적인 것으로 드러났고, 얼마 안 되어 에마는 남편에게 아들 하르타크누트(Harthacnut)를 낳아주었다. 크누트는 이미 전처소생인 두 아들, 스베인(Swein)과 하랄 토끼발(Harald Harefoot)을 두고 있었던지라 이제 왕위를 계승하는 데는 아무 문제가 없었다.

크누트는 자신의 통치에 반발하는 자들을 남김없이 잔인하게 숙청했으며, 군대를 해산하고 오직 배 40척과 거기 승선한 사병들만 상비군으로 유지했다. 그는 자신의 노병들에게 급료를 지급하기 위해 은 7만 2000파운드라는 거금을 모아야 했다. 애설레드 준비미비왕이 그의 통치 기간을 통틀어 제공하던 양의 절반가량이었다. 이는 그 정도까지 할 수 있다는 크누트의 통치력과 영국의 경제적 안정성을 동시에 보여주는 척도였다. 아이러니하게도 그는 자신의 선왕(애설레드 준비미비왕—옮긴이)이 바이킹에게 뇌물을 주기 위해 활용했던 체제를 동원했다. 즉 통상적인 관리를 파견하여 영국인에게 자신들을 정복한 군대에 급료를 주도록 마지막 데인겔트를 요구한 것이다. 하지만 크누트가 군대를 해산하자마자 덴마크 왕인 형 하랄 2세가 사망했다.

크누트는 소규모의 영국군밖에 동원할 수 없는 처지였으므로 일부 바이킹을 충원하여 그 왕관을 차지하기 위해 덴마크로 항해에 나섰다. 이 군사 작전은 참으로 아이러니했다. 200년이 넘는 권력 남용으로 마침내 판세가 역전되었으며, 이제 영국군이 덴마크를 정벌하러 나섰으니 말이다. 고드윈 백작 등 영국 귀족을 거느린 크누트는 덴마크의 수도 옐링까지 가는 길에 약탈을 계속했고, 그 과정에서 마주한 저항들을 모조리 탄압했다.[4] 이 군사 작전을 시작으로 바이킹 역사에서 전례가 없는 10년간의 괄목할 정복의 역사가 펼쳐졌다. 크누트는 1년 만에 덴마크의 왕으로 받아들여졌으며 스칸디나비아에서 가장 중요한 인물로 인정받게 되었다.

스웨덴과 노르웨이는 크누트의 권력이 커지자 저항하긴 했지만 서서히 쇠락기로 접어들고 있었다. 1026년의 '신성한 강(Helgeå)' 전투에서 롱십을 이용해 연합한 적의 해군을 무찌른 크누트는 노르웨이와 스웨덴 일부의 왕으로 인정받았다.

크누트는 잉글랜드로 돌아와 셰익스피어 작품의 주인공 맥베스를 포함해 스코틀랜드 왕 세 명, 그리고 바이킹 더블린의 지배자로부터 항복을 받아냈다. 아일랜드에서 클론타프 전투가 벌어진 1014년에 크누트는 잉글랜드를 침략할 준비를 했었다. 아일랜드 바이킹 세력이 흩어지자 크누트가 서부 식민지를 지배하고 그들의 중요한 무역을 장악할 수 있는 여지가 생겼다.

크누트는 8세기에 스칸디나비아에서 쏟아져 나왔던 초기 습격자들의 거친 상상력을 뛰어넘는 단계로까지 나아갔다. 발트해에서 아일랜드해, 스칸디나비아에서 오크니제도·셰틀랜드제도·맨섬에 이르는 광대한 북부 제국을 지배한 것이다. 그는 가장 위대한 해적왕이자 역사상 유일한 북해 제국의 통치자가 되었다.

그러나 크누트는 단순한 정복자에 그치는 존재가 되고 싶지는 않았다. 이질적인 영토들을 단일 국가로 통일하겠다는 것이 그의 야심이었다. 크누트는 코펜하겐이나 런던에서 물건을 팔러 다니는 상인들이 같은 화폐를 사용할 수 있도록 하려고 스칸디나비아에서 영국식 화폐를 주조했다. 또한 도량형도 콘스탄티노플에서 사용하는 것에 맞추어 바꾸었다. 자신의 영토가 더 넓은 유럽 시장에 통합되기를 바라면서 취한 조치들이었다.[5]

1027년 크누트가 유럽의 최고 군주 자리를 다투는 위치에 이르렀다는 사실이 만천하에 드러난 것은 교황이 친히 새로운 로마 황제 콘래드 2세 (Conrad II)의 대관식에 참석하라고 그를 초대했을 때였다. 크누트는 그저 순례자로서 유유자적 로마를 여행했지만, 그 여정의 선전 효과는 그만이 었다. 황제는 크누트와 비슷한 나이였고 둘은 만나자마자 죽이 잘 맞았다. 이들은 나란히 행진했고 공식석상에서도 옆자리에 앉았다. 독일 제국과 덴마크를 잇는 독일 영토 슐레스비히는 수 세기 동안 두 왕국이 갈등을 일으키도록 만든 원인이었다. 콘래드 2세는 이제 막 새로 사귄 군주 크누트에 대한 애정의 표시로 슐레스비히를 그에게 하사했고, 크누트는 자신의 딸 군힐드를 콘래드의 아들에게 주겠다고 약속했다.

로마 황제 대관식은 그 자체로 크누트에게 깊은 인상을 남겼다. 그는 잉글랜드에 돌아오자마자 황제 왕관의 복제품을 만들어달라고 주문했고,

비록 칭호는 없었을망정 제국 지배의 이미지를 부지런히 개발했다. 크누트는 거의 20년 동안 대체로 지혜롭고 무난하게 잉글랜드를 지배했다. 그가 1035년 사망했을 때 사람들은 진심으로 슬퍼했다. 그의 시신은 윈체스터로 옮겨졌고 그곳 대성당의 지하실에 안치되었다.

크누트는 잉글랜드의 최고 군주로 기억되어야 마땅하지만, 이상하게도 뭔가 동떨어진 존재로 남아 있다. 이는 필시 그가 건설한 것들 대부분이 그의 사망 직후 파괴되었기 때문일 것이다. 불과 10년 만에 그의 자녀들이 모두 죽었고 그의 제국도 흔적 없이 사라졌다. 잉글랜드는 도로 토착 왕조로 복구되었고, 덴마크는 노르웨이 왕에게 정복당했다.

크누트는 두 세계에 낀 인물이었다. 그는 기독교인이었으므로 이교도 음유시인이 영원성을 부여할 수 있는 존재가 못 되었고, 기독교인 영웅으로 추대하기에는 또 너무 이교도적인 색채가 짙었다. 여러 가지 면에서 가장 위대한 바이킹 해적왕 크누트는 실제로 바이킹이라고 보기도 어려웠다. 그는 본인 스스로를 공정하고 적법한 지배자로 자리매김하고자 혼신의 노력을 기울였으며, 로마로 두 차례나 순례를 다녀왔고, 자신의 백성들이 로마 통행세를 면제받을 수 있도록 영향력을 발휘했다. 그런가 하면 교회를 습격하고 약탈을 밥 먹듯 한 탓에 바다 늑대라는 별명을 얻은 선조들과 전혀 달리 수많은 종교 기관에 기부하고, 자신이 지배하는 드넓은 영토에 들어선 교회에 귀중한 성배며 십자가, 채색한 원고 따위를 수도 없이 기증했다.

크누트의 삶에서 가장 유명한 일화는 그가 전투에서 보여준 용맹함이나 전리품을 아낌없이 나눠주는 관대함과 관련된 것이 아니다. 바로 의자에 앉아서 파도에게 물러가라고 명령했다는 이야기다. 이는 과대망상이라기보다 그가 아첨을 일삼는 가신들에게 들려준 교훈이었다. 즉 가장 위대한 왕의 권력도 결국에 가서는 저물게 마련이니 오직 신만을 숭배하라고 말해주기 위해 그렇게 했다는 것이다.

하지만 크누트 왕은 이 모든 경건한 종교 행위를 실천해 보였고, 신에게 제물을 바치고 세금을 감면해주고 수많은 교회를 지었음에도 불구하고,[6] 결코 이교도 바이킹으로서의 평판을 털어낼 수 없었다. 그가 한 프랑스 대성당에 얼마간의 제물을 기증했을 때, 그곳의 주교는 크누트에게 편지를 보내 "나는 당신이 '이교도 왕자'인 줄 알았다"며 놀라움을 표시했다. 유혈 전투와 명쾌하지 않은 군사 상황 탓에 사회가 불안해졌고, 그의 삶을 우호적으로 언급한 글은 거의 찾아보기 어려웠다. 영국의 백성들은 그를 고마워하기는 했지만 끝끝내 자신들의 일원으로 받아들이지 않았다.

영국 역사에서 크누트가 차지하는 애매한 위상은 바이킹 자체의 애매한 위상에도 고스란히 투영되어 있다. 바이킹의 세계는 빠르게 변화하고 있었다. 수도원을 약탈하고 바다를 탐험하고 해적왕으로서 귀환하던, 부단히 모험을 즐기는 젊은이의 시대는 갔다. 그리스도가 아직 오딘을 완전히 제압하지는 못했지만 해적은 대개 상인으로, 음유시인은 목자로 달라졌다. 배를 주조하는 바이킹의 기술은 이제 장려한 목조교회를 축조하는 데 쓰였고, 선교사들이 북부 전역에서 활발하게 활동했다.[7]

정치적 변화도 그만큼이나 컸다. 한때 바이킹은 스스로의 독립성에 대해 자부심을 가졌다. 하지만 프랑스의 어느 사절에게 자기네는 왕이 없다고 자랑스럽게 큰소리치던 이들은 이제 군주에게 충실하게 세금을 내고 그의 군대에서 복무하는 이들로 달라졌다. 왕이 자신의 권력을 공고화함에 따라 과거의 탐험 정신은 희미해져갔다. 빈란드는 기억에서 멀어졌고 그린란드와의 연결은 끊어졌으며 스칸디나비아는 바다에 대한 장악력을 잃어버리기 시작했다.[8] 옛 바이킹의 기상은 오직 반쯤 개화한 노르웨이 서쪽에만 설핏 남아 있었다.

23

바이킹 시대의 종언

"막강한 하랄이 무너졌다. 우리는 모두 위험에 빠졌다……."

－하랄 왕의 사가

변화하는 세계를 이복형제 사이인 '강인한 올라프'와 하랄 하르드라다 가문보다 더 잘 보여준 경우는 없었다. 이들은 간발의 차를 두고 노르웨이 남동부에 있는 소왕국의 두 왕과 혼인한 아스타 구드브란드대테르(Åsta Gudbrandsdatter)의 아들들이었다.

올라프는 좀더 유명한 결혼에서 얻은 자손이었고, 자신의 아버지가 최초의 노르웨이 왕 하랄 미발왕의 후예라고 주장하는 입장이었다. 한편 하랄 하르드라다는 아스타가 '돼지 시구르(Sigurd the Sow)'라는 순하고 별 볼일 없는 위인과의 두 번째 결혼에서 얻은 막내아들이었다. 하랄은 어머니의 기질을 물려받아 반항적이고 야심이 많았지만,[1] 형 '강인한 올라프'를 존경했다.

올라프는 열세 살 때 발트해 연안을 약탈하기 위해 집을 떠났고 유능한 병사임을 입증해 보였다. 1014년에는 런던의 공격을 지휘함으로써 초기 크누트의 지배가 동요하는 데 기여했으며 그의 급속한 추락을 부채질했다.[2] 이 젊은 바이킹은 영국해협을 건너 노르망디의 '선한 리샤르 공작'의 왕궁에서 겨울을 났다. 거기에서 그는 기독교를 받아들였고, '선한 리샤르 공작'이 대부로 참여한 가운데 루앙에서 세례를 받았다.

올라프는 정략적으로 기독교를 받아들인 자신의 선조 하랄 미발왕처럼 새로운 종교를 수용함으로써 노르웨이를 통일하겠다는 포부를 안고 집으로 돌아왔다. 처음에는 모든 것이 순조로웠다. 올라프는 자신의 적들을 괴멸시켰고, 1년 만에 과거의 어느 노르웨이 왕보다 더 넓은 지역을 손에 넣었다. 그는 오크니제도를 확실하게 장악했으며 덴마크 귀족을 노르웨이에서 쫓아냈고 스웨덴 왕의 사생아 딸들 가운데 하나와 결혼했다. 또한 유능한 행정망을 구축함으로써 국가 전체를 통치할 수 있었다.

하지만 올라프 왕은 특별히 인기가 많지는 않았다. 상당히 지적인 그는 기량이 뛰어난 시인이고 유능한 전략가였지만, 자신의 권위를 지키는 데에서만큼은 한 치의 양보도 없었으며 더러 거만하게 굴 때도 있었다. 실제로 자신에게 고분고분하지 않은 귀족들과는 결코 사이가 좋지 않았으며, 농부들을 기독교로 개종시키려고 시도함으로써 그들로부터 커다란 불만을 사기도 했다. 한번은 개종하지 않겠다고 버티는 사람의 혀를 뽑아버렸고, 또 한번은 까다롭게 구는 귀족의 눈을 멀게 만들었다. 사람들은 그가 그토록 거세게 몰아붙이는 것은 단순히 신앙심 때문만이 아닐 거라는 막연한 의구심을 품었다. 올라프 하랄손의 사가에 적힌 대로, "올라프는 말수는 적었지만 …… 돈 욕심이 굉장했다." 계기만 생기면 백성의 불만은 폭동으로 터져 나올 판이었다.

그 계기를 제공한 것이 바로 크누트였다. 크누트는 올라프가 노르웨이에서 덴마크의 영향력을 축소하는 데 성공한 사실에 화가 났다. 그래서 1028년 이 영국 왕은 돈을 풀어 적대감을 키우도록 부추김으로써 올라프를 왕위에서 끌어내리는 폭동이 일어나도록 만들었다.

추방당한 올라프 왕은 자신과 동서지간인 키예프의 대공 현공 야로슬라프(Jaroslav the Wise)의 왕궁으로 도망쳤다〔현공 야로슬라프는 스웨덴 왕 올로프 쇠트코눙의 딸이자 올라프의 약혼녀였던 잉에예르드(Ingegerd)와 결혼했고, 올라프는 그녀의 이복동생 아스트리드(Astrid)와 결혼했다—옮긴이〕. 그는 용병을 모으면서 한 해를 보냈고, 1030년 자신의 왕위를 탈환하러 나섰다. 올라프는 덴마크인, 스웨덴인, 그리고 일부 노르웨이인이 뒤섞인 바이킹 집단을 이끌고 스웨덴으로 건너갔으며, 거기에서 600명이 넘는 부하를 거느린 자신의 열다섯 살짜리 이복동생 하랄 하르드라다와 만났다.

올라프가 자신의 옛 백성들에게 환영받을 거라고 기대했거나, 아니면 적어도 자신의 군사적 힘으로 그들을 겁주겠다고 생각했다면 그야말로 큰 오산이었다. 7월 29일, 그가 스티클레스타드라 부르는 북부 농장 부근 지역으로 진입하려고 시도했을 때 노르웨이의 농부와 귀족 연합군이 그의 군대 앞을 가로막았다.

적어도 손에 땀을 쥐게 하는 스노리의 이야기에 따르면, 일식의 어둠 속에서 노르웨이 역사상 가장 유명한 전투가 펼쳐졌다. 올라프 왕의 군대는 훌륭하게 잘해냈지만 아무래도 수적으로 지나치게 열세였던 것 같다. 전투가 가장 치열한 전선의 한복판에서 군대를 이끌던 올라프는 무릎에 상처를 입었다. 비틀거리며 물러섰을 때 목덜미에 섬뜩한 느낌이 스쳤다. 그는 바위 위로 고꾸라졌고, 누군가 세 번째이자 마지막으로 그의 복부를 가격하는 바람에 완전히 쓰러지고 말았다.

올라프 왕이 숨지자 와해된 군대는 대학살을 피해 다투듯 도망쳤다. 승리감에 젖은 귀족들이 그들을 끝까지 뒤쫓아 갔다. 이 일은 해가 저물어 학살이 더는 가능하지 않게 되어서야 끝이 났다. 올라프의 시신은 부근 강가에 수수하게 묻혔고, 구사일생으로 살아남은 그의 군대 병사들은 조용히 다른 일을 찾아 떠났다.

하지만 괴멸된 올라프의 영향력은 그가 죽고 나서야 발휘되기 시작했다. 노르웨이가 이방인의 지배 아래 놓여 약화하자 노르웨이인은 자신들의 토착 왕이 복귀할 수 있도록 돕기 시작했다. 이들은 1년이 안 되어 올라프의 시신을 파냈는데, 기적적으로 보존이 잘되어 있다는 사실을 발견했다. 그가 갈보리에서 죽음을 맞은 그리스도처럼 어둠 속에서 싸우면서 명예롭게 죽어갔다는 사실은 그가 성스러운 존재임을 보여주는 증거로 받아들여졌다. 그해에 교황은 그를 성인으로 공표했다.[3] 그가 묻힌 자리 위에 웅장한 대성당이 들어섰고 그가 죽으면서 넘어진 돌을 에워싸고 높은 제단이 설치되었다.

올라프는 살아 있을 때보다 죽은 뒤에 훨씬 더 강력해졌다. 그는 가난하고 억압받는 이들의 수호자이자 상인과 선원의 옹호자로, 기독교의 총아로 떠올랐다. 불편한 사실들, 즉 그가 스티클레스타드에서 지휘하던 군대는 주로 낯선 이교도들로 이루어져 있었다는 것, 그를 죽인 것은 다름 아니라 노르웨이인 자체였다는 것, 그리고 그는 때로 분열주의적이고 탐욕스럽고 '첩에 약간 중독된' 지배자이기도 했다는 것은 조용히 묻혔다. 생전에는 거부당한 군주가 이제 노르웨이의 영원한 왕이자 수호성인이자 국가의 아이콘으로 떠오른 것이다.

올라프의 이복동생 하랄 하르드라다는 완전히 다른 인간으로 자리매김했다. 키가 거구였던(225센티미터에 이르렀다고 전해진다) 그는 체구만큼이나 대담한 인성을 지녔다. 그는 어머니로부터 교활한 마음과 함께 아이답지 않은 야심을 물려받았다. 이 두 가지 기질은 스티클레스타드 전투에서 일찌감치 드러났다. 열다섯 살의 하랄은 용맹하게 싸웠지만 심한 부상을 입었다. 그래서 도랑의 시체들 사이에 숨어 있다가 어둠이 깔려 피신할 수 있게 되자 간신히 도망쳐 나와 목숨을 건졌다.

하랄은 노르웨이 동쪽 멀리 떨어진 곳으로 달아났고, 용케 그곳의 어느 농장에서 돌아다닐 만큼 상처가 나을 때까지 숨어 지낼 수 있었다. 분명 그가 살아 있다는 소식이 퍼져나가기 시작했을 테고, 따라서 그는 거동할 수 있게 되기가 바쁘게 자신을 환대하는 현공 야로슬라프의 왕궁을 향해 동쪽으로 떠났다. 이것은 위험한 여행이었고 노르웨이에서 그의 지위가 회복될 가능성도 희박했지만, 하랄은 특유의 낙관성을 잃지 않았다. 10대에 불과한 그는 여행하면서 자신의 과거와 미래를 찬미하는 시를 지었다. "말을 타고 갈 때 내 상처에서는 피가 났네. 나는 이 나무에서 저 나무로 기어갔네. 저 아래쪽에서 귀족들이 성큼성큼 다가오면서 상처 입은 자들을 칼로 죽이고 있네. 나는 생각했네, 그들이 올바른 군주를 따르게 될 날이 올지 누가 알겠는가 하고. 내 이름은 앞으로 내 고국에서 위대해질 것이네."

하랄은 키예프에서 몇 년을 보내면서 그 대공에게 소중한 기여를 했다. 야로슬라프는 하랄이 데려온 바이킹 500명뿐 아니라 노련한 지휘관도 필요했던 것이다. 노르웨이인 하랄은 존경받는 장군이 되어 이웃 폴란드인이나 여러 스텝 지역의 유목민에 대한 공격을 수차례 지휘했다. 자신의 지위가 더 높아지기를 바랐던 하랄은 야코슬라프에게 그녀의 딸과 결혼하도록 허락해달라고 요청했다. 하지만 싸늘하게 퇴짜를 맞았다. 아마도 키예프의 적들에 맞서 몇 차례 승리를 거두었는지는 모르지만, 그 대공의 딸에게 구혼할 수 있을 만큼의 명성은 아직 얻지 못했던 듯하다.

만약 하랄이 자신의 야심에 걸맞은 명성을 원한다면 그것을 얻기에 충분할 만큼 넓은 장소는 딱 한 군데밖에 없었다. 따라서 루스인 속에서 3년을 보낸 하랄은 부하들을 이끌고 용감하게 드네프르강의 급류를 타고 콘스탄티노플로 향했다.

바이킹은 그곳을 '위대한 도시'라고 불렀고, 1034년 하랄이 도착했을 때 그 도시는 과연 고귀한 명성에 걸맞은 모습이었다. 공식적인 의례와 화려한 행사로 이루어진 새로운 황제 미카엘 4세(Michael IV)의 대관식이 막 끝난 참이었다. 도시 전역에 새로운 군사 작전이 펼쳐질 계획이라는 소문이 나돌았고, 그 유명한 바랑기안 친위대에 더해진 바이킹 500명은 뜻하지 않은 원군이었다.

만약 두 사람이 서로를 직접 본 적이 있다면 하랄은 그 황제에 대해 그리 깊은 인상을 받지는 못했을 것이다. 미카엘 4세는 흑해의 남부 연안 출신인 농부의 아들이었다. 그리고 왕위에 오르기 전에 환전상이라는 좋은 이력을 보유하고 있었다. 또 어떤 사람들은 그가 특별히 재능 있는 '화폐 위조자'라고 말하기도 했다. 그가 즉위한 것은 순전히 그의 수려한 외모와 막강한 환관인 형 덕분이었다. 형이 그를 최근 남편을 잃은 황후 조에(Zoë)에게 소개해준 것이다. 그녀는 미카엘에게 정신없이 빠져들었고, 서른 살의 나이 차에도 불구하고 그와 혼인하고 그를 왕위에 앉혔다. 미카엘은 보은을 하겠다는 건지 말겠다는 건지 즉각 그녀를 왕궁의 여성 숙소에 가두고 그녀가 그 어떤 권력도 나누어 가지지 못하도록 철저히 봉쇄해버렸다.

하랄은 배은망덕하고 천박한 인간이었는지는 모르지만 그 제국이 소박하게나마 경제적 호황을 누릴 수 있도록 이끈 유능한 행정가였던 것으로 드러났다. 그런데 그는 불행하게도 간질을 앓고 있었고 정상적인 생활을 어렵게 하는 발작으로 인해 전장에서 군대를 이끌 수 없었다. 제국이 사방팔방에서 강한 압박을 받고 있었던 터라 이것은 심각한 문제가 아닐 수 없었다. 발칸 지역에서 세르비아인이 제국의 통제에서 벗어났고, 그리스 북부도 습격을 받았다. 소아시아에서는 약탈을 일삼는 아랍인이 여러 중요한 도시를 노략질했다. 미카엘은 이 같은 출혈을 멈추게 할 유능한 군인이 절실했고, 따라서 하랄이 자신을 찾아온 것이 마치 신의 선물 같았다.

하랄이 콘스탄티노플에서 보낸 세월은 그의 인생에서 가장 많은 결실을 거둔 시기였다. 그는 자신의 역할을 간절하게 필요로 하고 또 자신에게 무한한 자금을 지원해줄 수 있을 듯 보이는 주인을 만난 것이다. 비잔틴 제국 사람들은 스칸디나비아인 왕족이 바랑기안 친위대에 합류하도록 허락하는 것을 꺼렸다. 그래서 그의 귀족 지위와 관련해서 약간의 잡음이 있기는 했지만 그 문제는 꽤나 쉽게 해결되었다. 미카엘은 전혀 까다롭게 굴 입장이 아니었다.

마지막 바이킹이라 여겨지는 이로서의 명성에 어울리게도 하랄은 먼저 해전에 참가했다. 비잔틴 해군에게는 지중해 동쪽에서 아랍 해적을 무찌르라는 과업이 주어졌다. 하랄은 롱십을 이끌고 수많은 공격을 지휘했다. 그런 다음 소아시아로 건너가 아랍인을 비잔틴 영토에서 몰아냈다.

하랄은 이들 전투에서 보여준 용맹함 덕택에 바랑기안 친위대 대다수로부터 충성심을 이끌어낼 수 있었다. 그리고 이내 바랑기안 친위대의 지휘관으로 임명되었다. 그는 자신이 '육지파괴자'라고 이름 붙인 큰까마귀 깃발을 들고 다녔는데, 제국 군대의 대열 한복판에서 펄럭이는 깃발은 사람을 끌어 모으는 구심점으로 그곳이 전투가 가장 치열한 지점임을 알려주는 표지였다.

제국에 봉직한 하랄은 중세 지구의 저 먼 끝까지 갔다. 육지파괴자는 제국의 각지에서 나부꼈고, 어느 때는 그 경계 너머에서까지 맹위를 떨쳤다. 그는 단 5년 동안 시리아에서 캅카스까지 누비고 다니며 싸웠고, 불가리아의 폭동을 진압했으며, 아프리카 북부와 키클라데스제도(Cyclades: 에게해 남부에 있는 그리스령 군도―옮긴이)를 약탈했다. 하랄은 심지어 예루살렘에 파견된 대표단의 일원으로 참가해 요르단강에서 먹을 감기까지 했다.[4] 그는 일련의 놀라운 약탈을 이어가는 동안 추정컨대 아랍 요새를 대략 80개 함락시켰고, 유프라테스강에 이르러서야 비로소 멈추어 섰다.

황제는 하랄의 기여를 알아차렸고, 자신의 바랑기안 친위대를 이끈 이 지휘관에게 보상하기 위해 그를 귀족 계급에 앉히고, 그를 기리는 화폐까지 주조했다. 같은 해 미카엘 4세는 그의 생애에서 가장 야심 찬 군사 작전에 착수했다. 다름 아닌 시칠리아섬 침공이었는데, 그곳에 살고 있는 아랍인을 몰아내고 그 섬을 제국의 통제권 아래로 되돌려놓으려는 바람에서였다. 이 작전을 지휘하도록 임명된 비잔틴 장군은 거인처럼 큰 게오르제 마니아케스(George Maniaces)[5]였는데, 그는 요행을 바라지 않았다. 따라서 바랑기안 친위대 말고도 '무쇠팔 윌리엄(William Iron-Arm)'[6]이 이끄는 노르만인 파견대를 위시한 대규모 용병을 소집했다.

하랄 하르드라다는 이내 대규모 군대 속에서도 단연 두각을 나타냈다.

마니아케스는 바랑기안 친위대를 선봉에 세웠고, 적진의 중앙을 뚫고 들어가도록 그들을 내보냈다. 그는 또한 시칠리아에 사는 아랍인의 의지를 꺾어버릴 심산으로 그들이 계속 약탈을 저지르도록 허용했다. 이렇게 함으로써 하랄은 개인적으로 무력으로든 계략을 써서든 몇몇 도시를 함락할 수 있었다. 이런 일도 있었다. 특별히 방어가 탄탄한 도시를 포위했을 때였는데 하랄은 병사들이 안으로 뚫고 들어갈 수 있을 것 같지 않다고 판단했다. 하지만 그는 일부 조류종이 둥지를 틀기 위해 초가지붕을 이용한다는 사실을 알고 있었다. 새들은 아침마다 먹이를 찾아 도시 외곽의 시골 지역으로 날아갔다가 저녁이 되면 다시 돌아왔다. 하랄은 올가의 계략을 따라 하기로 결심하고, 부하들에게 새를 가능한 한 많이 잡아들이라고 지시했다. 바이킹 수백 명은 덫으로 새를 잡으려고 종종걸음 치며 돌아다니는 희한한, 아마도 우스꽝스러운 장면을 마을 사람들에게 선사했다.

하지만 마을 사람들의 웃음소리는 이내 그치고 공포감이 그 자리를 대신했다. 하랄은 새의 꽁지에 밀랍을 바른 대팻밥을 묶고 불을 붙였다. 겁에 질린 새들은 풀어주자마자 곧바로 자신의 둥지로 날아갔고 그 마을에 있는 거의 모든 집을 불바다로 만들어버렸다.

하랄은 영예로웠는지 모르지만 정작 시칠리아 군사 작전은 성공하지 못했다. 야영지에 관한 작은 입씨름으로 노르만 용병들과 소원해진 다혈질의 마니아케스가 어느 무능한 지휘관의 얼굴을 때렸다. 그런데 그는 하필 황제의 친척이었다. 마니아케스는 불명예 속에서 복귀 명령을 받았고 군사 작전은 실패로 돌아갔다.

하랄 하르드라다는 그 대실패에 대해서 어떤 비난도 듣지 않았다. 하지만 그와 더불어 그의 경력도 느닷없이 끝나고 말았다. 미카엘 4세의 간질은 점차 악화했고, 하랄이 시칠리아에서 돌아왔을 때는 황제가 오늘내일하고 있다는 사실이 누구의 눈에도 분명해 보였다. 부기가 심해 퉁퉁 부은 그는 종교적 치료법이며 비종교적 치료법을 두루 찾아 헤매느라 지친 상태였고, 끝내 1041년 12월 숨을 거두었다. 미카엘 4세는 그답게도 한 번만 보게 해달라는 아내의 거듭되는 요청을 묵살했고, 그녀를 계속 도금한 감옥에 가둬두었다. 그리고 그녀를 협박해 자신의 조카 미카엘 5세(Michael V)를 계승자로 받아들이게 만들었다.

새로운 황제는 하랄에 대한 후원을 선왕보다 내켜하지 않는 것으로 드러났다. 하랄은 자신의 욕심 때문에 곤경에 빠지게 되었다. 하랄은 두 번 넘게 체포되었다. 그런데 그가 어떤 처벌을 받았는지에 관한 이야기는 다소 비현실적이다. 처음에 그는 황제의 명령에 따라 "귀한 여인을 겁탈했다는 이유로 사자 우리에 던져졌다". 하랄은 바이킹 영웅답게 사자를 목졸라 죽였고, 놀란 경비병들은 그를 풀어주었다고 한다. 두 번째로 체포되었을 때는 그보다 더 심각했다. 상당히 중하지만 매우 그랬을 법한 것으로, 자신의 몫 이상의 전리품을 챙겼다는 죄목이었다.[7]

하랄로서는 다행스럽게도 허약한 미카엘 5세는 불과 넉 달밖에 버티지 못하고 유혈 쿠데타에 의해 쫓겨나고 말았다. 혼란의 와중에서 용케 탈옥한 하랄은 그 싸움에 가담했다. 들리는 말에 따르면 그는 투옥한 데 대한 앙갚음으로 본인이 직접 황제의 눈을 멀게 만들었다고 한다.

이때쯤 하랄 하르드라다는 비잔티움을 상당 부분 차지한 상태였다. 빛나는 명성을 등에 지고 키예프로 돌아온 그는 이제 신부를 달라고 요구했다.[8] 10년 동안 야로슬라프에게 잘 보관해달라며 장물을 계속 보낸 것이 그 기간 동안 자신을 기다려준 값이었다. 현공 야로슬라프는 두말없이 딸을 건네줌으로써 하랄의 지위가 높아졌음을 극적으로 확인해주었다. 야로슬라프의 다른 딸들은 프랑스 및 헝가리의 왕들과 혼인했고, 그의 아들은 비잔틴 황제의 딸과 맺어졌다.

이처럼 하랄이 처음과 달리 받아들여질 수 있었던 것은 순전히 그의 부 덕분이었다. 하랄이 동쪽에서 약탈을 통해 얼마나 많은 부를 거둬들였는지 그가 자신의 롱십 '드래곤(Dragon)'에 장물을 실으면 배가 거의 가라앉을 지경이었다. 바이킹들 자신의 말에 따르면, 그의 부는 그의 군사적 역량만큼이나 전설적이었다고 한다. 그들은 "단 한 사람이 그토록 많은 재물을 소유한 사례는 일찍이 없었을 것"[9]이라고 주장했다. 하지만 하랄의 결혼은 지휘관으로서 그의 능력과 북부 전역에 널리 퍼진 그의 명망을 인정한 결과이기도 했다. 그는 이제 그의 시대에서 가장 높은 지위에 오른 군주들과 필적할 만한 존재로 떠올랐다. 그에게 필요한 것은 오직 왕관뿐이었다.

그 유일하게 아쉬운 점을 채우기 위해 하랄은 새로 얻은 아내와 함께 노르웨이로 항해를 떠났다. 거기서는 조카 망누스(Magnus)가 왕위에 올라 있었다. 하랄은 으레 그렇듯 왕의 보물과 영토의 절반을 요구함으로써 자신의 일가친척에게 제 존재감을 과시했다. 망누스가 거부하자 하랄은 호기롭게 육지파괴자 깃발을 펼쳐 들고 자신의 권위를 인정하지 않을 수 없게 만들었다.[10]

절박해진 망누스는 자신의 삼촌을 멈추게 하기 위해 생각할 수 있는 모든 것을 시도했다. 심지어 자고 있는 틈을 타 그를 살해하기 위해 암살자를 보내기까지 했다. 하랄은 침대에 통나무를 넣어두고 바닥에 자는 식으로 죽음을 모면했고, 헛되이 담요 속을 난도질하던 암살자가 당황해하는 틈을 타서 그를 가뿐하게 해치웠다. 다행히도 내전은 망누스가 후계자도 정해놓지 않은 채 갑자기 사망하면서 불과 2년 뒤 끝났다. 결국 이렇게 해서 하랄은 너무나 손쉽게 망누스의 후계자가 되었다.[11]

하랄이 하르드라다, 즉 '엄격한 지배자'라는 별명을 얻은 것은 바로 이 19년의 통치 기간 동안이었다. 그는 후세에 이 별명으로 알려지게 된다. 그는 남쪽에서 활약하던 때보다 더 많은 부를 손에 넣었다. 비잔티움은 그에게 진정한 전제 정치란 어떤 것인지 보여주었고, 그는 북쪽에서 그 체제를 모방할 생각이었다. 그의 이복형 올라프는 반란을 일으킨 귀족 때문에 왕위를 잃었지만 하르드라다는 그들에게 무자비함으로 일관했다. 무시무시한 육지파괴자가 그 이름에 걸맞은 역할을 고수하고 있었으므로 수많은 완고한 귀족들이 "날카로운 도끼에 입을 맞추지" 않을 수 없었다. 그에게 도전하거나 복종할까 말까 꾸물거리는 귀족은 본인의 영토가 공격당하고 파괴되는 사태를 피할 수 없었다. 가장 중요한 무역 도시 헤데비도 약탈을 당했고, 놀란 상인들은 그를 '북방의 번개'라고 부르기 시작했다.

하르드라다는 무지막지한 왕이었을지 모르나, 그의 통치가 비단 파괴에만 그친 것은 아니었다. 비잔티움은 그에게 전제 정치가 어떤 맛인지 알게 해주었지만 그와 더불어 왕실의 후원과 품위 있는 태도가 어떤 영향을 미치는지 깨닫게 해주었다. 아이슬란드가 극심한 기근에 시달리고 있을 때 하랄은 식량을 가득 실은 배를 몇 척 보내 그들을 도와주었다. 이 일로 단기적으로는 그의 인기가 치솟았고, 장기적으로는 음유시인들이 그를 영원히 칭송하게 되었다. 하지만 자선을 부드러움과 혼동해선 안 된다. 하랄은 아이슬란드를 원조한 것과 같은 해에 노르웨이 고지대에서 일어난 폭동을 무자비하게 진압했다. 1050년에는 자신이 지닌 권력의 상징이자 남쪽을 겁주기 위한 방편으로 오슬로피오르의 입구에 새로운 도시를 건설했다.[12]

하지만 하랄의 사적인 활동 대부분은 아이러니하게도 교회를 건설한 일이었다. 기독교를 향한 그 자신의 신앙심은 보잘것없었지만, 그의 아내는 철저한 동방정교회 신도였던 만큼 사제들과 선교사를 데리고 왔다. 하랄은 이들의 활동을 지지했으며, 교회를 약탈해 부를 축적했으면서도 이제 그 교회의 후원자가 된 것이다.

하랄이 나이 들어서도 결코 흥미를 잃지 않은 것은 모험이었다. 모험은 대체로 전투라는 형태를 띠었지만, 더러 탐험 여행이 될 때도 있었다. 그는 20년 동안 오크니제도·헤브리디스제도·셰틀랜드제도를 자신의 통제권 아래 두었고, 훨씬 서쪽으로 두어 번 탐험을 시도한 적도 있다. 그가 죽고 몇 년 뒤 아이슬란드의 음유시인들은 그가 "광대한 북쪽 바다를 항해했으며, …… 정복하는 데 실패하고 만 세계의 어스레한 경계를 한참 동안 바라보았다"고 했다.

하랄 하르드라다가 배를 타고 북쪽을 탐험했을 때 정확히 무엇을 발견했는지는 확실치 않다. 그가 전투를 치르지 않은 해는 거의 없었기 때문이다. 그는 조카 망누스를 끌어내린 뒤 덴마크를 자신의 왕국에 복속시키려 노력했고, 15년 가운데 상당 기간을 덴마크 왕 스벤 에스트리센과 전쟁을 치르는 데 썼다.

1064년 하랄 하르드라다조차 이제 전투라면 신물이 날 지경이었다. 스벤은 대단히 다루기 힘든 적으로 드러났고, 총력전에 매달리지 않으려 함으로써 노르웨이인을 지치게 만들었다. 해마다 공격을 해도 덴마크 왕에 대한 백성들의 지지는 수그러들지 않았고 하르드라다의 부하들에게 특별히 더 많은 보상이 주어지는 것도 아니었다. 노르웨이 왕은 무료해졌고 스벤은 제 쪽에서는 포기할 뜻이 없었으므로 양쪽은 화평 조약을 맺었다. 이들은 상대의 영역을 인정하고 상대에 대한 공격을 삼가기로 합의했다.

아마도 하랄이 화평 조약을 맺고자 했던 한 가지 이유는 그의 관심이 이미 북해에서 잉글랜드로 옮아가고 있었기 때문일 것이다. 당시 잉글랜드에서는 에드워드 참회왕(Edward the Confessor)이 죽어가고 있었다. 이 앵글로색슨 군주는 후계자가 없었고, 하랄 하르드라다는 왕위를 자신이 차지하는 것이 합당하다고 판단했다. 늙은 바이킹에게 잉글랜드보다 더 멋진 보상은 있을 수 없었고, 이번이야말로 놓치기 아까운 기회였다.

바이킹으로서는 침략에 대한 공식적 구실을 나중에 생각해내는 일조차 없지만, 이번에는 하랄 하르드라다에게 침략에 대한 구실이 한 가지 떠올랐다. 그것은 그의 욕심을 강하게 자극했음에 틀림없다.

노르웨이인의 눈으로 보면 우선 에드워드는 결코 왕이 되어서는 안 되는 존재였다. 20년 전 크누트의 아들 하르타크누트는 아들이 없었으므로 노르웨이의 망누스를 자신의 후계자로 지명했다. 그리고 망누스와 그의 후계자들이 잉글랜드의 왕위를 이어받아야 한다고 명문화해두었다. 하지만 망누스가 제 몫을 요구하기도 전에 에드워드는 강력한 고드윈 백작의 도움으로 그를 밀어내고 왕위를 차지해버렸다. 망누스는 결코 이러한 잘못을 바로잡을 처지가 못 되었지만, 그렇다고 그의 권리가 무효가 되는 것은 아니었다. 하르드라다는 망누스를 계승했으므로 잉글랜드의 왕좌에도 앉을 수 있었던 것이다.

물론 영국인은 자기네 나라를 바이킹에게 넘겨줄 생각이 없었다. 게다가 하르드라다 같은 명성의 소유자라니 어림도 없었다. 그래서 1066년 1월 5일 에드워드가 사망했을 때, 이들은 고드윈 백작의 아들 해럴드 (Harold)를 대신 왕좌에 앉혔다.

아마도 새 왕의 형인 토스티그가 이 소식을 하르드라다에게 전했을 것이다. 잉글랜드에서 추방당한 토스티그는 돌아가서 동생을 전복시키기 위해 군대를 모집하려 애쓰고 있었다. 1066년 봄, 토스티그는 노르웨이 왕궁을 찾았고 하랄 하르드라다를 설득해 자신의 제안을 받아들이도록 만들었다. 그는 토착민이 지지하도록 만들겠다는 과장된 약속을 덧붙였음에 틀림없다.

이 바이킹들은 병사 약 9000명을 나눠 실은 거대 함대 240척을 이끌고 북해를 건너 스코틀랜드를 습격한 다음 다시 바다로 돌아와 계속해서 노섬브리아 연안을 따라갔다. 이들은 요크 시에서 약 15킬로미터 떨어진 잉글랜드 땅에 상륙했고, 거기서 10대 백작 두 명이 지휘하는, 서둘러 소집된 앵글로색슨 군대와 마주쳤다.

짧지만 피비린내 나는 전투였다. 두 백작은 살아남았으나 잉글랜드 군대는 궤멸했다. 하르드라다는 아무 방해도 받지 않고 육지파괴자를 앞세워 요크로 쳐들어갔다. 아마도 토스티그의 도움말에 따른 것이었을 테지만, 요크 시를 약탈하지는 않았다. 토스티그는 추방당하기 전에 노섬브리아의 백작이었으므로 그 지위를 고스란히 되찾고 싶었다. 따라서 하르드라다는 조건을 협상하려고 하니 그 도시의 대표자들과 만날 수 있게 해달라고 요청했다.

짧은 협의를 거친 뒤 그 도시 대표자들은 포로들을 건네주는 데 합의했다. 그러면서 필요한 공물을 모을 수 있도록 며칠만 말미를 달라고 부탁했다. 그들은 더원트강의 편리한 도하 지점인 스탬퍼드브리지 부근으로 포로들을 데려가겠다고 약속했다. 만족한 하르드라다는 보급품을 챙기고 휴식을 취하기 위해 자신의 배로 돌아갔다.

포로들을 받기로 한 날이 다가오자 하랄은 군대를 둘로 쪼개 일부는 배를 지키고 나머지는 스탬퍼드브리지로 10킬로미터 정도 행군을 하도록 했다. 더운 날이었으므로 부하들 대부분은 무거운 갑옷과 무기를 롱십에 놔둔 상태였다.

바이킹 군대는 스탬퍼드브리지에 도착했을 때, 요크 쪽에서 먼지 구름이 이는 광경을 지켜보았다. 토스티그는 다소 순진하게 하르드라다에게 자기가 백작으로서 지배하던 영지의 백성들이 항복하러 오는 길일 거라고 장담했다. 하지만 그들이 점점 가까이 다가왔을 때, 이 노르웨이인들은 금속이 햇빛을 받아 번쩍거리는 모습을 볼 수 있었다. 깜빡 속아 넘어간 백작은 힘없이, 공물을 가지고 오는가 보다 하고 말을 바꾸었다. 그러나 그것은 잉글랜드 왕 해럴드 고드윈슨이 이끄는 앵글로색슨 군대였던 것으로 드러났다.

런던에서 스탬퍼드브리지까지 해럴드 고드윈슨이 진격한 것은 초기 중세 시대를 통틀어 가장 인상적인 군사적 개가로 손꼽힌다. 런던에서 그들의 침략 소식을 들은 해럴드는 번개처럼 북쪽으로 달려갔다. 300킬로미터가 넘는 길을 가는 데 단 나흘밖에 걸리지 않은 것이다. 해럴드는 그러는 동안 자신이 오고 있다는 소식이 바이킹의 귀에 닿지 않도록 하기 위해 주요 도로에 경비병을 세우는 식으로 신중을 기했다. 따라서 그는 갑자기 나타나 그들을 완벽하게 기습 공격할 수 있었다.

하르드라다는 마치 악몽을 꾸고 있는 것만 같았다. 배에서도 멀어졌고 무장도 제대로 되어 있지 않았던 그의 병사들은 삽시간에 아비규환 속에서 허둥댔고 뿔뿔이 흩어졌다. 다행히 하르드라다가 육지파괴자를 중심으로 병사들을 서둘러 결집시키자 일군의 영국인이 앞으로 달려와서 협상을 요청했다. 그 무리의 선봉에는 해럴드 고드윈슨이 있었다. 이 잉글랜드 왕은 하르드라다의 기준에서 볼 때는 키가 작달막했다. 그는 형 토스티그에게 물러나 달라고 간청했고, 만약 평화롭게 떠난다면 왕국의 절반을 주겠다고 제의했다. 토스티그가 그럼 하르드라다에게는 무엇을 주겠냐고 묻자, 해럴드는 "잉글랜드 땅 180센티미터를 주겠다, 아니 그는 키가 크니까 몇 센티미터 더 주겠다"고 대답했다고 전해진다.

나중에 드러나는 대로, 스탬퍼드브리지 전투는 250년 넘게 잉글랜드와 바이킹 사이에 치러진 전투 가운데 가장 치열했다. 그랬던 만큼 양쪽 다 인정사정이 없었다. 하르드라다는 배를 지키는 병사들을 불러오기 위해 보발 세 명을 보내 왕복 25킬로미터가 넘는 거리를 달리도록 했다. 그리고 다시 함성을 지르며 공격에 합류해 양손으로 거대한 전투용 도끼를 휘둘렀다.

바이킹은 제대로 무장하지 않았음에도 처음에는 끄떡없는 것처럼 보였다. 잉글랜드인은 그들의 방패에 와서 부딪쳤지만 맥없이 물러났다. 하르드라다는 잠시 쉬는 동안 스탬퍼드브리지를 건너 전략상 후퇴했고, 반대쪽 방어벽을 보완했다.[13] 잠깐 동안은 용기를 추스른 바이킹이 앵글로색슨 병사들을 능가하는 것처럼 보였다. 하랄 하르드라다는 추격하는 사냥개들에게 덤벼드는 외로운 늑대마냥 앞으로 내달렸다. 하지만 그가 양팔로 도끼를 들었을 때 영국 측에서 날아온 화살이 그의 목을 관통했고, 하랄은 그 자리에서 고꾸라졌다. '북방의 번개'가 쓰러지자 영국군이 육지

파괴자를 짓밟았고, 남은 바이킹 군대를 무찔렀다.[14] 학살은 잔혹하기 이를 데 없었다. 운 좋은 소수는 용케 배까지 도망갈 수 있었지만, 병사들 대다수는 스탬퍼드브리지에서 쓰러지거나 아니면 안전한 곳으로 헤엄쳐 도망치려 애쓰다 물에 빠져 죽었다. 노르웨이로 생존자를 실어 나르는 데는 일주일 전에 상륙한 배의 10퍼센트밖에 필요치 않았다.

어느 면에서 이는 바이킹 시대에 어울리는 종말이었다. 3세기 동안 무자비한 북유럽의 겨울이 이어지고서 라그나로크가 왔고, 오래된 신들은 유혈이 낭자한 들판에서 목숨을 잃었다. 발키리들이 그들의 영웅을 인도하느니만큼 하랄 하르드라다는 비록 명목상 기독교도이긴 했지만 발키리의 인도 대상이었을 것이다. 과거의 질서는 사라졌다. 멀어져가는 시대를 이 반백의 왕보다 더 잘 보여줄 수 있는 것은 없었다. 하랄 하르드라다는 키예프를 지나는 드넓은 드네프르강에서부터 으리으리한 콘스탄티노플로 이어지는 강력한 급류에 이르기까지 바이킹 세계를 누구보다 오래, 그리고 드넓게 경험했다. 그는 황제들의 거처인, 금으로 치장되고 숨은 통로가 가득한 신비로운 황실을 직접 보았다. 시칠리아의 오렌지 숲을 걸어보았고 팔레스타인의 대리석 분수에서 목욕을 하기도 했다. 그리고 북대서양에 흩어져 있는 안개가 자욱하게 낀 여러 섬을 돌아보기도 했다.

하랄 하르드라다는 다른 몇몇 사람들처럼 황혼 녘에 이른 바이킹 세계의 빛나는 쇠락을 경험했다. 그는 '엄격한 지배자', '예루살렘 여행자', '군 지도자', 그리고 바이킹이라면 누구라도 자랑스러워할 '시인' 등의 별명을 얻었다. 그가 자기 나라의 수도 트론헤임(12세기까지는 노르웨이의 수도였다—옮긴이)에 묻힘과 동시에 바이킹 시대의 해는 저물었다.

맺음말: 바이킹의 유산

〜〜〜〜〜

"누구도 저녁까지 살아남지 못했다.
그들은 동이 트자마자 사라질 운명이었다."

─현자 새문드의 《에다》

바이킹이 남겨놓고 간 세계는 그들이 약 300년 전 덮치러 온 세계와는 근본적으로 달라졌다. 이 변화의 과정에서 그들이 맡은 것은 파괴자의 역할이었다. 하르드라다가 스탬퍼드브리지에서 사망한 때로부터 거의 1000년이 지난 오늘날에조차 그들에 관해서는 용머리 모양의 배에서 뛰어내려 피 맛을 보고 싶어 하는 도끼를 휘두르는 미개한 야만인이라는 이미지가 끈덕지게 남아 있다.

이들이 폭력적이었던 것은 사실이다. 그 피해자들로서는 도저히 범접할 수 없을 만큼 잔혹하게 전쟁을 치른 것이다. 하지만 이들의 파괴는 결과적으로 창조의 밑거름이 되었다. 어느 역사가의 말마따나, 잡초를 모두 태워버린 결과 땅이 비옥해져서 다음번 생장에 되레 도움이 되었다. 이들은 가는 곳마다 그곳의 정치적·경제적 풍광을 바꿔놓았고, 아일랜드에서 러시아에 이르는 서유럽의 기반을 구축하는 데 결정적 기여를 했다.

제멋대로 뻗어나간 샤를마뉴 제국을 세상에 선보인 것도 바로 바이킹이었다. 이로써 장차 로마 제국이 되는 그 제국의 근원적 결함이 드러난 것이다. 샤를마뉴 제국이 바이킹의 망치질로 파괴되자 거기서 살아남은 생존자들은 더 작지만 더 효율적인 국가를 건설하지 않을 수 없었다. 바이킹의 공격에 따른 잿더미 위에 중세 서유럽의 위대한 강국 네 나라가 들어섰다. 프랑스, 잉글랜드, 신성로마제국, 그리고 시칠리아 왕국이다.

네 국가는 바이킹 시대의 직접적 산물이고, 그 가운데 셋은 바이킹의 후예가 건국했거나 아니면 그들이 기반을 다졌다. 북유럽인이 당도하기 전의 잉글랜드는 정치적으로 분열되어 있었고 조직도 허술하기 짝이 없었다. 바이킹은 단 하나의 토착 왕국만 빼고 다른 왕국들을 모두 무너뜨림으로써 웨섹스 왕국이 단일 국가로 통일할 수 있는 기틀을 마련해주었다.

스코틀랜드 역시 바이킹의 약탈로 인해 장기적으로 볼 때는 오히려 이득을 누렸다. 스코틀랜드를 지배하던 토착의 픽트인·스트래스클라이드인·노섬브리아인은 모두 붕괴됨으로써 뜻밖이지만 스코트족, 즉 게일어를 쓰는 아일랜드 이주민들이 영국의 북쪽 3분의 1을 통일하게 되었으니 말이다.

프랑스에서는 바이킹이 노르망디 공국을 세움으로써 유럽의 지도를 다시 그리도록 만들었다. 하랄 하르드라다가 숨지고 불과 이틀 뒤 바이킹 롤로의 5대손 윌리엄 정복왕이 잉글랜드 땅을 밟았다. 그는 헤이스팅스 전투에서 해럴드 고드윈슨을 물리치고 잉글랜드의 왕이 됨으로써 그 섬을 좀더 넓은 서유럽 권역으로 통합시켰다. 그의 계승자들은 바이킹의 공격으로 빼어난 수도원 문화가 완전히 파괴된 바 있는 아일랜드를 침공했으며, 스코틀랜드와 그 인근 섬들을 서유럽의 정치권에 합류시켰다.

다른 노르만족은 서쪽과 남쪽으로 진출했고, 에스파냐와 이탈리아 북부에서 군사 작전을 펼쳤다. 이들은 시칠리아로 건너가 서유럽에서 가장 부유하며, 막강한 콘스탄티노플에 필적하는 중세 왕국을 건설했다. 더불어 동쪽의 바이킹 교역자들은 비잔티움과 함께 시장 도시를 건설하고 교역로를 구축함으로써 고대 로마 제국의 경계를 훌쩍 뛰어넘는 곳까지 로마의 제도를 퍼뜨렸다. 이들이 세운 중앙집권 국가는 결국 오늘날의 우크라이나·벨라루스·러시아로 발전하게 된다.

이 바다 늑대들에게는 잔혹한 폭력 이상의 것이 있었다. 이들은 법(이 용어 자체도 옛 노르드어에서 왔다)을 만들었으며, 배심원에 의한 재판이라는 참신한 제도를 잉글랜드에 도입했다. 1세기에 걸친 조선 기술의 혁신은 해양을 가로지르거나 피오르와 강 상류까지 항해할 수 있는 멋진 용머리 배의 축조에서 정점을 이루었다. 이들은 바이킹 시대를 통틀어 가장 빛나는 이 같은 기술적 성취를 통해 바그다드에서 북미 연안에 이르는 정교한 교역망을 구축할 수 있었다.

그러나 뭐니 뭐니 해도 가장 훌륭한 바이킹의 특성은 군사적 기량이나 항해술이 아니라 그들의 놀라운 적응력이었을 것이다. 바이킹은 자신이 경험하는 지역의 전통을 그때그때 흡수하는 놀라운 재능을 지녔으며, 그렇게 흡수한 전통을 새롭고도 역동적인 형태 속에 결합할 줄 알았다. '신의 피조물 가운데 가장 더러운 종족'이 프랑스에서는 모범적이고 격조 있는 국가를 건설했고, 아이슬란드에서는 개인의 권리에 기초한 공화국을 세웠으며, 러시아에서는 동방정교회의 적극적인 옹호자가 되었다.

바이킹은 무언가를 구축할 토착 기반 자체가 없는 곳에서는 한편 실현

가능성을 염두에 두면서도 다른 한편 기꺼이 실험해보려는 의향을 드러냈다. 이들은 오딘 스스로가 "길을 떠나는 사람에게 풍부한 상식보다 더 중요하게 챙겨야 할 짐은 없다"고 조언했다고 주장했다. 특히 아이슬란드에서는 이 믿음을 실행에 옮길 수 있는 기회가 많았다. 일례로 이들은 변화무쌍한 생태 조건 탓에 권리의 일부를 포기해야 하는 상황이 분명해 보일 때 투표를 통해 기꺼이 노르웨이 왕의 지배를 받기로 결정했다. 또한 같은 모임에서 물론 대다수가 여전히 이교도이긴 했지만 종교 전쟁을 피하기 위해 기독교를 받아들이는 데 합의했다. 기독교도 아이슬란드인은 결국 이교도주의자로서의 과거를 보존했으며 북유럽 신화와 이교도 조상의 공적을 충실히 기록했다.

이와 같은 바이킹의 실용주의는 스칸디나비아에 다시 흘러 들어왔다. 크누트는 앵글로색슨식의 동전을 바이킹 본국에 들여왔고, 부분적으로 비잔틴 제국의 모델을 토대로 한 정부가 그 동전을 나눠주었다. 남쪽에서 돌아온 바이킹이 그곳의 농업과 사회 제도에 관해 들여온 지식은 남쪽에서 거두어온 부보다 스칸디나비아의 변화에 훨씬 더 크게 기여했다. 하지만 뭐니 뭐니 해도 로마나 러시아처럼 멀리 있는 대륙에서 기독교를 수입해온 데 따른 변화가 가장 결정적이었다. 물리적 거리가 멀었던 만큼이나 그 새로운 신앙의 종교적 스펙트럼도 넓었다. 성인 올라프는 유럽 전역에 친척이 흩어져 있었다. 그는 가톨릭을 믿는 도시 루앙에서 세례를 받았고, 추방당했을 때 동방정교회를 믿는 노브고로트로 피신했다.

오늘날의 세계에서 바이킹이 이토록 낯설게 느껴지는 것은 어느 면에서 그들이 정말이지 적응을 잘한다는 것을 보여주는 증거다. 이들의 고향이었던 오늘날의 북유럽 국가들은 안정감, 질서, 침착한 시민들로 유명한 모범적인 사회민주주의 국가다. 이들의 국기에는 하나같이 자랑스럽게 십자가가 그려져 있다. 이들은 이제 약탈과 침략을 일삼는 게 아니라 세상에 평화상을 나누어주고 있다. 이들에게서는 중세 세계를 뒤집어놓은 피에 목마른 잔혹한 이교도 전사의 흔적을 요만큼도 찾아볼 수 없다.

그럼에도 사라진 시대를 떠오르게 하는 황홀한 어떤 흔적인가가 여전히 존재하기는 한다. 이국적인 아름다움과 폭력, 지략 넘치는 습격자들과 이들이 감행한 무모하고도 거친 모험이 어우러져서 빚어내는 매력 말이다. 이들이 지금까지 우리를 사로잡는 매혹은 '바이킹'이라는 이름을 단 크루즈 선박과 NASA의 우주탐사선, 일반적인 항해 용어와 프랑스에서 '-벡(-bec)', 영국에서 '-비(-by)'로 끝나는 지명 등에 이르기까지 우리 주변 곳곳에서 쉽게 찾아볼 수 있다.[1] 요일의 이름 가운데 세 개는 바이킹 신의 이름을 딴 것이다.[2] 전화기와 컴퓨터를 연결해주는 유비쿼터스 무선 기술인 블루투스(블로탄)도 바이킹 왕의 이름이다.

우리에게는 무명의 추방자가 언젠가 앵글로색슨 시 〈방랑자(The Wanderer)〉에서 읊조렸듯이, "결코 존재하지 않았던 것처럼 밤의 어둠에 잠겨 있는" 시대를 향한 갈망이 있는 것 같다. 아니면 세계와 처절하게 맞서 싸웠으며, 250년 동안 완벽한 성공을 거둔 개인들의 삶이 우리에게 짙은 여운을 남기는 것인지도 모르겠다. 어느 쪽이든 우리는 바이킹이 그들의 항구적 명성을 흐뭇하게 여길 거라고 생각한다. 그들은 이 속담을 좋아했다. "모든 인간은 죽는다. 오로지 고귀한 이름만이 영원히 살아남을 수 있다."

부록

~~~

인명

가서(Garthar, 9세기) 스웨덴의 상인이며 아이슬란드로 항해한 첫 바이킹이다. 아이슬란드에서 딱 한 해 겨울을 지냈다.

고드윈(Godwin, 1001년경~1053년) 웨섹스의 백작으로 에드워드 참회왕의 강력한 조언자였다. 토스티그 고드윈슨와 해럴드 고드윈슨의 아버지다.

고름 노왕(Gorm the Old, 958년 사망) 덴마크를 지배한 최초의 바이킹 왕으로 하랄 블로탄의 아버지다.

구드룸(Guthrum, 890년 사망) 웨섹스 침입 당시 이교도 대군세의 지휘관이었다.

구드프레드(Godfred, 8세기 말엽) 덴마크의 바이킹 군사 지도자로 초기에 요새인 다네비르케를 일부 축조했다.

나도드(Naddodd, 9세기) 아이슬란드를 발견한 인물로 알려진 바이킹 탐험가.

라그나르 로드브로크(Ragnar Lothbrok, 9세기) 전설적인 덴마크의 바이킹. 845년 파리 침략을 성공으로 이끌었다. 무골 이바르, 헤스테인, 할프단, 우바, 무적 비요른의 아버지다.

레이프 에리크손(Leif Erikson, 970년경~1020년경)   붉은 머리 에리크의 아들로 북아메리카에 처음 착륙한 유럽인이다.

롤로(Rollo, 9세기)   프랑스에 정착하고 노르망디를 세운 노르웨이의 바이킹이다.

루스인 류리크(Rurik the Rus, 879년 사망)   스웨덴의 바이킹으로 노브고로트에 정착해 러시아에 최초의 바이킹 국가를 세운 인물이다.

루이 경건왕(Louis the Pious, 778년~840년)   샤를마뉴의 아들이자 프랑크 왕국의 황제다. 바이킹의 유럽 대륙 침공을 저지하려 노력했으나 성공을 거두지 못했다.

말 세크날(Máel Sechnaill, 948년~1022년)   아일랜드의 전(前) 상급왕(High King)으로 브리안 보루마가 클론타프 전투에서 사망하자 상급왕 칭호를 되찾았다.

맨섬의 브로디어(Brodir of Man, 11세기)   클론타프 전투에서 브리안 보루마를 살해한 것으로 알려진 덴마크의 바이킹 상인.

무골 이바르(Ivar the Bonelsss, 9세기)   라그나르 로드브로크의 가장 유명한 아들. 이교도 대군세를 이끌어 잉글랜드 침략에 성공했다.

무적 비요른(Bjorn Ironside, 9세기)   라그나르 로드브로크의 아들. 860년 의형제 헤스테인과 함께 전설적인 지중해 침략 작전을 지휘했다.

백색 올라프(Olaf the White, 820년경~871년)   더블린의 바이킹 왕. 무골 이바르와 함께 더블린을 통치했다.

불가르족 학살자 바실리우스 2세(Basil the Bulgar-Slayer, 958년~1025년)   바랑기안 친위대를 창립한 비잔틴 제국의 황제.

붉은 머리 에리크(Erik the Red, 950년경~1003년경)   그린란드를 식민지 지배한 노르웨이 바이킹. 레이프 에리크손과 프레이디스의 아버지다.

브리안 보루마(Brian Bóruma, 941년경~1014년)   아일랜드를 통일하여 본인의 지배 아래 두려 애쓴 아일랜드의 상급왕으로 클론타프 전투에서 살해당했다.

비단수염 시트릭(Sitric Silkbeard, 970년경~1042년) 더블린의 바이킹 왕. 아일랜드 최후의 중요한 바이킹이다. 브리안 보루마 상급왕에 맞서 폭동을 일으켰으나 클론타프 전투가 시작되기 전 철수했다.

비야르니 헤르욜프손(Bjarni Herjólfsson, 10세기) 최초로 아메리카 본토를 발견한 노르웨이인 탐험가.

생각 깊은 아우드(Aud the Deep Minded, 834년~900년) 더블린 왕 백색 올라프의 노르웨이인 아내로 나중에 아이슬란드에 정착했다.

샤를 단순왕(Charles the Simple, 879년~929년) 프랑크 왕국의 왕으로 샤를 비대왕과 사촌지간이다. 바이킹이 노르망디에 정착하도록 허용하는 식으로 그들의 침략을 중단시키려 노력했다.

샤를 대머리왕(Charles the Bald, 823년~877년) 프랑크 왕국의 황제 루이 1세(루이 경건왕)의 아들. 최초의 파리 포위 작전에서 라그나르와 대치했는데 그에게 뇌물을 먹여 떠나도록 종용했다.

샤를마뉴(Charlemagne, 747년경~814년) 프랑크 왕국의 왕이자 부활한 서로마제국(Western Roman Empire)의 초대 군주다.

샤를 비대왕(Charles the Fat, 839년~888년) 프랑크 왕국의 황제로 샤를마뉴의 증손자다. 통일 제국을 지배한 샤를마뉴 왕조의 마지막 황제다. 886년 뇌물을 주어 바이킹을 떠나게 함으로써 포위된 파리를 구해냈다.

스노리 스툴루손(Snorri Sturluson, 1179년~1241년) 아이슬란드의 시인으로 북유럽 왕들의 역사를 다룬 《헤임스크링글라》를 집필했다.

스벤 에스트리센(Svend Estridsen, 1019년경~1074년) 덴마크의 바이킹 왕. 이웃인 하랄 하르드라다와 15년간 싸웠다.

스벤 트베스케그(Svend Tveskæg, 960년경~1014년) 덴마크의 바이킹 왕. 하랄 블로 탄의 아들로 1013년 잉글랜드를 정복했다(갈퀴턱수염왕 스벤이라고도 한다─옮긴이).

시그프레드(Sigfred, 9세기) 바이킹 군사 지도자로 885년 파리 포위 작전을 이끌었으나 성공하지 못했다.

아엘라(Ælla, 9세기 중엽) 라그나르 로드브로크를 처형했다고 전해지는 노섬브리아의 왕이다. 867년 무골 이바르와 이교도 대군세(Great Heathen Army)에 의해 살해당했다. 이는 아마도 라그나르를 죽인 데 따른 보복이었을 것이다.

악마 토르길스(Thorgils the Devil, 9세기) 더블린을 세운 바이킹 해적왕.

애꾸눈 시트릭(Sitric One-Eyed, 9세기 말) 더블린과 요크의 바이킹 왕. 무골 이바르의 손자다. 아일랜드─잉글랜드 왕국을 세우려고 시도했다.

애설레드 준비미비왕(Athelred the Unready, 968년경~1016년) 바이킹의 공격이 막바지 기승을 부릴 즈음의 영국 왕.

애설스탠(Athelstan, 894년경~939년) '잉글랜드의 왕'으로 받아들여진 최초의 앵글로색슨 군주.

애설울프(Aethelwulf, 795년경~858년) 웨섹스의 왕이자 앨프레드 대왕의 아버지.

앨프레드 대왕(Alfred the Great, 849년경~899년) 이교도 대군세를 무찌른 웨섹스 왕. 중세 잉글랜드 왕국의 기틀을 다졌다.

에드먼드 아이언사이드(Edmund Ironside, 989년경~1016년) 잉글랜드의 왕으로 애설레드 준비미비왕의 아들이다. 잉글랜드를 바이킹 왕 크누트와 나눠 먹는 데 동의했다(용맹왕 에드먼드라고도 한다─옮긴이).

에리크 피도끼왕(Erik Bloodaxe, 885년경~955년경) 노르웨이와 요크의 바이킹 왕으로 하랄 미발왕의 아들이다.

오딘(Odin) 바이킹 신들 가운데 으뜸인 신. 최고신이라고 알려져 있다.

올라프 시트릭손(Olaf Sitricsson, 927년경~981년) 요크와 더블린의 바이킹 왕. 애꾸눈 시트릭의 아들이다.

올라프 트리그바손(Olaf Tryggvason, 960년경~1000년) 노르웨이의 바이킹 왕. 강압적으로 노르웨이에 기독교를 전파하려 애썼으며 스볼데르(Svolder) 전투에서 사망했다.

올라프 하랄손(Olaf Haraldsson, 995년~1030년) 노르웨이의 수호성인. 노르웨이에 기독교를 전파하려 애쓴 바이킹 왕으로, 스티클레스타드 전투에서 피살당했다. 하랄 하르드라다의 이복형이다.

요크의 앨퀸(Alcuin of York, 735년경~804년) 영국 학자로 샤를마뉴 왕궁의 선도적인 지식인 가운데 하나.

우바(Ubba, 9세기) 라그나르 로드브로크의 아들이자 이교도 대군세의 지휘관 가운데 한 사람이다.

잉골푸르 아르나르손(Ingólfur Arnarson, 9세기) 아이슬란드에 최초로 영구 정착한 인물이다. 현재 아이슬란드의 수도 레이캬비크의 이름을 지어 붙인 이도 그다. 그는 그곳에 터를 잡고 사람들을 정착시켰다.

커스버트(Cuthbert, 634년경~687년) 잉글랜드 북부의 수호성인으로 유해가 린디스판 수도원에 안치되어 있었다. 바이킹이 처음으로 대대적인 침략을 감행한 곳이 바로 이 수도원이다.

콜럼바(Columba, 521년경~597년) 스코틀랜드에 기독교를 전파한 것으로 알려진 아일랜드 선교사. 그가 스코틀랜드 서부 아이오나(Iona)섬에 세운 수도원은 초기에 바이킹의 표적이 되었다.

크누트 대제(Cnut the Great, 985년경~1035년) 영국, 덴마크, 노르웨이의 일부를 차지한 바이킹 왕. 스벤 트베스케그의 아들로 애설레드 준비미비왕과 그 아들 에드먼드 아이언사이드 치하의 영국을 정복했다.

큰까마귀 플로키(Raven Flóki, 9세기)　노르웨이 바이킹으로 아이슬란드라는 이름을 짓고, 거기서 식민지 지배를 시작한 인물이다.

키예프의 블라디미르(Vladimir of Kiev, 958년경~1015년)　키예프의 통치자. 루스 민족을 기독교로 개종시켰으며 최초로 바랑기안 친위대에 바이킹 병사를 투입했다.

키예프의 스비아토슬라프(Sviatoslav of Kiev, 942년경~972년)　잉그바르를 계승한 키예프의 통치자. 드네프르강을 건너려 애쓰는 동안 잠복 중인 자들의 습격을 받았다. 이들은 그의 두개골로 술잔을 만들었다.

키예프의 올가(Olga of Kiev, 890년경~969년)　키예프의 섭정이자 '키예프의 잉그바르'의 아내다. 기독교를 받아들임으로써 루스 민족의 개종을 위한 발판을 마련했다.

키예프의 잉그바르(Ingvar of Kiev, 945년 사망)　스웨덴 바이킹으로 키예프에서 헬기를 계승했다. 루스 민족을 이끌고 콘스탄티노플을 공격했다.

토르(Thor)　바이킹 신들 가운데 특히 농부나 뱃사람 사이에 인기가 많은 신이다.

토르발드 에리크손(Thorvald Erikson, 9세기)　바이킹 탐험가로 레이프 에리크손과 형제지간이다. 남북 아메리카 대륙에서 처음 살해된 유럽인이다.

토르핀 카를세프니(Thorfinn Karlsefni, 11세기)　빈란드에 영구 정착지를 조성하려 시도한 바이킹 탐험가.

토스티그 고드윈슨(Tostig Godwinson, 1066년 사망)　해럴드 고드윈슨 왕과 형제지간으로, 1066년 하랄 하르드라다에게 잉글랜드를 침략해달라고 요청했다.

프레이디스(Freydis, 10세기)　붉은 머리 에리크의 딸로 초기에 빈란드를 식민지 지배한 인물이다.

하랄 미발왕(Harald Fairhair, 850년경~932년) 노르웨이의 초대 왕으로 에리크 피
도끼왕과 호콘 선왕의 아버지다.

하랄 블로탄(Harald Blåtand, 935년경~986년) 덴마크와 노르웨이 일부를 지배한
바이킹 왕. 고름 노왕의 아들로 덴마크가 기독교로 개종하게끔 이끈 인물이다
(푸른이빨왕 하랄이라고도 한다—옮긴이).

하랄 클라크(Harald Klak, 785년경~852년경) 덴마크의 바이킹 군사 지도자. 프랑크
왕국의 루이 경건왕은 그를 앞세워 덴마크에 기독교를 전파하고자 애썼다.

하랄 하르드라다(Harald Hardråda, 1015년경~1066년) 노르웨이 왕으로 성인(聖人)
올라프(Saint Olaf)의 이복동생이다. 바랑기안 친위대에서 복무했으며 노르웨
이를 정복했다. 스탬퍼드브리지(Stamford Bridge) 전투에서 사망했다.

하랄 회색망토왕(Harald Greycloak, 970년 사망) 노르웨이 왕으로 에리크 피도끼왕
의 아들이다. 하랄 블로탄에게 암살당했다.

할프단(Halfdan, 877년 사망) 라그나르 로드브로크의 아들로 이교도 대군세의 지
휘관 가운데 하나다. 871년~872년 사이 잠깐 동안 런던을 장악했다.

해럴드 고드윈슨(Harold Godwinson, 1022년경~1066년) 잉글랜드의 마지막 앵
글로색슨족 왕. 헤이스팅스(Hastings) 전투에서 윌리엄 정복왕(William the
Conqueror)의 손에 전사했다.

헤스테인(Hastein, 9세기) 아마 라그나르 로드브로크의 아들일 것이다. 의형제 무
적 비요른과 함께 전설적인 지중해 침략 작전을 지휘했다.

헬기(Helgi, 912년 사망) 류리크(Rurik)를 계승하고 루스인의 수도를 노브고로트에
서 키예프로 옮긴 스웨덴 왕이다. 슬라브식 이름인 올레그(Oleg)라고도 알려
져 있다.

호리크(Horik, 854년 사망) 덴마크 군사 지도자 구드프레드의 아들이다. 라그나르 로드브로크가 파리를 침략하고 나자 라그나르를 추방했다.

호콘 선왕(Håkon the Good, 920년경~961년) 노르웨이의 3대 왕. 하랄 미발왕의 막내아들이자 에리크 피도끼왕의 이복동생이다.

지명

그린란드(Greenland) 지상에서 가장 큰 섬으로, 10세기에 바이킹이 정착해 살았다.

노르웨이(Norway) 스칸디나비아반도 서편의 바이킹 왕국.

노브고로트(Novgorod) 중세 시대에 루스인이 세운 나라의 첫 번째 주요 도시.

노섬브리아(Northumbria) 초기 영국 앵글로색슨족의 7왕국 가운데 하나로 가장 북쪽에 위치해 있다.

더블린(Dublin) 아일랜드에서 바이킹이 정착한 가장 중요한 도시.

덴마크(Denmark) 바이킹 왕국의 최남단.

도레스타드(Dorestad) 샤를마뉴 제국의 주요 교역 중심지. 오늘날의 네덜란드 비크 빅 두스테드(Wijk bij Duurstede).

동부 정착지(Eastern Settlement) 붉은 머리 에리크가 그린란드에 건설한 최초이자 최대의 식민지.

드네프르강(Dnieper River) 콘스탄티노플로 이어진 러시아의 주된 물길.

레이캬비크(Reykjavík) 아이슬란드의 수도.

린디스판(Lindisfarne) 잉글랜드 북부의 수호성인 커스버트가 안치된 곳이다. 793년 바이킹이 최초로 대대적 습격을 감행한 장소다.

머시아(Mercia) 초기 영국 앵글로색슨족의 7왕국 가운데 하나. 잉글랜드섬 중앙에 위치해 있다.

미클라가르드(Miklagård) 콘스탄티노플의 바이킹식 이름.

볼가강(Volga River) 루스인이 주로 이용한 물길로 카스피해와 이슬람 시장들로 이어져 있다.

브라타흘리드(Brattahlíð) 그린란드에 있는 붉은 머리 에리크의 농장.

빈란드(Vinland) 북아메리카 대륙의 바이킹식 이름. 뉴펀들랜드(Newfoundland)를 지칭하는 듯하다.

서부 정착지(Western Settlement) 그린란드의 두 번째 바이킹 식민지로 동부 정착지의 북서쪽에 위치한다.

서식스(Sussex) 초기 영국 앵글로색슨족의 7왕국 가운데 하나. 영국해협(English Channel) 연안에 위치해 있다.

셰틀랜드제도(Shetlands) 스코틀랜드에서 북쪽으로 100킬로미터가량 떨어져 있는 군도.

스웨덴(Sweden) 스칸디나비아반도 동쪽에 자리한 바이킹 왕국.

스타라야 라도가(Staraya Ladoga) 루스인이 자리 잡은 최초의 군대 전초기지.

아마(Armagh) 아일랜드의 영적 중심지. 성(聖)패트릭(St. Patrick)이 안치된 곳이다.

아이슬란드(Iceland) 북극권 바로 아래 북대서양에 위치한 화산섬으로, 9세기에 바이킹이 정착해 살았다.

아이오나(Iona) 성(聖)콜럼바가 세운 스코틀랜드 서부 연안해 섬의 수도원(섬의 이름이지만 그곳의 수도원 이름으로도 쓰인다—옮긴이).

에식스(Essex) 초기 영국 앵글로색슨족의 7왕국 가운데 하나. 런던 주변 지역을 지배했다.

오크니제도(Orkney Islands) 스코틀랜드의 북쪽이자 셰틀랜드제도의 남서쪽에 자리한 군도.

요크(York) 노섬브리아의 주요 도시로 잉글랜드에서 바이킹의 권력 중심지였다.

웨섹스(Wessex) 초기 영국 앵글로색슨족의 7왕국 가운데 하나. 잉글랜드섬의 남서쪽에 위치해 있다.

이스트앵글리아(East Anglia) 초기 영국 앵글로색슨족의 7왕국 가운데 하나. 잉글랜드 남동쪽에 위치해 있다.

켄트(Kent) 초기 영국 앵글로색슨족의 7왕국 가운데 하나. 캔터베리(Canterbury) 부근 영토를 차지했다.

콘스탄티노플(Constantinople) 비잔틴 제국의 수도.

키예프(Kiev) 동쪽에서 가장 중요한 루스인의 도시. 러시아 최초로 중앙집권화한 국가의 수도다.

프리지아(Frisia) 북해 남동쪽 연안의 해안 지대. 오늘날의 네덜란드와 독일.

헤데비(Hedeby) 덴마크반도에서 가장 중요한 통상 중심지. 오늘날의 슐레스비히(Schleswig) 근방이다.

헤브리디스제도(Hebrides) 스코틀랜드 북서쪽 연안해의 군도.

기타

갈고이델(Gallgoidel) '낯선 아일랜드인'이라는 뜻으로 바이킹과 아일랜드인의 피가 섞인 이들을 지칭하는 아일랜드 이름.

고티(Gothi) 명성, 법률 지식, 관대함 등으로 신망받는 아이슬란드 노인.

그리스의 불(Greek Fire) 비잔틴 제국의 비밀 화염 병기.

다네비르케(Danevirke) 샤를마뉴 제국으로부터 덴마크를 보호하고자 유틀란트반도의 병목 지대 동편에 쌓은 거대한 성벽.

데인겔트(Danegeld) 문자 그대로는 '덴마크의 돈'이라는 뜻이다. 잉글랜드와 프랑크 왕국의 왕들이 바이킹으로 하여금 자신들의 영토를 떠나도록 설득하기 위해 지불한 뇌물을 일컫는다.

데인법 시행 지역(Danelaw) 본래 구드룸이 획득한 잉글랜드 북쪽 지역으로, 바이킹이 정착해 살았다.

둡갈(Dubgaill) '검은 이방인'이라는 뜻으로 덴마크 바이킹의 아일랜드 이름.

라그나로크(Ragnarok) 북유럽 신화에 나오는 마지막 전투로 신들이 서리거인에게 제압당한다.

《란드나우마복(Landnámabók)》 아이슬란드의 정착에 관해 상세히 기술해놓은 중세 시대 아이슬란드 책으로, '정착민의 책'이라는 뜻이다.

롱포트(Longphort) 적의 영토에서 겨울을 날 수 있도록 도와준 바이킹의 연안 요새.

바랑기안 친위대(Varangian Guard) 콘스탄티노플 황제를 호위한 바이킹 부대.

생클레르쉬레프트 조약(Treaty of Saint-Clair-sur-Epte) 샤를 단순왕과 노르망디를 세운 롤로 사이에 체결된 조약.

스크랠링(Skræling) 북아메리카에 살던 토착민을 일컫는 바이킹식 이름.

스티클레스타드 전투(Battle of Stiklestad) 추방당한 왕 올라프 하랄손과 그가 과거에 지배한 백성들 간의 싸움.

아야소피아(Hagia Sophia) 비잔티움(Byzantium)과 동방정교회를 대표하는 대성당.

알싱(Althing) 모든 자유로운 바이킹 남성으로 이루어진 의회. 주로 중요한 결정을 내리기 위한 투표를 진행하려고 소집되었다.

얄(Jarl) 바이킹의 귀족.

육지파괴자(Land-Waster) 하랄 하르드라다가 전투에 들고 다니던 큰까마귀 깃발.

큰까마귀 깃발(Raven Banner) 라그나르 로드브로크의 딸들이 하루 만에 짰다는 깃발로 오딘이 밀어준다는 의미를 지닌다.

클론타프 전투(Battle of Clontarf) 아일랜드 역사상 가장 유명한 전투로 아일랜드의 상급왕 브리안 보루마와 아일랜드 및 바이킹 반군 연맹 간의 충돌이었다.

핑갈(Findgaill) '흰 이방인'이라는 뜻으로 노르웨이 바이킹의 아일랜드 이름.

하자르족(Khazars) 카스피해로 이어진 볼가강의 진입로를 장악한 위력적인 야만 부족.

《헤임스크링글라(Heimskringla)》 아이슬란드의 시인 스노리 스툴루손이 쓴 북유럽 왕들에 관한 역사서.

주

머리말: 북방의 망치

1. 역사적으로 이 설이 가장 널리 받아들여졌다. 윌 듀랜트(Will Durant)가 제법 시적
으로 표현한 대로 "여성의 생산성이 토양의 생산성이 앞지른" 것이다.
2. 흔히 인용되곤 하는 이 기도문의 또 다른 버전 "오 신이시여, 우리를 북방인의 분노
로부터 구하옵소서"는 실제로 9세기에는 사용되지 않았다.

서문: 바이킹의 시대가 열리다

1. 이 세 가지 채색 필사본―특히 《린디스판 복음서》―은 중세 영국의 미술에서 가장
빼어난 성취로 널리 인정받고 있다.
2. 파리 대학(University of Paris)의 전신이다.
3. 성유물함이란 성스러운 유물을 담는 상자를 말한다.

침략자

01 본국의 바이킹

1. 오늘날의 네덜란드와 벨기에를 일컫는데.
2. 노르웨이 연안해에는 약 15만 개의 섬이 흩어져 있다.
3. 흐네파타플(Hnefatafl)은 체스 비슷한 '사냥' 놀이고, 크바트루타플(Kvatrutafl)은 주

사위 놀이와 흡사하다.

4. 중세 아이슬란드의 《란드나우마복》에 실린 이야기다. 그는 바로 아이슬란드를 발견한 남성의 친척 올비르 바르나칼(Olvir Barnakarl, 바르나칼이 '아이들의 친구'라는 뜻)이었다.

5. 어디까지나 그 시대의 기준에 비추어 그렇다는 의미다. 아랍 작가 이븐 파들란(Ibn Fadlan)은 러시아에 거주하는 스웨덴인에 대해 "신의 피조물 가운데 가장 더러운 종족"이라고 표현하며, 볼일을 보고 난 뒤 닦지 않는다든지, 남들이 보는 앞에서 섹스를 한다든지, 코를 풀어놓은 물에 도로 씻는다든지 하는 경악할 만한 습성을 상세히 늘어놓기도 했다.

6. 부자들 사이에서는 상대적으로 일부다처제가 흔했다. 일반적인 결혼은 대개 부모가 중매를 섰다. 바이킹은 혼인할 때 허락을 구하는 풍습을 중시했다. 12세기에 씌어진 《아이슬란드인에 관한 책(Book of Icelanders)》에 따르면, 남성이 여성 측 부모의 반발을 무릅쓰고 결혼하려 덤비면 그 부모가 그를 죽여도 법적으로 하등 문제가 되지 않았다고 한다.

7. 만약 남편이 이혼에 대해 충분한 사유를 대지 못하면 아내의 가족들 손에 살해당할 수도 있었다. 이를테면 의상도착증(crossdressing: 성적 쾌락을 위해 이성의 옷을 입는 성도착의 한 형태─옮긴이)도 충분한 이혼 사유로 인정되었다. 여성이 남성용 반바지를 입는다든지 남성이 가슴께가 깊이 파인 블라우스를 입는 것 모두 이혼 사유였다.

8. 아랍 사가 하산 이븐 디흐야(Hasan-Ibn-Dihya)가 소개한 내용은 아마도 바이킹 여성이 누릴 수 있는 자유를 가장 잘 보여준 예일 것이다. 그는 바이킹 더블린에 파견된 이슬람 대사 일행에 관해 글을 썼다. 이 글에 따르면, 그들은 하필 족장 '악마 토르길스'가 자리를 비웠을 때 더블린에 도착했는데, 그의 아내 오다(Odda)가 대사들을 접견하고 '모든 왕의 권한'을 대리했다고 한다.

9. 이런 잔치에서는 더러 말썽이 빚어지기도 했다. 주인이 기본적으로 손님에게 그의 의지와 무관하게 술을 마시도록 강요하기 일쑤여서다. 《에길의 사가(Egil's Saga)》에 나오는 이야기에서는 허울뿐인 영웅이 연회에 참석했는데 사악한 주인이 그에게 여신 뿔잔을 건넸다. 더는 술잔을 받아들일 수 없음을 깨달은 에길은 주인을 붙들고 기둥으로 밀어붙인 다음 울컥 토물을 쏟아내 그를 거의 질식시키다시피 했다.

10. 가장 유사한 단어라면 'sithr'를 들 수 있는데, '풍습'이라는 의미다.

11. 바이킹 중에는 더러 '무신론자'도 있었던 것 같다. 이들은 모든 신을 부정했으며 죽으면 끝이라고 믿었다. 하지만 실상 모든 바이킹이 매장 시 내세에 소용될 물건을 함께 넣은 것으로 보아 그런 이들이 흔치는 않았던 것 같다.

12. 《락스다엘라 사가(Laxdæla Saga)》에는 토롤프 클럽풋(Thorolf Clubfoot)이라는 비사교적이고 폭력적인 농부의 이야기가 실려 있다. 그는 좀비와 뱀파이어 사이를 오가며 겨울 한 철 가족 주위를 배회하다 환생했다. 낮에 마침내 화장하려고 시체를 꺼낸 그의 아들은 아버지에 대해 "아직 부패하지는 않았으나 인간이라기보다 트롤(북유럽 신화에 등장하는, 동굴에 사는 거인—옮긴이)에 더 가까운 새까맣고 흉측한 몰골로 황소처럼 퉁퉁 부어 있었다"고 표현했다.

13. 덴마크의 스클롤둥(Skloldung) 왕조는 오딘을 조상이라고 주장했다.

14. 후긴은 '생각', 무닌은 '기억'이라는 뜻이다.

15. 오딘은 시합에서 이기기 위해서라면 비열하거나 얕은꾀도 마다하지 않았다. 그에 따른 유명한 예는 그가 서리거인 바프트루드니르(Vafthrudnir)와 재치 및 학식을 겨루던 어느 시합에 관한 이야기다. 오딘은 여러 세계에 대한 그 거인의 지식이 거의 자기 수준과 맞먹는다는 사실을 간파하고는 "내가 죽은 내 아들에게 화장용 장작더미에 불을 붙이기 전 뭐라고 말했겠느냐"고 묻는 식의 간계를 부렸다. 거기에 대한 답이야 오딘 자신 말고 누가 알겠는가.

16. 유명한 바이킹의 장례식 이미지—발할라로 항해를 떠나는 빛나는 배—는 볼가강에서 스웨덴 바이킹의 장례 의례를 목격한 적 있는 어느 아랍 작가의 글에서 비롯되었다. 바이킹은 매장과 화장 두 가지를 모두 실시했지만, 화장보다는 매장을 선호한 듯하다.

17. 바이킹의 문자 룬(runes, '신비'라는 뜻)은 그리스어와 라틴어 필기체에 기초한 24개 기호로 구성되어 있다. 이 기호는 우아하게 쓰여지기보다 딱딱한 표면에 새기기 좋게끔 고안되었던지라 문학을 적기에는 적절치 않았다. 바이킹의 서사시는 대부분 '스칼드(skald)'라 불리는 음유시인들이 암송하여 구전했다.

18. 이것이 '백야(白夜)의 땅'에 관한 최초의 언급이었다.

19. 로마의 자료에 따르면 이들은 3세기에도 이미 작은 돛을 사용하기는 했지만, 돛을 광범위하게 받아들이지는 않았음을 알 수 있다. 이들이 확실하게 돛을 사용한 시기로 다들 인정하는 것은 8세기 중엽이다.

20. 하지만 여전히 이 배를 만드는 데는 꽤나 긴 시간이 걸렸다. 오늘날의 추정치에 따

르면 숙련된 바이킹 장인이 롱십을 한 척 축조하는 데는 장장 7개월이 소요되었다. 대략 4만 시간의 작업량이다.

21. 참나무는 스칸디나비아반도 전역에서 구할 수 있었지만, 특히 덴마크에 흔했다. 참나무 한 그루만으로도 주요 가지로는 늑골(rib)을, 기둥으로는 용골(keel)을 만들 수 있었다. 바이킹은 더 튼튼한 목재를 얻기 위해 톱을 사용하는 대신 나무를 결 따라 쪼갰는데, 결이 치밀한 참나무가 그렇게 하기에 알맞았다.

22. 이 점은 얼핏 다소 의아하게 여겨질 수도 있다. 피오르가 상당히 깊으니만큼 바이킹 자신에게는 이런 특성이 별반 필요치 않았기 때문이다. 가령 노르웨이의 송네피오르는 내륙 쪽으로 몇 킬로미터 들어간 곳도 깊이가 자그마치 1300미터나 된다. 반면 북해의 평균 깊이는 채 100미터도 되지 않는다. 결국 롱십은 국외의 해안에 대기 위한 의도로 제작된 게 분명하다.

23. 또한 롱십은 꽤나 얇아서 바이킹 선원과 대서양의 바다 사이에는 대략 2.5센티미터에 불과한 목재가 가로막고 있을 따름이다.

24. 라그나르 로드브로크가 845년에 실제로 보여준 성과였다. 1893년 바이킹선 고크스타드호(Gokstad)를 그대로 복제한 배는 남성 12명을 태우고 노르웨이 베르헌(Bergen)에서 뉴펀들랜드까지를 28일 만에 주파했다.

02 샤를마뉴의 눈물

1. 출처가 불분명한 이 이야기는 스위스의 수도사 말더듬이 노트커(Notker the Stammerer)가 쓴 것이다. 바이킹에 대해 너무 잘 아는 증손자 샤를 비대왕을 위해 샤를마뉴에 관해 작성한 이야기 모음집의 일부다.

2. 각각 오늘날의 네덜란드 비크 빅 두스테드와 프랑스의 라 칼로트리(La Calotterie)다.

3. 서로마제국은 476년 그 제국의 마지막 황제 로물루스 아우구스툴루스(Romulus Augustulus)가 강제 폐위되면서 막을 내렸다.

4. 이 구상들 가운데 상당수에서 샤를마뉴의 야심은 당대의 기술적 역량을 넘어섰다. 운하는 이내 폐기되었으며, 그의 후계자는 비효율적 함대를 항구에 녹슬어가도록 방치했다.

5. 일부 사가들은 덴마크에서 자기 권력을 공고화하려는 구드프레드의 시도가 더 허약한 경쟁자들을 밀어냄으로써 그들이 해적과 손잡도록 내몬 결과 부분적으로 초기의 바이킹 습격을 부추겼다고 주장한다.

6. 오늘날의 독일 서쪽 끝 도시.

7. 근위병 가운데 한 사람.

8. 앙스가르는 결국 애쓴 공로를 인정받아 성인으로 추대되었으며 '북방의 사도(Apostle of the North)'로 알려진다.

9. 반역을 꿈꾸던 루이 경건왕의 아들 로테르는 나중에 '자기 아버지에게 그토록 많은 해를 끼친' 보상으로 하랄 클라크에게 섬을 하나 주었다.

10. 하지만 공교롭게도 그를 무너뜨린 것이 바로 이러한 정책이었다. 몇 년 뒤 반역죄를 이유로 축출한 조카의 손에 암살당한 것이다.

11. 오늘날의 벨기에에서다.

12. 실제로 로타링기아와 관련하여 오늘날까지 유일하게 남아 있는 흔적은 로렌(Lorraine)이라는 프랑스 영토의 이름뿐이다.

03 라그나르 로드브로크

1. 그는 역사상 실존한 인물인데도 일부 사가들은 그를 전설 속 인물로 여기고 있다.

2. 루이 경건왕(루이 1세)의 막내아들.

3. 설사로 인한 사망이 '로드브로크'라는 그의 별명이 유래한 원천이라는 설이 바로 여기서 나왔다. 검고 질척질척한 똥이 묻은 바지가 마치 피치에 넣고 끓인 듯이 보였을 것이다.

4. 영국에는 즉시 이러한 처형에 돌입할 수 있을 만큼 독사가 많지 않다. 따라서 이는 그리 간단한 노릇이 아니었을 것이다.

04 악마 토르길스

1. 바이킹이 노예로 삼은 인물 가운데 가장 유명한 자는 아마 아일랜드의 성인 핀단(Findan)일 것이다. 그는 바이킹에게 두 번 잡혀갔지만 그들이 오크니제도에 머물 때 가까스로 도망쳤다. 핀단은 유럽 대륙을 여기저기 떠돌다가 마침내 스위스에 정착했고 거기서 생애 마지막 25년을 살았다.

2. 고대 스칸디나비아어 이름 'Thorgísl'는 'Thorgest' 혹은 'Thorgils'로 바꿀 수 있다.

3. 더블린 북부 지역은 지진이 핑글(Fingall)이다 불린다. 핑글은 '백인 이방인의 땅소'라는 뜻으로 아일랜드에서 바이킹을 지칭하는 말이기도 하다.

4. 오늘날의 킬케니(Kilkenny) 카운티인 오스레이지(Osraige) 왕국의 10세기 연대기

'아일랜드 부분 연보(Fragmentary Annals of Ireland)'에 실린 내용이다.

5. 아일랜드인들은 토르길스의 이러한 죽음이 본인들에게 크나큰 고통을 안겨준 이의 최후로서 그다지 만족스럽지 못했다. 그래서 좀더 흡족한 이야기를 지어냈다. 상급 왕 맬 시클린은 아름다운 신부들을 소개해주겠노라고 약속하면서 토르길스와 그의 부하 15명을 로우오웰(Lough Owel)강 중앙에 있는 어느 섬으로 유인했다. 실제로는 젊은 아일랜드 병사들이 여장을 하고 있었다. 그 바이킹들이 저마다 자기 신부를 끌어안으려고 다가오자 '여인'들은 가면을 벗어던지고 그들을 찔러 죽였다.

6. 오늘날의 아일랜드 지방명 갤러웨이(Galloway)가 이 단어에서 유래했다.

7. 이는 아마도 저주 때문이었던 것 같다. 오딘은 라그나르의 아내 아슬라우그에게 사흘 밤을 기다리고 나서 첫날밤을 치러야 한다고 했는데, 라그나르가 그때까지 기다려주지 않았고, 결국 그들 슬하의 아들이 연골 상태로 태어났다는 것이다.

05 이교도 대군세

1. 장래의 앨프레드 대왕.

2. 놀랄 것도 없지만 프랑스인의 감명은 그만 못했다. 프랑크 연대기는 꽤나 사무적으로 "그리스도의 도움 덕에 바이킹을 물리쳤다"고만 기록하고 있다.

3. 오늘날의 추정치에 따르면 이 군대의 병사는 약 3000명에 이르렀다고 한다. 물론 그 수가 해마다 크게 달라지기는 했지만 말이다.

4. 블러드이글과 관련해서는 상당한 논란이 있다. 당시에 그런 처형 방법이 무슨 효용이 있었는지에 관한 설명이 따로 나와 있지 않으므로 혹자는 그것이 후대 작가들의 그럴싸한 상상의 산물이라고 결론지었다.

5. 잔혹함은 쌍방에서 점차 강도를 더해갔다. 잉글랜드 남동부의 몇몇 마을은 붙잡힌 바이킹의 가죽을 벗겨 교회 대문을 장식했다고 전해진다. 이 이야기는 사실이 아닐 가능성이 높다. 하지만 런던의 웨스트민스터 수도원조차 한때 바이킹의 가죽을 내걸었다고 으스댄 일이 있었다.

6. 이는 최소한의 기본적인 분량임을 지적해야 하겠다. 날마다 차가운 피죽과 물로만 연명해서는 사기를 진작시킬 도리가 없기 때문이다.

7. 말은 43년 로마의 클라우디우스(Claudius)가 영국을 침공했을 때 로마인들이 들여왔다.

8. 그 지역의 기록에 따르면 유일하게 딱 한 사람만이 살아남았다고 한다. 그는 붙잡혔

지만 우바가 정신이 딴 데 팔려 있는 틈을 타 요행히 도망쳤다.

9. 전하는 말에 따르면, 이 에드먼드 순교왕의 머리를 발견한 것은 몇몇 지역민이라고 한다. 이들은 커다란 늑대 울음소리의 도움을 받아 그의 머리를 찾아냈다. 늑대가 양발로 머리를 안전하게 받치고 있는 것을 발견하고 가져와서 몸과 이어 붙일 수 있었다. 하지만 불행하게도 그의 머리를 지키던 이들이 그리 똑똑지는 못했던 모양이다. 13세기에 몇몇 프랑스 기사들에게 도둑을 맞았으니 말이다.

10. 이바르는 이동하는 도중 어느 수도원에 오래 체류하면서 약탈을 저질렀다. 처녀성을 지키려 애쓰던 수녀들이 자기 코와 윗입술을 잘랐다는 이야기도 전해진다. 이바르는 건물에 불을 질렀고 그 바람에 수녀들을 포함해 모든 것이 화염에 휩싸였다.

11. 알맞은 몸값이 모아질 때까지 더블린으로 돌려보낸 스트래스클라이드 왕은 예외였다. 그에게는 안된 일이지만 그의 정적이 몸값을 제의했는데, 그를 구해주는 대가가 아니라 살해해주는 대가였다.

12. 들리는 바에 따르면, 그의 시신은 더블린에서 잉글랜드로 이송되어 잉글랜드 땅에 묻혔다고 한다. 17세기에 렙튼(Repton)에서 엄청난 거구(270센티미터 정도로 추정된다)의 온전한 유골이 훼손된 바이킹 유골 250구에 둘러싸여 있는 무덤이 발견되었다. 추정 연도가 정확히 맞아떨어지는 데다 중요한 인물일 게 분명한지라 몇몇 사람들은 그 뼈('무골'이라는 별명에 비춰보면 뭔가 아귀가 맞지 않긴 하지만)가 이바르의 것이라고 추측했다.

06 사면초가의 잉글랜드

1. 가장 흥미진진한 설은 할프단이 러시아로 가는 길에 싸우다가 슬라브족에게 붙들렸다는 것이다. 어떻게 죽고 싶은지 선택하라고 묻자 그는 참으로 희한하게도 불타 죽겠다고 대답했다고 한다.

07 잉글랜드 최후의 왕

1. 에드먼드 왕을 살해했던 바이킹의 후예들은 불과 한 세대 만에 그를 성인으로 떠받들게 되었다.

2. 언젠가의 교전에서는 영국 배 9척이 바이킹의 롱십 6척을 추격했는데, 3척은 도망가고 2척은 해변으로 올라가서 오직 1척만 붙잡을 수 있었다. 하지만 진짜 바이킹 함대가 출현하면 영국 배들은 대개 애써 바다로 나가려 하지 않았다.

3. 이는 마치 오늘날의 정치인들에게 고급 미적분학 시험에 통과해야 하고, 만약 떨어지면 지위를 박탈하겠노라고 으름장을 놓는 격이다.

08 아일랜드해의 바이킹 왕국

1. 로마 군대 제9군단은 빼어난 역사를 자랑했다. 이들은 파르살루스(Pharsalus) 전투에서는 카이사르를 위해, 악티움(Actium) 해전에서는 아우구스투스(Augustus)를 위해 싸웠다. 둘은 로마 역사에서 가장 중요한 전투였다. 이들은 또한 클라우디우스가 잉글랜드를 침공했을 때에도 수훈을 세웠다.
2. 그는 이미 자신에게 방해가 되는 형제를 한 명 살해하기까지 했다.
3. 나중에 에릭스말(Eriksmal: 에리크 피도끼왕이 사망했을 무렵 어느 음유시인이 지은 시―옮긴이) 사가에는 에리크 피도끼왕이 발할라로 들어가서 신들에게 환대받는 장면이 웅장하게 묘사되어 있다.

09 클론타프 전투

1. 아일랜드 바이킹은 잉글랜드 바이킹과 비슷한 방식으로 동화되어가고 있었다. 헤브리디스제도에서 온 바이킹 동맹 세력은 양쪽에서 싸웠고, '토착' 아일랜드 바이킹은 스스로를 '동쪽 사람'이라고 부르기 시작했다.
2. 브리안 보루마는 아마도 일대일 결투에서 '리머릭의 이바르'―무골 이바르의 증손자일 것이다―를 살해한 듯하다.
3. 일부 사가들은 반란을 진짜로 조종한 사람이 시트릭의 어머니 고름플레이스(Gormflaith)라고 본다. 사악한 아일랜드 공주였던 그녀는 그 반란의 주요 가담자들과 직접 관련이 있었거나 아니면 적어도 그들 가운데 하나와 혼인했거나 둘 중 하나다.
4. 전하는 바에 따르면 브로디어와 시구르드 둘 다 고름플레이스가 도와달라고 설득한 인물이라고 한다. 브리안은 그녀를 투옥했고, 그녀는 브리안을 죽이고 자신을 감옥에서 풀어주는 영웅이 있다면 누구든 상관없이 결혼하겠으며 결혼 지참금으로 더블린까지 주겠다고 약속했다. 시트릭이 이 문제에 관해 무슨 생각을 했는지는 기록에 남아 있지 않다.
5. 그는 어머니가 아일랜드인인 데다 조부모 가운데 세 명이 아일랜드인이었을 것이다.
6. 시구르드는 별명이 끔찍한 '두개골 쪼개는 토르핀(Thorfinn Skull-Splitter)'의 아들이니만큼 이 같은 용기를 보여줄 것으로 기대를 모았다.

7. 한 노르드 사가에 따르면, 싸움꾼 울프(Wolf the Quarrelsome)라는 아일랜드의 전사가 브로디어를 끝까지 추격해 끔찍한 복수를 저질렀다고 한다. 그는 브로디어의 배에 구멍을 뚫고 내장의 한쪽 끝을 꺼내 나무에 못 박았다. 그런 다음 죽어가는 그 바이킹을 그의 내장이 나무의 둥치에 둘둘 말릴 때까지 질질 끌고 다녔다.

8. 하지만 이 같은 주장을 너무 지나치게 밀고 나가면 곤란하다. 당시는 바야흐로 폭력의 시대였던 것이다. 아일랜드의 여러 자료는 바이킹 침략이 이루어지던 세기의 처음 25년 동안 그들이 수도원을 26차례 공격했다고 기록하고 있다. 하지만 그 자료들에 따르면 같은 시기에 아일랜드에서 동족에 의한 공격은 자그마치 87차례나 벌어졌다.

9. 페니에 해당하는 아일랜드어 'pingin'은 본디 바이킹어다.

10. 더블린에는 로마 멸망 이후 서유럽에서 가장 큰 노예 시장이 있었다.

10 걷는 자 롤로

1. 그의 조상에 관해서는 대다수가 노르웨이인임을 인정하지만 여전히 시비 논란이 분분하다. 그를 덴마크인이라고 보는 자료들은 대체로 애써 상이한 바이킹 집단들을 구분하지 않는다. 다만 삭소 그라마티쿠스 같은 덴마크 사학자는 거기에 관해 굳게 입을 다물고 있다.

2. 이런 연유로 노르드 사가에서는 그를 걷는 자 흐롤프(Hrolf Ganger)라고 부른다.

3. 노르만족에 따르면, 롤로가 이 침략에 가담했다고 한다. 전하는 바를 의심할 만한 분명한 이유는 없다. 롤로가 확실하게 등장한 것은 그로부터 25년 뒤의 일이긴 하지만 말이다. 그 침략이 있던 885년에는 그가 아마 30대 초반이었을 것이다.

4. 그는 바이킹들로 하여금 북쪽 다리를 공격하도록 부추겼다. 그 일이 또다시 불운한 결과를 맞고 실패하면서 자신의 판단이 정당함을 증명해주리라는 바람에서였다. 파리의 성벽 뒤에서 부를 꿈꾸며 여러 달을 보낸 실리적인 노르드인으로서는 놀랄 일도 아니지만, 그는 그들을 제대로 설득하지 못한 것으로 드러났다.

5. 그는 미사여구를 사용하거나 장황하게 말하지 않았기에 단순왕보다는 직설왕(Straight-forward)이 더 나은 명명이었을 것이다.

6. 그의 파트너는 나중에 파리에 대한 공격을 시위하게 되는 시그프레드였다.

7. 퍽 흥미롭게도 샤를 단순왕은 롤로가 브르타뉴를 계속 약탈할 수 있도록 암묵적으로 허락했다. 남아 있는 바이킹의 습성을 발산할 수 있도록 하려는 배려인 듯하다.

샤를 단순왕은 그의 사촌(샤를 비대왕—옮긴이)이 저지른 과오를 되풀이하지 않겠노라고 다짐했다.

8. 이러한 이야기는 훗날의 노르만인 공작들과 그들의 이름뿐인 프랑스 지배자들 간의 관계를 보여주는 데 알맞은 은유로 사용될 수 있을 것이다.

9. 그는 말년에 내세를 염두에 두면서 어정쩡하게 양다리를 걸쳤다. 교회에 금 100파운드를 기부하는가 하면 오딘에게 죄수 100명을 제물로 바친 것이다.

탐험가

11 리비에라 지역의 바이킹

1. 브르타뉴의 백작은 훨씬 더 실용적인 뇌물을 제공했다. 헤스테인에게 자신의 영토를 공격하지 않는 조건으로 암소 500마리를 준 것이다.

2. 로베르는 위그 카페(Hugh Capet)의 증조할아버지이므로, 987년에서 1328년까지 프랑스를 지배한 카페 왕조 역대 왕들의 조상이다.

3. 비잔틴 제국의 강력한 비밀병기 '그리스의 불'의 무어 왕국 버전이다.

4. '파란' 사람들이란 아마도 베르베르어를 쓰는 부족으로 몸 전체에 문신을 한 투아레그족(Tuareg)이고, '검은' 사람들이란 필시 무어인에게 붙잡혀온 사하라 사막 이남 지역민일 것이다.

5. 이들이 머문 곳은 사람들이 특별히 찾아오는 피한지(避寒地)로 개발된 최초의 장소 가운데 하나다. 장차 18세기에 영국의 상류층이 드나들게 되는 곳이다. 바이킹은 분명 뭔가 대단한 것을 발견했다.

6. 전해지는 바는 이와 같다. 그러나 바이킹이 타격 대상을 대단히 꼼꼼하게 고른다는 사실, 그리고 당시 이미 여러 해 동안 지중해에 머물고 있는 상태였다는 사실을 고려한다면, 그들이 이런 어이없는 실수를 저질렀다고 믿기는 어렵다.

7. 루나 시가 약탈당한 것은 분명한 사실이지만, 바이킹이 어떻게 그 도시에 들어왔는지는 확실하게 알려져 있지 않다. 모르긴 해도 계략에 의해서였을 것이다. 덴마크 왕 프로도(Frodo), 노르웨이인 하랄 하르드라다, 노르만족 로베르 기스카르(Robert Guiscard)를 비롯해 거의 모든 유명한 바이킹이나 그 후예들에 관해서도 거의 동일한 버전의 이야기가 전해진다.

8. 적어도 서쪽에서는 그랬다는 말이다. 바이킹은 결국에 가서는 동쪽의 콘스탄티노플을 경유해 다시 지중해에 닿게 된다.

12 아이슬란드

1. 그 역시 안개 속에서 길을 잃었던 것으로 보인다.

2. 아주 초기의 아이슬란드 기록을 보면 이 바이킹이 도착했을 때 아일랜드의 수도사들 몇이 그 섬에 있었다고 되어 있다. 필시 무시무시한 경험이었을 텐데, 이들은 파도의 꼭대기를 스치듯 지나가는 용골 없는 작은 가죽배(skin boat)를 타고 그곳에 왔다. 세상을 피해 숨을 수 있는 장소를 찾아서 온 것이니만큼 바이킹이 도착했을 때 현명하게도 슬그머니 도망쳤다.

3. 여기에는 플로키 본인도 포함된다. 그는 결국 아이슬란드로 돌아갔고 거기서 남은 생을 살았다.

4. 마지막 몇 세기 동안에는 평균 5년에 한 번씩 화산이 분출했다.

5. 이런 일은 한참 뒤인 1783년도에도 일어났다. 라키산(Mt. Laki) 부근에서 분화구들이 분출해 소의 50퍼센트, 양의 80퍼센트, 말의 75퍼센트가 숨진 것이다. 단 3년 만에 아이슬란드 인구의 3분의 1이 굶어 죽었다.

6. 일부 아이슬란드인은 어떻게 해서 처음 레이캬비크가 건설되었는지에 관한 이 이야기를 철석같이 믿는다. 하지만 이 이야기의 진실성을 의심하는 데는 다 그럴 만한 이유가 있다. 1974년 천년 기념식을 진행하는 동안 미리 표시해놓은 나무 말뚝 100여 개를 남동부 해안과 남부 해안가의 바다에 던졌는데, 그중 단 하나도 레이캬비크 근처에 닿지 않은 것이다.

7. 바이킹 시대에 아이슬란드인 중 상당수(혹자는 25퍼센트 정도라고 추정한다)는 토르를 기리는 이름을 가지고 있었다. 이런 추세는 오늘날에야 큰 폭으로 줄어들었지만 여전히 토르스(Thors), 토르길스(Thorgills), 토르베르그스(Thorbergs), 토르스(Tors) 같은 이름을 흔히 볼 수 있다.

8. 바이킹의 사회 계급은 노예(스롤), 해방된 노예, 자유민, 이렇게 딱 세 가지였다. 해방된 노예는 자유민의 권리를 모두 다 누리지는 못했다.

13 웨스턴아일스와 그린란드

1. 이곳에는 한창때에도 농가가 18채에 불과했다. 이런 수준으로나마 생존이 가능했던

것은 온천이 있었기 때문이다. 이곳의 거주민은 온천물로 목욕을 하고 고기를 손질하거나 다듬고 빵을 구웠다. 그런데 안타깝게도 지열을 이용한 이러한 활동 탓에 이들이 끝내 제대로 정착하지 못한 것으로 드러났다. 1346년 그로 인한 화산 분화로 이들의 거주지가 완전히 파괴되어버린 것이다.

2. 추방은 두 가지 가능한 형벌 가운데 비교적 가벼운 것이었다. 최악의 범죄에 대한 형벌은 사형이었다.

3. 이누이트족이 그린란드에 도착한 것은 14세기가 되어서였다.

4. 물이 얼 때 소량의 열(즉, 물 1그램당 약 80칼로리)이 방출된다. 바이킹은 제아무리 살을 에는 겨울이라도 계속해서 물을 주면 식물이 살아남을 수 있다는 것을 알아냈다.

5. 이들은 각각 '동부' 정착지와 '서부' 정착지라 불렸는데, 둘 다 그린란드의 서부 연안에 자리하고 있었던 만큼 혼돈을 불러일으킬 소지가 있다. '남부' 정착지와 '북부' 정착지라는 표현이 더 알맞을 것이다. 세 번째 정착지는 둘 사이의 어디쯤에 들어섰을 가능성이 있지만, 그것이 서부 정착지의 일부였는지 여부는 확실치 않다.

6. 이들이 북극권에서 북쪽으로 320킬로미터 떨어진 디스코(Disko)만까지 갔다 왔다는 증거가 있다.

7. 레이프의 노력은 결국 성공을 거두었고 그린란드는 기독교를 받아들였다. 하지만 성직자가 부족해 이상한 관례들이 생겨나기도 했다. 예컨대 죽은 자는 신에게 봉납되지 않은 땅에 있는 본인의 농가에 매장되었다. 성직자가 도착할 때까지 그의 가슴에 말뚝을 박아두는데, 더러 1년 넘게 방치되는 사례도 있었다. 마침내 찾아온 성직자는 말뚝을 제거하고 그 구멍에 성수를 부은 다음 장례식을 치렀다.

8. 북유럽 사가들에 따르면, 에리크는 애초에 동행하기로 마음먹었지만 배를 타러 이동하던 도중 말에서 떨어졌다. 그는 이 일을 불운의 징후로 받아들이고 그냥 남기로 했다고 한다.

9. 아마 래브라도 연안이었을 것이다.

10. 배핀섬일 가능성이 높다. 이 섬에서 바이킹의 실타래·연장·못 따위가 출토되었다.

11. 지금껏 전해지는 사가들은 예외 없이 비야르니가 슬픈 최후를 맞았다고 적고 있다. 개척자의 사회는 폭력적인 것으로 악명이 높지만, 비야르니가 겪은 경험은 유독 잔혹했다. 무장한 침입자들이 그의 집에 쳐들어와서 외동아들을 살해하고 아내를 유괴해갔다. 그는 자신의 배를 레이프에게 넘겨준 뒤 스스로 목숨을 끊었다고 한다.

14 빈란드

1. 이 지역의 이누이트 이름은 아우위투크(Auyittuq), '결코 녹지 않는 땅'이라는 의미다.

2. 레이프는 배핀섬에 정착지를 건설하지는 않았지만, 그곳의 산 몇 개의 이름에 바이킹의 잔재가 남아 있다. 배핀섬에서 가장 높은 봉우리는 오딘산(Mt. Odin)으로 그 가까이에 있는 쌍둥이 봉우리인 아스가르드산(Mt. Asgard)을 굽어보고 있다. 하지만 가장 유명한 산은 토르산(Mt. Thor)이다. 거대한 화강암 산비탈로 번개의 신 토르의 망치가 중턱에 놓여 있는 것 같은 형상이다. 약 1200미터에 달하는 서쪽 면은 지상에서 가장 높은 수직 낭떠러지로, 에펠 탑 네 개를 차곡차곡 쌓아놓은 것과 비슷한 높이다. 최초로 그 낭떠러지 등반에 성공한 사람은 정상에 오르기까지 자그마치 33일이 걸렸다고 한다.

3. 이곳은 거의 틀림없이 뉴펀들랜드섬의 랑스 오 메도즈(L'Anse aux Meadows)일 것이다.

4. 아마도 앨곤퀸족(Algonquins)이었을 것이다.

5. 그로부터 550년이 지나서야 북아메리카에서 두 번째 유럽인이 탄생하게 된다.

6. 토르핀은 새로운 정착지에 스트라움피오르(Straumfjord)라는 이름을 지어주었다. 하지만 그곳이 정확히 어디인지는 알 길이 없다.

7. 그들이 왜 그랬는지는 여전히 수수께끼로 남아 있다. 아마 톡 쏘는 맛의 바이킹 유제품─원주민들에게는 알려지지 않은 맛이다─을 먹고 본인들을 독살하려 했다고 확신했기 때문인 듯하다.

8. 아이슬란드인은 신세계에 관한 이야기를 보존하는 데 힘썼다. 1477년 크리스토퍼 콜럼버스(Christopher Columbus)는 본인의 설명에 따르면, 서쪽 땅에 관한 이 기록들을 연구하기 위해 아이슬란드로 항해를 떠났다고 한다.

9. 비교컨대 제임스타운(Jamestown)은 기후가 한층 우호적이고 총을 소지했다는 이점이 있었음에도 세 번째 겨울을 맞았을 때 정착민 수가 381명에서 90명으로 크게 줄어들었다.

10. 심지어 스칸디나비아조차 그린란드 정착민을 까맣게 잊었다. 1712년 그린란드에 대해 읽은 내용을 어렴풋이 기억하고 있던 어느 덴마크 왕은 바이킹 식민지가 아마도 16세기 유럽의 종교개혁에 대해 듣지 못했으리라고 판단했다. 그는 개신교 선교사를 한 명 보내 상황을 바로잡고자 했다. 하지만 그 정착지가 거의 3세기 전에 이미 파괴되었다는 사실만 확인했을 따름이다.

교역자

15 루스인 류리크

1. 핀족은 스웨덴 동쪽 발트해 연안 지역에서 살아가던 확연하게 구분되는 종족이었다.

2. 영어 단어 '노예(slave)'는 본디 '포로'를 뜻하는 그리스어 '스클라보스(sklávos)'에서 유래했다. '슬라브인(slav)' 역시 그와 어원이 같은 것으로 보아 그들이 얼마나 빈번하게 노예로 잡혀갔는지 알 수 있다.

3. 루오치는 핀족이 그들을 처음 만난 곳인 스웨덴 우플란드 연안 지역(Roslagen)에서 따온 이름으로 '노 젓는 사람들이 사는 땅'이라는 뜻이다. 루스는 '노 젓는 사람들'이라는 의미다. 따라서 와전되었다는 것은 '지명'이 그곳에 사는 '사람들'을 지칭하는 것으로 달라졌기에 쓴 표현이다.

4. 10세기의 어느 비잔틴 황제는 드네프르강의 여울들을 열거할 때 바이킹 이름을 사용했다.

5. 이들의 역대 왕은 다윗·요셉·아론·오바댜 등 구약성서에 등장하는 인물의 이름을 빌려 썼다.

6. 위생에 관한 평가는 상당히 제각각이었음이 분명하다. 당시 유럽에서는 바이킹의 목욕 습관을 다소 남자답지 못하다고 여긴 듯하다. 잉글랜드에서 데인인에 대한 대량 학살〔성브라이스 데이 대학살(St. Brice's Day Massacre)〕이 자행된 1002년 이후 월링퍼드의 존〔John of Wallingford: 잉글랜드 하트퍼드셔(Hertfordshire) 카운티 알반스 수도원(Albans Abbey)의 수도원장 존 드 셀라(John de Cella)를 말함—옮긴이〕은 유난스레 깔끔을 떤다는 이유로 데인인을 맹렬히 비난했다. 그는 특히 그들이 매일 머리를 빗고 안식일에 목욕을 하고 옷을 자주 갈아입는 것을 죄악시했다.

7. 아스콜드는 라그나르 로드브로크의 손자였을 것으로 추정된다.

8. 가장 눈에 띄는 것은 파르테논 신전에서 가져온 기념비적인 아테네(Athena) 여신상이었다. 이 상은 10세기 전의 어느 때쯤 콘스탄티노플로 옮겨졌다.

9. 비잔틴 제국 사람들조차 이 건축물을 불가사의하게 여겼다. 오랜 전설에 따르면 일꾼들이 점심 식사를 하고 있을 때 천사가 그 디자인을 제안했다고 한다. 하늘에서 내려온 천사는 작업 연장을 지키기 위해 남은 한 어린 소년만을 발견했다. 그래서 그에게 돌아올 때까지 대신 연장을 지키고 있을 테니 디자인을 전해주고 오라고 시켰다. 계획에 대해 전해 들은 건축가들은 그 신비로운 존재가 천사였으며 콘스탄티

노플에서 소년을 쫓아냈다는 사실을 알게 되었다. 소년이 돌아올 때까지 보초를 서고 있겠다고 약속한 천사는 결국 대성당에 남았고 영원히 그곳을 보살펴야 했다.

10. '훈족 아틸라(Atilla the Hun)'조차 이 성벽을 보고 콘스탄티노플에 대한 공격을 다시 생각해보았다.

16 미클라가르드

1. 그는 자신이 읽은 모든 책(대부분은 현재 전하지 않는다)을 목록으로 작성했으며, 그 각각에 대해 자신이 생각한 바를 기록했다. 세계 최초로 서평을 작성한 셈이다.

2. 보스포루스 해협(Bosporus: 흑해와 마르마라해를 잇고 아시아와 유럽을 나누는 터키의 해협—옮긴이)은 물살이 거세고 위험하기로 소문난 곳이다. 하지만 후대의 비잔틴 기록에 따르면, 폭풍의 기원은 포티우스가 바다로 가져와서 물에 빠뜨린 성모 마리아의 튜닉이었다고 한다.

3. 류리크 왕조는 1598년 표트르 1세(Feodor I)의 사망과 함께 막을 내렸다.

4. 오늘날에는 슬라브어 이름 올레그로 더 잘 알려져 있다.

5. '러시아 초기 연대기'는 선박 2000척과 군사 8만 명이 동원되었다는 터무니없는 주장을 펼치고 있다. 비잔틴 제국의 기록을 보면, 이유야 뻔하지만, 그 같은 공격이 결코 일어나지 않은 양 시치미를 떼고 있음을 알 수 있다.

6. 이들은 제작 비결을 어쩌나 철저히 숨겨왔던지 우리는 오늘날에도 그것을 정확히 어떻게 만드는지 알지 못한다.

7. 이 무기를 지나치게 많이 사용하면 적들이 그것을 연구하여 모방할지도 모른다고 우려했기 때문이다. 아랍의 경우 그 우려는 정확히 현실이 되었다.

8. 바실리우스 2세의 별명은 '불가르족 학살자(Bulgar-Slayer)'다. 그는 어느 전투 이후 1만 5000명에 달하는 포로의 눈알을 후벼 팠다고 전해진다.

9. 안나는 자신을 노예처럼 팔아넘긴다며 오빠를 싸늘하게 비판했다.

10. 바랑기안은 그들의 역사를 통틀어 왕위 그 자체에 충성을 다한 것으로 유명했다. 왕위에 오른 사람에게는 꼭 그렇지 않았지만 말이다. 이들은 전대의 왕에게 복수하지 않으며 현재의 왕에게 봉사할 것을 맹세했다.

11. 이들에는 무엇보다 황제가 방문하는 도시의 열쇠를 지킬 책임이 있었다.

12. 이는 오늘날의 유람선 여행에 비견되지만, 그보다는 다소 위험한 바이킹 버전의 여행이었다. 이들은 호텔을 예약하거나 식당을 알아보는 번거로움 없이 여행을 즐길

수 있었다.

13. 당시의 어느 기록에는 바랑기안의 언어가 '영어'라고 되어 있다.

17 비잔티움의 매혹

1. 비잔틴 제국을 제외하면 이는 동유럽에서 실시된 최초의 합법적 조세 제도였다.

2. 그녀는 자신의 아들을 위해 쓴 책에 이 세례식 전체를 소상하게 소개해놓았다.

3. 여기에는 해마다 스칸디나비아에서 바이킹을 들여오는 일도 포함되었다.

4. 하지만 올가는 분명 기독교를 적극 받아들인 공로로 성인 자격증을 취득했을 것이다. 1547년 동방정교회는 그녀를 성인이라 선언하며 그녀에게 '사도와 같으신 분'이라는 뜻의 이사포스톨로스(Isapóstolos)라는 칭호를 내렸다. 이는 그녀를 포함해 오직 여성 5명만이 누린 영광이었다.

5. 콘스탄티노플은 동로마제국의 수도 역할을 했던지라 '제2의 로마'로 불렸다. 1453년 동로마제국이 멸망하자 러시아 정교회 교도들은 모스크바를 '제3의 로마'라고 불렀다.

18 루스인에서 러시아인으로

1. 스비아토슬라프는 분명 최후의 저항을 통해 그 야만인들에게 강렬한 인상을 남겼을 것이다. 전하는 바에 따르면, 그들의 지도자는 그의 해골 잔으로 건배했으며, 그와 같이 용맹한 아들을 갖게 해달라고 기도했다고 한다.

2. 어느 출처에 따르면, 이들은 블라디미르가 그 신전을 정화하기 위해 인간 제물로 바친 기독교인이었다고 한다.

3. 블라디미르는 "보드카는 러시아인의 큰 낙이니만큼 보드카 없이는 살 수 없다"고 말했다 한다.

4. 일반적으로 말하자면, 동쪽은 거대한 종교적 분기선을 따라 숲 지역과 스텝 지역으로 나뉘었다. 숲 지역의 보드카를 마시는 이들은 기독교를 수용하는 경향이 있었고, 스텝 지역의 대마 흡연자들은 이슬람교로 개종했다.

5. 키릴 알파벳은 슬라브족에게 문자 언어가 없다는 사실을 깨달은 선교사 성키릴(St. Cyril)이 고안했다.

6. 가장 대표적인 예는 블라디미르가 노브고로트에 세운 성소피아(St. Sophia) 성당이다.

7. 적어도 노르웨이 왕 세 명, 즉 '강인한 올라프(Olaf the Stout)'·망누스 올라프손(Magnus Olafsson)·하랄 하르드라다가 키예프에 초대받았다.

8. 15세기까지도 일부 스칸디나비아식 이름이 남아 있긴 했지만 어디까지나 변형된 꼴에 그쳤다. 이를테면 이바르(Ivarr)는 이고르(Igor), 올라프(Olaf)는 울레브(Uleb)로 달라지는 식이었다.

북유럽 본국

19 바이킹 왕들

1. 세기별로 가치 차이를 계산하는 것은 극히 어렵지만, 1은페니는 10세기 중엽에 닭 네댓 마리 혹은 빵 열두 덩어리의 값어치를 지녔다.

2. 머리를 여러 갈래로 땋고 다니던 하랄은 자신의 목표를 달성한 뒤 자신의 숱 많은 머리카락을 다듬었고, 결국 미발왕(美髮王)이라는 별명을 얻게 되었다.

3. 훗날 전해지는 사가들에 따르면, 에리크는 이복형제 19명 가운데 18명을 처단했다고 한다.

20 하랄 블로탄

1. 그는 고름 졸음왕(Gorm the Sleepy), 고름 벌레왕(Gorm the Worm)으로 불리기도 한다. 프랑크인의 지지를 이끌어내기 위해 기독교로 개종한 하랄 클라크의 사위였다고 전해진다.

2. 하랄의 별명 블로탄은 '푸른이빨'이라는 뜻으로 영어로 표기하면 블루투스(Bluetooth)다. 눈에 확 띌 만큼 치아가 썩어서 그런 별명을 얻었을 것이다.

3. 이 비석이 처음으로 '덴마크'를 하나의 국가로서 언급한 자료이기에 그 뒤로는 덴마크의 '출생증명서'라 불렸다.

4. 이 연대표는 시기가 뒤죽박죽인 게 분명하다. 티라가 이미 사망한 시점이기 때문이다.

5. 하랄 블로탄은 53세에 개종했다. 그리고 그로부터 11년 동안 왕위를 지켰다.

6. 이는 북유럽에서 최초로 그리스도를 묘사한 기록으로 받아들여진다. 예링의 옐링 비석 그림은 오늘날의 덴마크 여권에 실려 있다.

7. 이것은 바이킹 무덤에서 가장 잘 확인할 수 있다. 데인인은 돌아오는 그리스도를 바

라볼 수 있도록 동향이 아니라 서향으로 매장되기 시작했다. 하지만 여전히 예전과 마찬가지로 발할라에서 도움이 되도록 토르의 망치를 비롯한 여러 장비를 갖춘 차림이다.

8. 유일한 예외가 바로 욤스보르그의 바이킹과 딱 한 번 싸워서 이긴 12세 소년이었는데, 그는 이 일을 대가로 그 집단에 합류할 수 있었다.

9. 참으로 절묘하게도 하랄의 별명 '블루투스(푸른이빨)'는 오늘날 이질적 장치들을 연결하는 기술의 이름으로 쓰이고 있다. 1994년 스웨덴 기업 에릭슨(Ericsson)이 시작한 블루투스는 통신망 운용 시스템 및 제조사와 상관없이 전화기나 컴퓨터에 무선으로 정보를 전달해준다. 10세기의 바이킹 왕이 만만찮은 경쟁국들을 통일한 것처럼 이제 삼성 전화기는 애플 컴퓨터와 정보를 주고받을 수 있게 되었다. 블루투스의 로고(ᛒ)는 룬 문자로 표기한 하랄(ᚼ, H) 블로탄(ᛒ, B)의 머리글자를 합한 것이다.

21 영국 은의 유혹

1. 10세기경 옛 샤를마뉴 제국은 세 부분으로 분열되었다. 서프랑크 왕국은 샤를 단순왕, 동프랑크 왕국은 루이 소아왕(Louis the Child), 중프랑크 왕국은 루이 맹인왕(Louis the Blind)이 다스렸다.

2. 그는 도싯의 왕실을 방문하던 중 칼에 찔려 죽었다.

3. 최초의 노르웨이 왕 하랄 미발왕의 수많은 증손자 가운데 하나다.

4. 이 배는 길이가 45미터에 이르며, 선원 68명이 노를 저어 동력을 제공했다.

5. 스칸디나비아에서 발견된 앵글로색슨 화폐는 잉글랜드에서 발견된 것의 6배가 넘었을 것으로 추정된다. 가장 많은 화폐가 발견된 곳은 스웨덴의 스톡홀름이다.

6. 2008년, 이 대학살에서 희생된 이들 중 옥스퍼드의 어느 도랑에 버려진 몇 사람의 유해가 발견되었다.

7. 이 일이 일어난 것은 홍청망청하는 연회를 벌이던 도중이었다. 이들은 저녁 식탁에 널브러져 있는 고기 뼈를 가지고 그렇게 했다고 전해진다. 이 일에 환멸을 느낀 키다리 토르켈은 즉시 돌아섰고 애설레드를 위해 싸웠다고 한다.

22 북방의 황제

1. 이는 기록에 남은, 영국 왕과 그의 백성 사이에 체결된 최초의 조약으로, 마그나 카르타와 그에 이어지는 헌정사의 시조인 셈이다.

2. 두 번째 전투에서 에드먼드 아이언사이드의 군대가 이기고 있었는데, 이드릭 스트 레오나가 에드먼드와 꽤나 닮은 사람을 발견했다. 그의 머리를 자른 이드릭은 피가 철철 흐르는 시신을 머리 위로 높이 쳐들고서 에드먼드 아이언사이드가 사망했다고 소리쳤다. 아비규환 속에서 허겁지겁 퇴각하는 영국 군인들 앞에 멀쩡히 살아 있는 에드먼드가 떡하니 버티고 서 있었다.

3. 흥미롭게도 어느 영국의 기록에 따르면, 이 처형은 체스 게임의 결과였다고 한다. 이드릭이 장군을 불렀고, 은근하게 경고를 했음에도 그답지 않게 결정을 고집하면 서 바꾸지 않으려 버틴 것이다.

4. 백작 고드윈은 이 과정에서 크누트의 적들 가운데 하나를 밤에 대담하게 급습한 작 전을 이끌면서 두각을 나타냈다.

5. 그는 바이킹 판의 유로와 유럽경제공동체[Common Market, 유럽연합(European Union)의 전신]를 구축한 셈이다.

6. 전장에서 죽은 이들을 기념하기 위해 자신이 중요한 전투를 치른 곳에 교회나 예배 당을 짓는 것이 크누트의 방식이었다.

7. 모든 스칸디나비아 국가의 국기에 그려져 있는 눈에 확 띄는 십자가는 결국에 가서 기독교로의 개종이 완전하게 이루어졌음을 말해준다.

8. 스칸디나비아인은 여행에 대한 충동이 사라진 데다 해군의 우위를 유지할 만큼 인 구가 많지도 않았다. 14세기에 한자 동맹 소속의 독일 선박들이 코펜하겐을 약탈했 고 스칸디나비아 대부분의 지역에서 무역을 독점했다.

23 바이킹 시대의 종언

1. 나중에 그는 자신의 아버지도 하랄 미발왕의 후예라고 주장하게 된다. 이는 왕이 되 고자 하는 자신의 야심을 실현하기 위한 의도였음이 분명하다.

2. 전하는 바에 따르면 올라프는 이 공격에서 자신의 부하들에게 런던 브리지에 밧줄 을 맨 채 상류로 노를 저어가게 만들어 교각 전체를 무너뜨렸다고 한다. 실제로 일 어날 성싶지 않은 일이지만, 어쨌거나 이 이야기는 동요[런던 브리지가 무너진다네 (London bridge is falling down)]가 생겨난 기원으로 알려져 있다.

3. 당시 성인 공표는 대개 지역적 관심사였다. 그런데 올라프는 미개한 스칸디나비아 국가에서 기독교를 적극적으로 옹호했다는 사실 덕택에 로마의 찬사를 얻어낼 수 있었다.

4. 그가 저항 세력에게 얼마나 잔혹하게 굴었는지 결국 '불가르족 파괴자'라는 별명을 얻게 되었다.

5. 마니아케스는 신체적으로 볼 때 바이킹 하랄이 체구가 작은 황제보다 훨씬 더 존경할 수 있는 인물이었다. 어느 그리스 연대기에 따르면, 이 장군의 외모는 "온화하지도 보기 좋지도 않았지만, 사람의 마음을 뒤흔들었다. ⋯⋯솥뚜껑만 한 그의 손은 벽을 무너뜨리고 청동 문을 박살 낼 수 있을 것만 같았다".

6. 윌리엄은 단 한 번의 전투로 시러큐스(Syracuse)의 왕을 굴복시킴으로써 영원한 명성과 별명을 얻게 된다. 그의 형제 가운데 로베르 기스카르는 콘스탄티노플에 대한 공격을 이끌고, 또 다른 형제 로저(Roger)는 시칠리아를 정복하고 막강한 노르만 왕국을 건설하게 된다.

7. 훗날 북유럽 사가에 따르면, 체포된 진짜 이유는 당시 60대 중반에 접어든 황후 조에가 그를 사랑하게 되었기 때문이다. 하랄이 구애를 거절하자 그녀가 그를 감옥에 처넣었던 것이다.

8. 바이킹에 따르면, 그는 제국 항구를 지키는 거대한 쇠사슬을 이렇게 넘어갔다고 한다. 먼저 선원들을 모두 배의 뒷부분으로 몰아놓고 들뜬 앞부분이 쇠사슬을 지나가면 재빨리 모든 선원을 앞으로 이동시켜 그 장애물을 넘어간 것이다.

9. 하랄의 부는 분명 덴마크 왕 스벤 에스트리센에게 깊은 인상을 남겼을 것이다. 이 덴마크 왕은 특히 하랄이 가져온 동전 가운데 하나―(오늘날에는 매우 희귀한) 미하엘 4세가 새겨진 비잔틴 금화―를 그대로 본떠 은페니를 만들었다.

10. 어떤 이야기에 따르면 그 깃발 자체가 내전의 원인이 되었다고 한다. 덴마크 왕 스벤 에스트리센이 가장 소중한 물건이 무엇이냐고 묻자 하랄은 '육지파괴자'라고 답하고, 그 이유는 자신이 그 깃발을 들고 있을 때는 전투에서 한 번도 진 적이 없기 때문이라고 덧붙였다. 이 말은 회의적인 스벤을 설득하지 못했다. 스벤은 별 생각 없이 하랄이 망누스 같은 진짜 적을 침략해 세 번을 내리 이겨 그것이 요행이 아니었음을 보여준다면 그 말을 믿겠다고 말한 것이다.

11. '선왕(the Good)'이라는 별명을 얻은 망누스는 양피지에 노르웨이의 법률을 적었는데, 그 법률은 양피지의 색깔 때문에 '회색 기러기(Grey Goose: 그렇다면 왜 하필 '기러기'라 불렸는지에 관해서는 기러기 깃털로 만든 펜으로 써서, 기러기 가죽으로 장정을 해서, 기러기가 오래 사는 새라서 등의 설이 있다―옮긴이)'라 불린다. 이 법률은 도량형에서부터 환자나 가난한 자를 위한 원조에 이르기까지 놀랄 만큼 개

화한 칙령을 모아 편찬한 결과물이다. 이 법률은 한자 동맹을 통해 유럽의 나머지 나라에 전파되었고, 결국 오늘날의 유럽 해상법 상당 부분에 기반이 되어주었다.

12. 이렇게 건설한 도시 오슬로는 머잖아 노르웨이의 수도가 된다.

13. 그 다리는 단 한 명의 거인 북유럽인이 막고 있었던 것으로 추정된다. 그는 자신이 처치한 상대 병사 40명의 시체로 방어벽을 구축한 상태에서 전체 앵글로색슨 군대의 접근을 막았다. 그러다가 결국 모험적인 어느 영국 병사에 의해 살해당했다. 다리 아래 숨어 있던 영국 병사가 그 거인을 아래에서 칼로 찔러 치명상을 입힌 것이다.

14. 바이외 태피스트리(Bayeux Tapestry: 중세에 제작된 너비 50센티미터, 길이 70미터의 거대한 자수 작품이다. 노르만족의 잉글랜드 정복을 이끈 윌리엄 정복왕이 헤이스팅스 전투에서 잉글랜드의 해럴드 고드윈슨 왕과 교전한 일련의 과정을 담고 있다─옮긴이)에는 큰까마귀 깃발 두 개가 묘사되어 있다.

맺음말: 바이킹의 유산

1. 고대 노르드어 'Bekk'은 '개울'이라는 뜻이며, 'by'는 '농장'이라는 뜻을 지닌 단어에서 유래했다.

2. 수요일(Wednesday)은 오딘(Odin), 목요일(Thursday)은 토르(Thor), 금요일(Friday)은 프레이(Frey)에서 따온 것이다.

참고문헌

~~~~~

주요 자료

Adam, and Francis Joseph Tschan. *History of the Archbishops of Hamburg-Bremen*. New York: Columbia UP, 1959. Print.

Airt, Seán Mac, and Gearóid Mac Niocaill. *The Annals of Ulster (to A.D. 1131)*. Dublin: Dublin Institute for Advanced Studies, 1983. Print.

Attwood, Katrina C., George Clark, Ruth C. Ellison, Terry Gunnell, Keneva Kunz, Anthony Maxwell, Martin S. Regal, Bernard Scudder, and Andrew Wawn, trans. *The Sagas of Icelanders: A Selection*. New York: Penguin, 2000. Print.

Flodoard, Bernard S. Bachrach, and Steven Fanning. *The Annals of Flodoard of Reims, 919-966*. Peterborough, Ont.: Broadview, 2004. Print.

Rimbert, Hans Olrik, and Frederik Nielsen. *Ansgars Levned*. Kjøbenhavn: Wroblewsky, 1885. Print.

Savage, Anne, ed. *The Anglo-Saxon Chronicles*. Trans. Anne Savage. Wayne: BHB International Inc., 1997. Print.

Sturlason, Snorre. *Heimskringla or The Lives of the Norse Kings*. Trans. A. H. Smith. New York: Dover Publications Inc., 1990. Print.

부차적 자료

Barker, Adele Marie, and Bruce Grant. *The Russia Reader: History, Culture, Politics*. Durham, NC: Duke UP, 2010. Print.

Baker, Alan. *The Viking*. Hoboken, NJ: J. Wiley, 2004. Print.

Byock, Jesse L. *Viking Age Iceland*. London: Penguin, 2001. Print.

Foote, Peter, and David M. Wilson. *The Viking Achievement; a Survey of the Society and Culture of Early Medieval Scandinavia*. New York: Praeger, 1970. Print.

Kendrick, T. D. *A History of the Vikings*, by T. D. Kendrick.. New York: C. Scribner's Sons, 1930. Print.

Peddie, John. *Alfred: Warrior King*. Thrupp, Stroud, Gloucestershire: Sutton, 1999. Print.

Stenton, F. M. *Anglo-Saxon England*. Oxford: Clarendon, 1971. Print.

Wolf, Kirsten. *Viking Age: Everyday Life during the Extraordinary Era of the Norsemen*. New York: Sterling, 2013. Print.